ÉVANGILE

Redécouvrir la puissance révolutionnaire
du christianisme

J. D. GREEAR

éditions
cruciforme

Édition originale publiée en langue anglaise sous le titre :
Gospel • J. D. Greear
© 2011 • J. D. Greear
Publié par B&H Publishing Group
Nashville, Tennessee • USA
Traduit et publié avec permission. Tous droits réservés.

Édition en langue française :
Évangile • J. D. Greear
© 2014, 2018 • Publications Chrétiennes, Inc.
Publié par Éditions Cruciforme
230 rue Lupien • Trois-Rivières, Québec G8T 6W4 • Canada
Site Web : www.editionscruciforme.org
Tous droits de traduction, de reproduction et d'adaptation réservés.

Traduction : Pierre et Christine Gingras
Révision : Jean-Christophe Jasmin, Louise Denniss

Sauf mention contraire, les citations bibliques sont tirées de la Nouvelle Version Segond révisée (Colombe), Alliance biblique universelle, © 1978.

ISBN 978-2-924110-83-6 (1re édition, 2014)
ISBN 978-2-924595-39-8 (2e édition, 2018)

Dépôt légal : 2e trimestre 2018
Bibliothèque et Archives nationales du Québec
Bibliothèque et Archives Canada

«J.D. présente l'Évangile d'une manière claire, humble et empreinte d'humour. Voici un livre utile pour le chrétien au penchant égoïste, manquant d'assurance, tenté par le légalisme, en proie à la culpabilité. Si vous aspirez à vous investir fidèlement dans la mission, à ouvrir les bras tout en tenant ferme, cet ouvrage vous encouragera.»

MARK DEVER, pasteur principal, Église Capitol Hill Baptist et auteur de *L'Église : un bilan de santé* et *L'Église intentionnelle*

«Mon âme continue à être encouragée par de telles voix fortes qui s'élèvent pour diriger le monde vers l'Évangile et ce qui semble être un mouvement authentique retournant à ce que Paul considère comme étant "de première importance". J.D. a remarquablement clarifié et expliqué les implications de l'Évangile pour la vie du croyant. Que vous soyez pasteur, que vous soyez allé à l'église toute votre vie, ou que vous soyez un nouveau chrétien, vous trouverez ce livre particulièrement utile.»

MATT CHANDLER, pasteur principal, Église The Village

«Par ce livre, mon confrère, le pasteur J.D. Greear, nous aide à poursuivre cet objectif qui consiste à vivre une existence axée sur l'Évangile. Il établit le caractère central de l'Évangile et nous montre comment bâtir nos vies autour de ses principes. J'apprécie la façon authentique et rafraîchissante avec laquelle il rend l'Évangile accessible à d'autres de sorte qu'ils puissent expérimenter sa puissance transformatrice. J'aime surtout la section pratique sur la prière axée sur l'Évangile, qui nous aide à graver ces vérités dans nos cœurs et nos esprits. Que vous exploriez le christianisme pour la première fois ou que vous désiriez y "plonger les regards" encore et encore, je vous invite à prendre le temps de lire ce livre.»

TIMOTHY KELLER, pasteur principal, Église Redeemer Presbyterian et auteur de *La raison est pour Dieu*

«Que reste-t-il si l'on perd l'Évangile? Cette question devrait dominer la pensée évangélique, alors que nous sommes entourés de nombreux faux évangiles, d'évangiles incomplets, d'évangiles confus. En répondant à cette crise, J. D. Greear offre de solides conseils, une pensée biblique claire, et une pleine conviction pour aider les chrétiens et les églises à retrouver l'Évangile authentique de Jésus-Christ.»

R. ALBERT MOHLER JR., président du Southern Baptist Theological Seminary et auteur de *La conviction de diriger*

«J'aime l'Évangile et la manière avec laquelle il nourrit le zèle... et j'aime la façon dont J. D. écrit à son sujet. Voilà un livre imprégné de l'Évangile qui vous guidera dans votre désir d'aimer le Seigneur et votre prochain. Je le recommande fortement.»

ELYSE FITZPATRICK, auteure de *Give Them Grace: Dazzling Your Kids with the Love of Jesus*

Aux membres de l'Église Summit, qui ont cheminé
patiemment avec un pasteur qui redécouvrait la puissance
révolutionnaire de l'Évangile.

TABLE DES MATIÈRES

<< PREMIÈRE PARTIE >>

COMMENT L'ÉVANGILE ACCOMPLIT CE QUE LA RELIGION NE PEUT PAS FAIRE

<< DEUXIÈME PARTIE >>

LA PRIÈRE AXÉE SUR L'ÉVANGILE

Contre le monde ;
pour le monde.

Athanase d'Alexandrie

REMERCIEMENTS

À ma femme, qui sait mettre l'Évangile en pratique mieux que quiconque. Sa passion pour Jésus m'a souvent aidé à corriger ma tendance à dissocier la connaissance et la passion. Merci de ta patience envers moi, et de ta grâce qui découle de l'Évangile. Par cette grâce, j'ai compris que j'étais « d'abord pécheur, et seulement ensuite victime du péché ».

À mes parents, qui m'ont donné un exemple fidèle de l'amour de Jésus au cours des vingt années que j'ai passées sous leur toit. Ils n'ont jamais utilisé l'expression « axé sur l'Évangile », mais ils vivaient dans l'admiration du Dieu de l'Évangile. Cela, à mon avis, est l'intention même du principe qui consiste à être axé sur l'Évangile.

À Tim Keller, dont la pensée a tellement influencé la mienne que je ne sais plus différencier avec certitude mes idées des siennes. Je lui suis très reconnaissant pour plusieurs des idées partagées dans cet ouvrage, particulièrement au deuxième, troisième et sixième chapitre. J'ai tant lu et écouté Tim Keller que j'ai tendance à copier son interprétation d'un passage avant même de l'avoir entendue. Je lui ai dit cela un jour, et il m'a répondu en riant qu'il faisait de même avec Ed Clowney. J'ai rencontré Tim Keller à deux reprises seulement, pour un total de six minutes en tout. À notre deuxième rencontre, je lui ai demandé si je pouvais l'appeler,

ÉVANGILE

mon ami. Il a accepté. Alors, à mon «meilleur ami pour la vie» Tim Keller, merci. J'ai essayé de relever les idées qui viennent de lui. Néanmoins, après avoir tant écouté et lu ses enseignements, j'oublie quelquefois lesquels de mes points viennent en fait de lui. Toute citation omise est tout à fait involontaire.

À Paul Carlisle, Sam Williams, David Powlison, Elyse Fitzpatrick, et Ed Welch, de qui les conseils et enseignements ont profondément influencé ma pensée. Depuis mon premier cours de relation d'aide au séminaire, j'ai toujours dit que j'aimerais savoir prêcher aussi bien qu'un conseiller.

À mes amis Bruce Ashford, Danny Akin, Tyler Jones, Clayton King, Steven Furtick et David Platt : le fait d'entendre vos points de vue, d'écouter vos prédications et de confronter mes idées aux vôtres a réellement changé la nature de mon ministère. Vous avez été des bénédictions pour moi.

Enfin, je souhaite remercier particulièrement Jedidiah Coppenger, Michael Kelley et Tom Walters pour les nombreuses heures de travail passées avec moi sur ce projet. À certains moments, il m'a semblé que vous étiez encore plus dévoués que moi à la réalisation de ce livre! Merci pour votre dévouement à vouloir permettre à tous d'avoir accès à du matériel théologiquement rigoureux. Ce livre est bien meilleur grâce à votre travail.

Je n'ai aucun désir d'être original. Je n'ai eu que trois idées originales dans ma vie, et elles n'étaient pas très bonnes. Je désire que les gens comprennent les concepts qui sont présentés dans ce livre. Ce que j'ai écrit n'est qu'une simple reformulation des vérités que Dieu a jadis révélées à son peuple. Dieu est la source; l'Église est le conduit. Je me tiens redevable envers les deux.

PRÉFACE

TIMOTHY KELLER

Un des passages les plus étonnants de la Bible lie la splendeur des anges au mystère de l'Évangile. Les anges sont des êtres tout à fait magnifiques et puissants, qui vivent dans la présence éternelle de Dieu. Pourtant, il est arrivé quelque chose sur terre, quelque chose de tellement merveilleux que même ces êtres immortels désirent constamment « y plonger leurs regards » (1 Pierre 1.12). Quelles sont « ces choses » qui pourraient tant attirer l'attention de créatures se tenant en la présence de Dieu ? La réponse : l'Évangile.

> Les prophètes qui ont prophétisé au sujet de la grâce qui vous était destinée ont fait de ce salut l'objet de leurs recherches et de leurs investigations. [...] Il leur fut révélé que ce n'était pas pour eux-mêmes, mais pour vous, qu'ils étaient ministres de ces choses. Maintenant, elles vous ont été annoncées par ceux qui vous ont prêché l'Évangile par le Saint-Esprit envoyé du ciel, et les anges désirent y plonger leurs regards (1 Pierre 1.10,12).

Les anges ne se lassent jamais de contempler l'Évangile. Cela signifie qu'il n'y a pas de fin à son exploration. Il y a des niveaux de profondeurs dans l'Évangile qui attendent toujours d'être découverts et appliqués non seulement à notre ministère et notre vie chrétienne quotidienne, mais par-dessus tout à l'adoration du Dieu de l'Évangile dans une perspective renouvelée et dans l'humilité.

La conviction fondamentale qui sous-tend ma prédication, mon pastorat, et mon écriture est que l'Évangile, ce message éternellement fascinant qui est avidement recherché par les anges, peut transformer un cœur, une communauté, puis le monde, lorsqu'il est découvert puis mis en pratique. L'Évangile apporte la vie, car il engendre des changements que seule la grâce peut saisir, au moyen de la foi. Pourtant, cette vérité fondamentale est contournée, obscurcie, oubliée, car, comme Martin Luther l'a souligné, la religion est la condition naturelle du cœur humain. Il est donc essentiel de distinguer la religion de l'Évangile. La religion, en tant que condition naturelle de notre théorie et de notre pratique, est fondée sur le besoin de se surpasser : « Parce que j'obéis, Dieu m'accepte. » À l'inverse, le principe élémentaire de l'Évangile en est un d'acceptation inconditionnelle : « Parce que je suis accepté par Dieu, à travers Christ : j'obéis. » Pour vraiment comprendre ce changement de paradigme qui peut transformer une vie entière, il faut bien sûr sonder l'Évangile et y « plonger les regards », et ce, de manière assidue et systématique.

Lorsque l'Évangile est exploré de cette façon, il engendre des effets inusités. Ainsi, Blaise Pascal, écrivant au XVIIe siècle, révèle ce phénomène :

> Sans ces divines connaissances, qu'ont pu faire les hommes, sinon, ou s'élever dans le sentiment intérieur qui leur reste de leur grandeur passée, ou s'abattre dans la vue de leur faiblesse présente ? [...] La seule religion chrétienne a pu guérir ces deux vices, non pas en chassant l'un et l'autre par la sagesse de la terre, mais en chassant l'un et l'autre par la simplicité de l'Évangile. Car elle apprend aux justes, qu'elle élève jusqu'à la participation de la divinité même, qu'en ce sublime état ils portent encore la source de toute la corruption, qui les rend, durant toute la vie, sujets à l'erreur, à la

misère, à la mort, au péché; et elle crie aux plus impies qu'ils sont
capables de la grâce de leur Rédempteur. Ainsi donnant à trembler
à ceux qu'elle justifie, et consolant ceux qu'elle condamne, elle
tempère avec tant de justesse la crainte avec l'espérance, par cette
double capacité qui est commune à tous, et de la grâce et du péché,
qu'elle abaisse infiniment plus que la seule raison ne peut faire,
mais sans désespoir; et qu'elle élève infiniment plus que l'orgueil
de la nature, mais sans enfler... (Pensées 208, p.85-86.)

C'est une chose de comprendre l'Évangile, c'en est une autre
de l'*expérimenter* de telle façon qu'il nous transforme fondamentalement et devienne la source de notre identité et de notre sécurité.
C'est une chose de saisir l'essence de l'Évangile, c'en est une autre
de saisir ses implications pour toutes les sphères de notre vie.
Nous avons du mal à sonder les mystères de l'Évangile de manière
constante et à permettre à son message d'influencer notre pensée.

Mon confrère, le pasteur J. D. Greear, nous aide par ce livre à
poursuivre cet objectif qui consiste à vivre une vie imprégnée de
l'Évangile. Il prend les principes de la «centralité de l'Évangile»
et nous montre comment orienter nos vies par rapport à ceux-ci.
J'apprécie la manière authentique et rafraîchissante avec laquelle
il rend l'Évangile accessible à d'autres afin qu'ils puissent expérimenter sa puissance transformatrice. J'apprécie particulièrement
la section pratique sur la prière axée sur l'Évangile, qui est un
outil pour nous aider à graver ces vérités dans nos cœurs et nos
esprits. Que vous exploriez le christianisme pour la première fois
ou désiriez «y plonger les regards» encore et encore, je vous invite
à lire cet ouvrage utile.

INTRODUCTION

J e suis un chrétien professionnel. Toutefois, durant plusieurs années, j'ai trouvé le christianisme épuisant. Voilà une confession que vous n'entendrez pas souvent venant d'un pasteur. Néanmoins, c'était mon cas.

C'est à l'école secondaire que j'ai placé ma foi en Jésus pour la première fois. Ma conversion, autant que je sache, était sincère. J'ai compris que Christ avait payé le plein châtiment pour mes péchés, et j'ai soumis ma volonté à la sienne. J'ai fait une liste interminable de choses à faire ou à cesser de faire pour plaire à Dieu.

J'ai fréquenté une école chrétienne qui mettait l'accent sur la conformité à une liste de règles. On ne dansait pas, parce que danser suscite des pensées impures. On n'écoutait pas de musique rythmée non plus, puisqu'elle donne envie de danser. Le cinéma était interdit, car il nous incite à nous conformer au monde. On nous interdisait même de voir des films chrétiens, quand on les présentait au cinéma, car les gens, en nous apercevant au cinéma, auraient pu croire qu'il était acceptable pour eux d'en faire autant. C'était à de telles règles que les véritables chrétiens adhéraient.

J'y ai appris que les véritables chrétiens parlent aux autres de Jésus, alors j'établissais des objectifs mensuels quant au nombre de personnes à qui je parlerais de Jésus. J'avais même établi une limite de temps (quinze minutes) avant d'engager la conversation avec un inconnu à bord d'un avion afin de lui témoigner de Jésus.

Au collège, j'ai appris que les véritables chrétiens aiment les missions internationales, alors je me suis inscrit à de nombreux voyages missionnaires (vingt-cinq pays en dix ans!) et j'ai donné beaucoup d'argent aux missions. J'ai même enfoui tout ce qui constituait ma vie dans un énorme fourre-tout, et je suis parti vivre deux ans dans une théocratie musulmane du tiers-monde.

Puis j'ai appris que les véritables chrétiens aiment les pauvres. J'ai donc parrainé un enfant de l'organisme Compassion. Mais cette fillette ne représentait-elle pas une seule goutte dans un océan infini de gens souffrants qui avaient désespérément besoin d'aide? Devrais-je en adopter cinq autres? Vingt-cinq autres? Avais-je réellement besoin de boire ce Coca au repas? Ne pouvais-je pas plutôt utiliser cet argent pour nourrir un autre orphelin? Je me sentais constamment coupable concernant chacune de mes possessions. Peu importe ce que je donnais, ce n'était jamais assez parce que je pouvais *toujours* donner plus. Car après tout, «Dieu ne juge pas ton offrande selon le montant que tu donnes, mais selon ce qu'il te reste». Il me restait toujours un peu plus qu'à l'orphelin en Inde.

Et bien sûr, j'ai eu la fâcheuse idée de lire la biographie d'un missionnaire qui expliquait qu'on pouvait tellement mieux servir Dieu si l'on était célibataire, et j'en ai donc conclu que si je voulais vraiment servir Dieu efficacement, je devais rester célibataire. C'est ce que Paul affirmait, non? Pour paraphraser 1 Corinthiens 7, il dit: «Je voudrais que tous les hommes soient comme moi» (célibataire), pour que vous puissiez travailler librement au ministère. Si je voulais que ma vie soit utile au *maximum* pour le royaume de Dieu, comment pouvais-je souhaiter *autre chose* que le célibat? N'étais-je pas prêt à demeurer célibataire pendant soixante-dix ans afin que des âmes soient sauvées pour l'éternité? J'ai donc essayé d'ignorer les filles pendant un semestre au collège, mais à mon grand désespoir, elles refusaient de me laisser tranquille. (Du moins, selon mon souvenir.)

À ce stade de ma vie, je vivais de façon à me conformer aux standards universels d'un «vrai chrétien engagé». Mais cette religion de prétendue «grâce» me semblait être plus un fardeau qu'une joie. Peu importe le nombre de règles auxquelles j'adhérais ou à quel point ma vie était disciplinée, je vivais mon quotidien avec un constant sentiment de culpabilité. Au plus profond de mon cœur, je savais – *j'étais sûr* – que je ne plaisais pas à Dieu, parce que je pouvais toujours faire mieux. Les vrais bons chrétiens faisaient toujours quelque chose de plus que moi.

Pire encore, ma vie de couple révélait de plus en plus mon égoïsme et mon immaturité. J'étais jaloux de voir que d'autres avaient plus de succès que moi dans leur ministère au point que je me régalais à la pensée qu'ils succombent à une tentation qui les en disqualifierait. Je me sentais toujours enchaîné aux convoitises de ma chair. Mon service envers Dieu était fervent, mais ma passion envers lui était devenue glaciale. Je n'avais certes pas le *désir* de le connaître plus.

J'étais épuisé, et même si je ne l'avais jamais avoué, je commençais à éprouver de l'aversion envers Dieu.

À mes yeux, il était ce maître sans pitié qui d'en haut me surveillait sans cesse en criant : «CE N'EST PAS ASSEZ! Je veux PLUS!» Il était toujours là, me menaçant de damnation, disant : «Si tu veux mon approbation, il y a toujours *plus* à *faire*.» Ses exigences constantes allaient me rendre fou. Plus je m'efforçais de marcher dans ses sentiers, moins j'éprouvais

> Plus je m'efforçais de marcher dans ses sentiers, moins j'éprouvais d'amour à son égard.

d'amour à son égard. Plus mes pas s'approchaient de lui, plus mon cœur s'enfuyait.

Bien sûr, je connaissais les faits. Je savais que Jésus avait payé la dette de mes péchés. Je savais également qu'il était le trésor le plus précieux. Mais bien que ma tête le sache, mon cœur ne ressentait rien. J'étais motivé à marcher avec Dieu principalement par désir d'échapper à l'enfer. Toutefois, j'ai récemment découvert quelque chose qui a tout changé ; l'Évangile.

Je reconnais que ça peut sembler étrange de la part d'un pasteur évangélique qui dirige une « méga-Église » en pleine croissance, pourtant c'est vrai.

Ce n'est pas que je ne comprenais ou ne croyais pas l'Évangile auparavant. Mais la vérité de l'Évangile n'avait pas progressé de ma tête à mon cœur. Un grand fossé subsistait entre ma connaissance et mes émotions. Le puritain Jonathan Edwards a comparé son « éveil à l'Évangile » à l'image d'un homme qui savait intellectuellement que le miel avait un goût sucré, mais qui pour la première fois, expérimentait sa douce saveur. C'est exactement ce qui m'est arrivé.

« Redécouvrir » l'Évangile m'a donné une joie en Dieu que je n'avais jamais expérimentée au cours de toutes ces années de ferveur religieuse. Maintenant, je sens grandir dans mon cœur presque quotidiennement un amour pour Dieu qui me dépouille de mon amour-propre. La jalousie qui consumait autrefois mon cœur est peu à peu remplacée par un désir de voir les autres réussir. Je vois l'égoïsme faire place à la tendresse et à la générosité. Mes convoitises charnelles sont remplacées par un désir de justice, et mes rêves égocentriques par des ambitions glorifiant Dieu. Une nouvelle énergie

> « Redécouvrir » l'Évangile m'a donné une joie en Dieu que je n'avais jamais expérimentée...

s'éveille en moi, me transforme et me pousse à utiliser tout mon potentiel pour le royaume de Dieu.

J'ai encore beaucoup de chemin à parcourir, et je dois chaque jour combattre mes désirs charnels, mais je suis en pleine transformation. L'apôtre Paul l'aurait formulé ainsi : je « progresse » dans l'Évangile. L'Évangile a accompli dans mon cœur ce que la religion n'aurait jamais pu faire.

> L'Évangile a accompli dans mon cœur ce que la religion n'aurait jamais pu faire.

Je crois que c'est aussi possible pour vous. C'est pourquoi j'écris ce livre.

Dans les chapitres qui suivent, je veux vous amener à redécouvrir l'Évangile, ses doctrines, mais aussi sa puissance. L'Évangile est la proclamation de notre réconciliation avec Dieu : il a envoyé son Fils Jésus mourir comme substitut pour nos péchés, et tous ceux qui se repentent et croient ont la vie éternelle en lui. Je souhaite que vous considériez l'Évangile non seulement comme le moyen d'accéder au paradis, mais comme la force motrice derrière chaque moment de votre vie. Je veux vous aider à redécouvrir la beauté et la grandeur de Dieu. Seul l'Évangile peut susciter en vous une véritable passion pour Dieu, vous libérer de l'emprise du péché, et vous inciter à vous donner avec joie au service des autres.

La première section de ce livre démontre *pourquoi* et *comment* l'Évangile seul peut nous transformer. Je veux vous démontrer pourquoi le changement « religieux » (ce que nous nommerons « mécanique ») ne peut absolument pas fonctionner. Dans cette section, j'expliquerai comment la transformation opérée par l'Évangile diffère fondamentalement de celle que produit la religion. En effet, l'Évangile peut accomplir une œuvre en nos cœurs que la religion est tout simplement incapable de faire.

Dans la deuxième section, je présenterai un outil simple qui m'aide depuis plusieurs années à m'imprégner de l'Évangile. Il s'agit d'une courte prière en quatre parties que j'appelle «la prière axée sur l'Évangile». Chacune d'entre elles sert une fonction particulière, nous orientant vers l'œuvre que Dieu a accomplie pour nous en Christ et transformant notre façon de percevoir Dieu, nous-mêmes, et les autres. Cette prière peut être un moyen de vous «prêcher l'Évangile à vous-même quotidiennement».

Certaines questions vous viendront sans doute à l'esprit au fil de votre lecture. Par exemple: «Si nous sommes libres en Christ, pourquoi la Bible est-elle remplie de tant de commandements?» «Que devrais-je faire lorsque je ne désire pas réellement Dieu?» «Qu'est-ce que Dieu attend de moi au juste?» «À quoi ressemble une Église véritablement centrée sur l'Évangile?» Et ainsi de suite. Dans la troisième section, je tenterai de répondre directement à ces questions, et de vous offrir des réponses solides et bibliques. J'espère que cette section vous convaincra que l'Évangile est réellement, comme l'affirmait l'apôtre Pierre: «tout ce qui contribue à la vie et à la piété» (2 Pierre 1.3).

C'est relativement simple, n'est-ce pas? Toutefois, le temps passe, et la nouvelle la plus merveilleuse de l'univers attend d'être découverte.

<< PREMIÈRE PARTIE >>

COMMENT L'ÉVANGILE ACCOMPLIT CE QUE LA RELIGION NE PEUT PAS FAIRE

CHAPITRE 1

L'ÉVANGILE PERDU

L'Évangile est-il vraiment perdu ? Si oui, où est-il allé ?
La plupart des chrétiens connaissent les faits : Jésus est né d'une vierge, a vécu une vie parfaite, est mort sur une croix à notre place et est ressuscité des morts. Tous ceux qui placent leur confiance en lui auront le pardon et la vie éternelle. Donc, l'Évangile n'est pas perdu.

Pas si vite !

J'ai mentionné dans l'introduction qu'il y a une différence entre savoir que le miel est sucré et goûter ce miel soi-même. Être capable d'articuler l'Évangile convenablement est une chose, mais être profondément captivé par sa vérité en est une autre.

L'Évangile n'est pas censé être seulement notre billet pour le paradis. Il constitue une nouvelle base pour notre rapport avec Dieu, nous-mêmes et les autres. L'Évangile est la source d'où découle tout le reste.

Je jouerai cartes sur la table : je crois que le mouvement évangélique au grand complet, a désespérément besoin de se réapproprier l'Évangile puisqu'il constitue le cœur du christianisme. Même dans des dénominations conservatrices comme la mienne (la Convention Baptiste du Sud) l'Évangile est éclipsé par divers défis visant à stimuler la croissance.

> Le but de l'Évangile est de produire des individus enflammés d'une passion pour Dieu et d'un amour pour les autres.

Je ne veux pas dire qu'on a corrompu l'Évangile. Non, les faits sont toujours enseignés avec exactitude. Mais le but de l'Évangile n'est pas que nous passions une sorte d'examen en exposant de manière précise l'importance de Jésus. Le but de l'Évangile est de produire des individus enflammés d'une passion pour Dieu et d'un amour pour les autres. Sur ce point, nous constatons des lacunes évidentes.

Un christianisme qui n'a pas comme principal souci l'approfondissement de notre amour envers Dieu est un faux christianisme. Et ce, quel que soit le zèle qui l'anime quand il s'agit de la conversion des âmes ou l'enthousiasme dont il fait preuve quand il cherche à imposer un comportement moral. Se convertir à Jésus implique beaucoup plus que l'apprentissage de quelques règles à suivre. Être converti à Jésus, c'est apprendre à adorer Dieu au point d'être prêt à renoncer à tout pour le suivre avec joie.

À l'université, mon colocataire gardait chez nous un chien qui s'appelait Max. Parce que le pauvre Max était infirme des deux pattes arrière, sa vie entière consistait à rester couché au seuil de la porte d'entrée et à lever les yeux vers nous lorsque nous passions près de lui. Je me rappelle l'avoir regardé un jour, me disant que selon la perspective du christianisme qu'ont la plupart des gens, Max ferait un excellent chrétien : il ne buvait pas, ne fumait pas, ne jurait pas, il ne se mettait pas en colère, il avait même été castré, donc en mesure de maîtriser ses pensées.

Les disciples de Jésus sont beaucoup plus que des chiens obéissants et castrés. À vrai dire, ils doivent être frétillants d'amour pour Dieu. Comme l'a dit Jésus, lorsque vous aimez Dieu et vous aimez les autres, tout le reste de la vie chrétienne se met en place naturellement (Matthieu 22.37-39).

Comment apprendre à aimer Dieu ?

Alors, comment apprendre à *aimer* Dieu ? C'est le dilemme du «plus grand commandement» : «Tu aimeras le Seigneur, ton Dieu, de tout ton cœur, de toute ton âme et de toute ta pensée» (Matthieu 22.37). Or, comment peut-on *commander* l'amour véritable ?

Suivre le commandement d'aimer quelqu'un pour qui nous ne ressentons pas d'affection naturelle est épuisant. L'amour véritable se développe en réponse à ce qui est aimable. La première fois que j'ai vu ma femme, j'ai ressenti un début d'amour pour elle. Plus j'ai appris à la connaître avec les années, plus j'ai pu constater sa beauté, plus mon amour pour elle a grandi. Mon amour est une réponse.

L'amour pour Dieu est commandé dans les Écritures, mais on ne peut obéir à ce commandement que lorsque les yeux s'ouvrent pour contempler la beauté de Dieu telle qu'elle est révélée dans l'Évangile. L'Esprit de Dieu utilise la beauté de l'Évangile pour éveiller en nos cœurs un désir pour Dieu. L'apôtre Jean l'a exprimé ainsi : «Pour nous, nous aimons parce que lui nous a aimés le premier» (1 Jean 4.19). L'amour pour Dieu se développe en expérimentant l'amour de Dieu.

Lorsque nous mettons l'accent sur le changement de comportement, nous passons à côté du vrai problème : un cœur qui refuse d'aimer Dieu. Assurément, je ne dis pas qu'on devrait obéir à Dieu seulement lorsque ça nous plaît. Néanmoins, prêcher un

> Lorsque nous mettons l'accent sur le changement de comportement, nous passons à côté du vrai problème...

christianisme qui ne constitue rien d'autre qu'un ensemble de nouveaux comportements produit des êtres qui font le bien sans aimer le bien[1] : des hypocrites blasés et remplis de ressentiment envers Dieu.

Qu'est-ce que la « véritable » maturité spirituelle ?

Jésus, dans son dernier message à ses disciples, leur dit que le moyen de porter du fruit et d'expérimenter la joie (c'est-à-dire le « secret » de la vie chrétienne) est de *demeurer* en lui. Ils ne porteront pas de « fruits en abondance » en lisant des livres, en intensifiant leur autodiscipline, en mémorisant les Écritures, ou en se joignant à des groupes d'entraide. Ces choses ont toutes leur place, mais il n'y a qu'un moyen de réellement porter du fruit : demeurer en Jésus.

« Demeurer en Jésus » peut vous sembler du charabia spirituel. C'était le cas pour moi. J'imaginais que le fait de demeurer en Jésus suppose une lueur surnaturelle dans le regard et exige qu'on se réveille inexplicablement à quatre heures du matin pour jouer des hymnes sur la harpe d'or qu'on garde près du lit. Mais le mot *demeurer* est bien plus simple que cela. Le mot grec *meno* veut dire littéralement « y établir sa demeure ». Lorsque nous « établissons notre demeure » dans son amour ; (le ressentant, s'en remplissant, y réfléchissant, s'en étonnant) des fruits spirituels commencent à pousser en nous naturellement, comme des roses sur un rosier.

Les fruits spirituels, voyez-vous, sont produits de la même façon que les fruits naturels. Lorsqu'un homme et une femme conçoivent un « fruit » naturel (un enfant), ils ne sont habituellement pas concentrés sur le processus permettant de faire cet enfant. Au contraire, ils s'abandonnent dans un moment intime de passion l'un envers l'autre, et le *fruit* de cette passion, c'est l'enfant.

De la même manière, on ne porte pas de fruit spirituel en se concentrant sur le commandement d'en porter. Vous ne pouvez pas simplement vous relever les manches et déclarer: «J'aurai plus d'amour envers Dieu! Je serai plus patient! J'exercerai plus de maîtrise!» J'expliquerai plus tard les rôles du renoncement à la chair et de l'autodiscipline, mais les véritables fruits spirituels apparaissent à la suite de rencontres intimes où l'on expérimente l'amour de Jésus-Christ. Son amour est le sol dans lequel peuvent pousser tous les fruits de l'Esprit. Lorsque nos racines y demeurent, la joie, la paix, la patience, la bonté, la douceur, et la discipline se développent alors naturellement en nos cœurs.

Par conséquent, si vous souhaitez voir des fruits spirituels dans votre vie, ne vous concentrez pas premièrement sur les fruits. Concentrez-vous sur l'acceptation de Jésus à votre égard, qui vous a été offerte gratuitement. Se concentrer sur les fruits spirituels n'engendre généralement que de la frustration et du désespoir et non pas des fruits.

Avez-vous déjà examiné votre vie et pensé: «Pourquoi suis-je toujours si impatient? Comment puis-je être sauvé et manquer à ce point de maîtrise de soi?» Moi, oui. J'ajouterai même que, plus je suis près de Jésus, plus mon péché me saute aux yeux. Jésus, pourtant, ne m'a pas dit de «demeurer» dans mes propres fruits. Il m'a dit de demeurer en lui et en son acceptation inconditionnelle.

Ce que je veux vraiment vous aider à faire à travers ce livre, c'est de demeurer en Jésus. Car c'est ainsi que vous deviendrez plus patient dans votre relation de couple; vous développerez de l'autodiscipline, vous deviendrez généreux. Demeurer en Jésus produira en vous *tous* les fruits spirituels, sans que vous vous concentriez sur aucun d'entre eux. Concentrez-vous sur Jésus. Demeurez dans son amour et son acceptation, lesquels vous ont été donnés non à cause de ce que vous avez accompli, mais à cause de ce qu'il a accompli pour vous.

Sans amour, cela n'aboutit à rien

Pendant ma dernière année au secondaire, j'entretenais une relation avec une fille incroyable de qui *j'aurais dû* être amoureux fou. «Sur papier», elle était parfaite. Le problème est que lorsque nous étions ensemble, il n'y avait pas de *magie*, si vous voyez ce que je veux dire. Toutefois, je ne trouvais aucune raison particulière de cesser de la fréquenter, et nous avons donc continué à nous fréquenter, même après que je sois déménagé pour étudier au collège, quelque deux mille kilomètres plus loin.

Je suis rentré à la maison pour la première fois lors du congé de Noël, et nous nous étions mis d'accord pour nous rencontrer la veille de Noël. Tout allait bien jusqu'à l'après-midi précédant notre rendez-vous. J'ai alors eu une pensée alarmante : *étais-je censé lui acheter un cadeau de Noël?* C'était, après tout, la veille de Noël. Si elle m'avait acheté un cadeau et que je n'aie rien à lui offrir, j'aurais l'air d'un vrai sans-cœur.

Par prudence, j'ai fait un arrêt au centre commercial en route vers chez elle. Je suis entré dans un magasin d'articles de sports; l'endroit habituel où trouver un cadeau vraiment romantique. C'est là que j'ai aperçu le cadeau absolument parfait: un cache-col pour skieur de marque *Adidas*. Il coûtait sept dollars. J'ai emballé ce chef-d'œuvre et je l'ai déposé sous le siège de la voiture pour le reste du trajet de trois quarts d'heure vers chez elle. Elle est venue m'accueillir, et m'a dit, après les formules de politesse d'usage : «Je t'ai acheté un cadeau de Noël.» Je lui ai fièrement répondu : «Moi aussi!» «Voici le tien!» m'a-t-elle dit, me tendant un paquet *somptueusement* emballé qu'elle avait pris sous l'arbre. Je l'ai ouvert et j'ai constaté avec horreur qu'il s'agissait de toute évidence d'un chandail très coûteux.

Elle m'a regardé avec impatience en me demandant: «Où est le mien?»

«Euh... je l'ai oublié à la maison!» ai-je répondu, me croyant tiré d'affaire. (Je pourrais toujours retourner chez moi plus tard, acheter un nouveau cadeau, et le lui envoyer par la poste. Ainsi, je pourrais garder le cache-col pour moi. Tout le monde était gagnant!) Mais elle a ajouté : «Bien, nous n'avons rien à faire ce soir. Peut-être pourrions-nous aller chez toi le prendre. J'en profiterais pour voir tes parents.»

Si j'ai donné l'impression d'être quelque peu distrait pendant ce trajet de trois quarts d'heure, c'est que j'étais occupé à comploter. À prier. À prendre des résolutions. À notre arrivée à la maison, j'ai pris ma mère à part et lui ai dit: «Hé! Y a-t-il quelque chose que tu voulais offrir à ma sœur et qu'elle n'a pas encore vu?» Ma mère a voulu savoir pourquoi et pour toute réponse, je lui ai dit: «Pas de questions, s'il te plaît!» Ma mère est allée chercher un cadeau qui était destiné à ma sœur (un autre chandail assez coûteux) et nous y avons remplacé l'étiquette au nom de ma petite amie. Plein d'assurance, je lui ai ensuite présenté ce paquet en disant: «Voici ton cadeau. Je me disais que ce serait parfait pour toi.»

Je me suis souvent demandé durant toutes ces années, ce qui se serait passé si je lui avais dit la vérité ce soir-là en lui avouant que mon cadeau avait pour seul but de ne pas perdre la face. Il ne fait aucun doute qu'elle l'aurait catégoriquement refusé. Aucune fille ne veut être aimée seulement par obligation.

Pourtant, nous croyons que Dieu est différent et qu'il n'accorde aucune importance au fait que nous le servions par obligation. Ce n'est pas le cas.

Dieu désire un peuple qui le désire, qui le sert par amour. Jésus cherche ceux «qui adoreront le Père en esprit et en vérité».

En fait, Paul explique que tout ce que nous faisons pour Dieu et qui ne découle pas de notre amour pour lui n'aboutit à rien :

> Quand je parlerais les langues des hommes et des anges, si je n'ai pas l'amour, je suis du bronze qui résonne ou une cymbale qui retentit. Et quand j'aurais (le don) de prophétie, la science de tous les mystères et toute la connaissance, quand j'aurais même toute la foi jusqu'à transporter des montagnes, si je n'ai pas l'amour, je ne suis rien. Et quand je distribuerais tous mes biens pour la nourriture (des pauvres), quand je livrerais même mon corps pour être brûlé, si je n'ai pas l'amour, cela ne me sert de rien (1 Corinthiens 13.1-3).

Parlons franchement : la liste que Paul présente ici est impressionnante selon les normes de qui que ce soit. «Parler les langues des hommes et des anges» place certainement un individu au rang des plus doués sur le plan spirituel. Avoir «la science de tous les mystères et toute la connaissance» veut dire connaître par cœur même les plus petits détails de la doctrine chrétienne. Avoir «toute la foi jusqu'à transporter des montagnes» signifie obtenir des résultats tangibles juste en priant. Et «livrer son corps aux flammes»? Impressionnant! Difficile de trouver plus «radical» comme désir de se donner à Dieu. La corbeille des offrandes passe dans votre rangée, et vous sortez une allumette pour vous immoler. Ça, c'est du zèle!

Pourtant, affirme Paul, les dons spirituels, la maîtrise des doctrines, la foi audacieuse, et l'obéissance radicale ne valent pas la seule chose qui *compte* pour Dieu : un amour pour lui. Sans amour, même le dévouement le plus absolu à son égard n'a pas de réelle valeur à ses yeux.

Voyons si mon argument est bien compris... Vous pouvez développer tous les dons spirituels au monde, vous livrer aux actes d'obéissance les plus rigoureux, partager tous vos repas avec les sans-abris de votre ville, mémoriser le livre du Lévitique, prier quatre heures chaque matin comme le faisait Martin Luther. Or, si vos actions ne sont pas le résultat d'un cœur rempli d'amour qui accomplit ces choses parce qu'il le désire réellement, elles sont en fin de compte sans valeur devant Dieu.

À vrai dire, pour susciter dans votre cœur un *véritable* amour pour Dieu, il faut plus que des dons spirituels, une plus grande connaissance des doctrines, une foi audacieuse, ou même une obéissance radicale. Il faut quelque chose de totalement différent, de radicalement différent.

Cette distinction radicale est l'Évangile, car seul l'Évangile a le potentiel d'engendrer de l'amour pour Dieu dans le cœur. Paul appelle l'Évangile «une puissance de Dieu pour le salut» (Romains 1.16). Il y a seulement deux choses que Paul appelle «la puissance de Dieu». L'une est l'Évangile, l'autre est le Christ lui-même. Alors que le récit de l'Évangile est proclamé, l'Esprit lui-même renouvelle le cœur afin qu'il y voie la révélation de la gloire et de la beauté de Dieu. Tout comme le commandement de Jésus à l'infirme de «se lever et marcher» avait le pouvoir de lui permettre d'obéir au commandement, de même le récit de la mort et de la résurrection de Jésus contient en soi la puissance de redonner vie aux cœurs morts. Quand nous croyons à l'Évangile par la puissance de l'Esprit, nos cœurs égoïstes et endurcis prennent vie, pleins de passions vertueuses et justes[2]. En contemplant la gloire de Dieu à même le visage du Christ, dit Paul, nous sommes transformés de gloire en gloire (2 Corinthiens 3.18 – 4.14).

Ainsi, la religion peut nous dicter quoi faire, en l'occurrence: «aimer Dieu de tout ton cœur, de toute ta force et de toutes tes pensées» et «aimer ton prochain comme toi-même». Or, seul l'Évangile nous donne la puissance de le faire.

ÉVANGILE

> La joie de ce qu'il y gagnait, c'est-à-dire le plaisir de Dieu et l'éternité avec nous, était plus grande que la souffrance.

En conséquence, l'Évangile produit non seulement l'obéissance, mais une nouvelle sorte d'obéissance[3] : une obéissance qui est alimentée par le désir, qui plaît à Dieu *et* que nous trouvons agréable.

Une clarification, cependant : loin de moi l'idée que chaque sacrifice que Dieu exige de nous soit désirable en soi. La croix en tant que telle n'était pas désirable pour Jésus. En effet, il est écrit dans Hébreux 12.2 que Jésus a dû *supporter* la croix, ce qui signifie qu'il a dû soumettre ses désirs à la volonté du Père. Néanmoins, même la crucifixion de sa chair était empreinte de joie pour lui. La joie de ce qu'il y gagnait, c'est-à-dire le plaisir de Dieu et l'éternité avec nous, était plus grande que la souffrance.

Dieu désire une obéissance semblable. Ainsi, lorsque nous prenons notre croix pour le suivre, il veut que même la souffrance de notre croix soit un sujet de joie pour nous en raison de ce qu'on y gagne.

Cette forme de joie en Jésus ne peut être produite en nous par de simples résolutions d'obéir. Cette joie peut seulement être vécue en nous imprégnant de l'Évangile.

En conséquence, si vous n'êtes pas parvenu où vous souhaitez être spirituellement, la solution n'est pas simplement d'en faire plus pour Jésus ou de démontrer plus de rigueur dans votre zèle pour Dieu. Il ne s'agit pas simplement de chercher à développer de plus grands dons spirituels ou même à en apprendre plus sur la Bible. La solution consiste à demeurer dans l'amour de Dieu qui nous est offert en Christ.

Voilà où je veux en venir en avançant que nous avons perdu l'Évangile. Nous avons substitué toutes sortes de changements cosmétiques à une réelle transformation du cœur. Nous encourageons les gens à poursuivre de nouveaux et de meilleurs dons spirituels et à redécouvrir d'anciennes formes de dévotion. Nous essayons de les affermir dans un système doctrinal particulier, comme s'il suffisait d'accroître sa connaissance de faits exacts pour y parvenir. Nous leur disons de faire preuve d'une foi audacieuse dans leurs prières, une foi qui déplace les montagnes. Nous les exhortons à s'engager de façon radicale envers le Grand Mandat. Bien sûr, ces choses ont toutes leur place, mais tout ce que nous faisons se résume à empiler des changements superficiels sur un cœur qui n'aime pas vraiment Dieu. *Aucune* de ces choses ne peut produire un amour pour Dieu. Seul l'Évangile le peut. Sans lui, nos changements sont en fin de compte sans valeur.

Je suis un jardinier paresseux. Au grand désarroi de ma femme, je ne plante pas de fleurs[4] (du moins, pas de mon plein gré). Je n'utilise pas de fertilisant. Je paie quelqu'un d'autre pour tondre le gazon. Tout ce qui m'importe, quand il s'agit de notre pelouse, c'est de ne pas recevoir de plaintes écrites des voisins, et de pouvoir y voir au moins le haut de la tête de nos enfants lorsqu'ils jouent dehors. Ma femme, quant à elle, apprécie énormément une pelouse touffue, verdoyante, fraîchement soignée. Un jour, elle s'est plainte que nos plates-bandes contenaient trop de mauvaises herbes et que je ne faisais rien pour y remédier. Sachez qu'il y a deux façons d'éliminer les mauvaises herbes. La première consiste à s'agenouiller dans la terre et à passer des heures à les arracher par les racines : c'est la bonne façon. Sinon, on peut les bombarder massivement de grandes quantités d'herbicides : c'est la façon paresseuse, ma façon. Alors, chaque été, je bombardais à répétition nos plates-bandes d'herbicides... Toutes les mauvaises herbes sont mortes, comme le promettait la publicité... de même que plusieurs rosiers qui se trouvaient malheureusement dans la ligne de tir. De magnifiques vignes vertes pleines de fleurs écarlates à peine écloses, transformées en boules d'herbes sèches rappelant un paysage de films westerns.

Ma femme, bien sûr, s'en est plainte aussi. D'une manière empreinte de l'Esprit, bien entendu. Pour lui faire plaisir, je suis donc allé chez le fleuriste lui acheter plusieurs douzaines de roses. Je les ai apportées à la maison et j'ai commencé à les agrafer aux branches mortes et desséchées des rosiers. Avais-je trouvé la solution ? Pour un certain temps, les rosiers morts donneraient l'apparence d'être vivants, du moins de loin. Mais ils étaient toujours morts, et j'allais toujours dormir sur le canapé.

Paul Tripp a déclaré que la plupart des stratégies pour promouvoir la croissance chrétienne constituent simplement des « moyens d'agrafer des roses ». Donnez plus d'argent. Prenez votre péché plus au sérieux. Soyez plus discipliné dans la vie. Lisez la Bible et participez à des groupes d'entraide. Participez à des cellules de maison.

Les disciplines spirituelles ont leur place (nous y reviendrons). Mais rien ne peut remplacer un changement organique du cœur.

Seul l'Évangile détient la puissance d'obéir au premier commandement. Seules les vérités de l'Évangile permettent à un cœur replié sur lui-même d'éclater d'amour pour Dieu.

Pour plusieurs évangéliques, l'Évangile a eu pour unique fonction de leur servir de rituel d'entrée dans la foi chrétienne. C'est la prière qui nous permet de nous engager dans une relation avec Jésus-Christ. Le tremplin duquel nous plongeons dans la piscine du christianisme. Après être entrés dans cette piscine, nous nous occupons ensuite des « vraies affaires » du christianisme : maîtriser de bons principes pour notre vie conjugale, apprendre des règles et des règlements pour gérer notre conduite, et chercher à savoir si Kirk Cameron sera l'un des survivants dans le film « *Les survivants de l'Apocalypse* ».

L'Évangile, par contre, n'est pas simplement le tremplin duquel on saute dans la piscine du christianisme : *c'est* la piscine. Ce n'est pas seulement la façon dont nous commençons en Christ : c'est la façon dont nous grandissons en Christ. Comme Tim Keller le dit si bien, l'Évangile n'est pas seulement l'ABC du christianisme, il en est le A à Z. Il n'est pas la première marche d'un escalier de vérités, mais plutôt l'axe de la roue de vérité de Dieu[5]. Toutes les autres vertus chrétiennes en découlent.

C'est pourquoi grandir en Christ ne signifie jamais d'aller plus loin que l'Évangile, mais plutôt d'aller plus loin *dans* l'Évangile. Les eaux les plus pures de la source de vie ne sont atteintes qu'en creusant plus en profondeur (pas en envergure !) dans le puits de l'Évangile.

Ma prière est que ce livre nous appelle à une compréhension plus profonde de l'Évangile puisqu'il constitue le véritable cœur du christianisme. J'espère qu'il vous aidera à voir que l'Évangile n'est pas simplement un billet pour le ciel, mais le cœur même de nos vies entières. En demeurant dans l'Évangile, vous deviendrez radicalement généreux et ferez preuve d'une foi audacieuse. Ces choses ne sont pas ajoutées à l'Évangile, elles découlent de l'Évangile.

L'apôtre Pierre déclare que les anges désirent sans cesse «y plonger leurs regards» parce que l'Évangile les émerveille (1 Pierre 1.10,12). Bien qu'ils voient Dieu face à face, ils sont tout de même émerveillés par l'Évangile ! Et nous songeons à passer à autre chose ?

Quel que soit le problème spirituel avec lequel nous luttons, sa solution est l'Évangile. Aspirons-nous à être remplis de passion pour Dieu ? Nous devons nous abreuver de l'Évangile. Voulons-nous exercer la maîtrise de notre corps ? Nous devons être captivés par l'Évangile. Cherchons-nous à nous contenter de ce que nous avons ? Nous devons nous régaler de l'Évangile. Souhaitons-nous apprendre à aimer notre mari ou notre femme ? Nous devons nous laisser éblouir par l'Évangile.

Dans ses *Commentaires de l'Épître aux Romains*, Martin Luther affirme que le véritable progrès spirituel consiste à «recommencer sans cesse». Il écrit que nous devons quotidiennement «recommencer». Il soutient que nous devons «recevoir avec joie l'amour et la bonté de Dieu et exercer notre foi en laissant de côté tout doute quant à son amour et à sa bonté[6]».

«Recommencez» toujours avec l'Évangile. Demeurez-y, nagez-y, bâtissez-y votre maison. Considérez de plus en plus votre vie à travers l'Évangile. Soyez absolument convaincu à chaque instant de chaque jour de la bonté de Dieu dans votre vie. C'est la seule façon de *vraiment* grandir.

L'Évangile a accompli son œuvre en nous lorsque nous désirons Dieu plus que nous toute autre chose : l'argent, une relation amoureuse, la famille, la santé, la célébrité. Lorsque l'avancement de son royaume dans la vie des autres nous procure plus de joie que tout ce que nous pourrions posséder. Quand nous considérerons Jésus comme étant plus grand que tout ce que ce monde a à offrir, nous laisserons toutes autres choses avec joie pour l'avoir, lui seul. Lorsque nous aimerons les autres comme il nous aime, nous céderons nos possessions avec joie pour voir son royaume progresser dans leurs vies.

L'obéissance qui ne découle pas de l'amour finit par être pénible, à la fois pour nous et pour Dieu. L'Évangile transforme cette corvée pénible en joie. Il nous transforme, d'esclaves *contraints* d'obéir à Dieu en fils et filles qui *désirent* obéir à Dieu. Une fois de plus, Dieu ne cherche pas uniquement l'obéissance, mais une toute nouvelle forme d'obéissance : une obéissance remplie de désir.

> L'Évangile a accompli son œuvre en nous lorsque nous désirons Dieu plus que nous toute autre chose...

Le fait de méditer sur les richesses de l'Évangile a changé ma vie à jamais. Cela a transformé notre Église. Je crois de tout mon cœur qu'il peut également vous transformer. Cependant, je vous confie avec humilité que je ne peux pas vraiment vous *enseigner* ces vérités. C'est spirituellement qu'elles nous sont révélées et que nous les discernons. Elles requièrent le don d'yeux spirituels. Je n'ai même pas pu me l'enseigner moi-même alors qu'elles se trouvaient juste sous mon nez. Comment donc puis-je espérer illuminer vos cœurs?

En outre, qu'est-ce qui vous fait croire que vous pourriez développer une passion pour Dieu simplement en lisant un livre? Alors, pourquoi ne pas vous arrêter maintenant et prier que Dieu ouvre les yeux de votre cœur? Vous pouvez emprunter les mots de Paul dans sa prière pour les Éphésiens:

> *[Je prie]* afin que le Dieu de notre Seigneur Jésus-Christ, le Père de gloire, vous donne un esprit de sagesse et de révélation qui vous le fasse connaître; qu'il illumine les yeux de votre cœur, afin que vous sachiez quelle est l'espérance qui s'attache à son appel, quelle est la glorieuse richesse de son héritage au milieu des saints... *[et prie que vous soyez]* capables de comprendre avec tous les saints quelle est la largeur, la longueur, la profondeur et la hauteur, et de connaître l'amour du Christ qui surpasse (toute) connaissance, en sorte que vous soyez remplis jusqu'à touteplénitude de Dieu (Éphésiens 1.17,18 ; 3.18,19).

CHAPITRE 2

POURQUOI LE CHANGEMENT RELIGIEUX NE FONCTIONNE PAS

J e suis sorti dans la cour arrière un samedi et j'y ai aperçu ma
fille de quatre ans, Kharis, qui déversait de l'eau dans son bac à
sable avec un arrosoir. Lorsque je lui ai demandé ce qu'elle faisait,
elle m'a répondu sans lever les yeux : « Papa, il faut que le sable
pousse. Tu vois ? Il n'en reste pas beaucoup. »

J'ai essayé de lui expliquer que le sable ne pousse pas lorsqu'on l'arrose, puisque, bien entendu, ce n'est pas une matière
vivante. La seule façon d'augmenter la quantité de sable dans le
bac est que Papa en ajoute.

C'est ainsi que la religion vous change. La religion en rajoute.
Elle vous donne beaucoup de choses « à accomplir » : des études
bibliques auxquelles participer, de nouvelles habitudes à intégrer à
votre vie, ce que vous devez dire ou ne pas dire, et ainsi de suite.
C'est ce que certains ont nommé un changement « mécanique »[1].

Ce dernier est fondamentalement différent de la façon dont
un arbre pousse. L'arbre pousse et porte du fruit parce qu'il est
en vie. Les fruits poussent naturellement en raison de la vie qui
s'y trouve. C'est de cette façon que l'Évangile transforme : votre

comportement change parce que vous changez. Il s'agit d'un changement « organique ».

La plupart des stratégies élaborées pour cheminer en Christ se révèlent être, malgré tous ces termes chrétiens, des changements « mécaniques ». Nous nous affairons pour Dieu. Nous ajoutons de nouvelles disciplines spirituelles. Nous donnons de l'argent. Nous participons aux missions.

Autrefois, on remettait même une enveloppe d'offrandes comportant un tableau des diverses actions spirituelles accomplies au cours de la semaine. Sur l'enveloppe, on lisait :

- Avez-vous lu votre bible cette semaine ?
- Avez-vous prié ?
- Avez-vous partagé votre foi avec quelqu'un cette semaine ?
- Cette enveloppe contient-elle une dîme/don pour rénovations/engagement financier envers les missions ?

J'en faisais même un jeu : j'essayais de voir si je pouvais entreprendre et compléter tous les éléments décrits sur l'enveloppe à compter du moment où le panier des offrandes commençait à circuler jusqu'à ce qu'il arrive à moi. J'ai annoncé Christ à ma pauvre sœur (qui était assise à côté de moi à l'église) chaque semaine pendant deux ans.

> ... si votre christianisme se résume à l'atteinte de bons standards moraux, vous courez tout droit vers le désastre.

Le problème avec les changements mécaniques est qu'ils deviennent vite épuisants. Je ne dis pas qu'il ne faut jamais faire une chose lorsqu'on n'en a pas envie, mais plutôt que si votre christianisme se résume à l'atteinte de bons standards moraux, vous courez tout droit vers le désastre. Vous enduisez de religion un cœur qui a d'autres affections. Que vous l'exprimiez ou non, vous en voudriez à Dieu s'il vous obligeait à faire certaines choses que vous ne feriez pas si vous n'étiez pas menacés de damnation.

La raison de l'inefficacité du changement « mécanique » émane de la source même de ce qui ne va pas chez nous. Par conséquent, nous devons remonter jusqu'au péché originel dans le jardin d'Éden. Voilà où je veux en venir dans ce chapitre, car c'est seulement après que nous pourrons vraiment comprendre pourquoi la religion ne fonctionne pas et pourquoi seul l'Évangile peut nous « rétablir ».

Les dieux fonctionnels

Notre péché originel était l'idolâtrie[2]. Il se peut que vous ayez du mal à le voir ainsi. « L'idolâtrie ? Je ne me souviens pas qu'ils se soient agenouillés ou qu'ils aient prié une idole. » À vrai dire, nous ne saisissons pas toujours le sens de l'adoration. On adore ce qu'on estime être le plus essentiel à la vie et au bonheur. Pour Adam et Ève, il s'agissait de l'arbre de la connaissance du bien et du mal. Son fruit était devenu si important à leurs yeux qu'ils étaient prêts à désobéir à Dieu pour l'obtenir. Pour nous, il peut s'agir d'argent, de l'acclamation des autres, d'un bon mariage, d'une famille en santé, d'un certain prestige au travail, ou d'un plaisir sensuel quelconque.

Lorsqu'une chose devient si importante à vos yeux qu'elle dicte vos actions et commande vos émotions, vous l'adorez. Vous êtes prêt à dire « non » à Dieu pour l'obtenir.

Le mot hébreu pour « gloire » (*kabod*) se traduit littéralement par « poids ». Glorifier une chose quelconque dans votre vie (ou l'adorer) consiste à lui accorder tant de poids que vous ne pouvez pas imaginer vivre sans elle. Une idole peut être constituée d'à peu près n'importe quoi : même des bonnes choses que Dieu nous donne. La famille, les amis, les rêves, même l'Église – voilà de bonnes choses, bien entendu. Mais elles deviennent des idoles lorsqu'on leur assigne un poids «divin».

En fin de compte, l'idolâtrie se cache derrière chacun de nos péchés. Nous accordons un poids supérieur à autre chose qu'à Dieu lui-même. Quelle que soit la chose que nous estimons indispensable et qui dicte notre comportement, cette dernière constitue notre dieu fonctionnel[3]. Bien sûr, nous ne nous prosternons pas physiquement devant ces choses, mais nos cœurs se prosternent devant elles.

Toute personne, religieuse ou non, possède des dieux, car nous sommes tous des adorateurs. Plusieurs personnes croient qu'ils n'en sont pas, puisqu'ils ne pratiquent aucune religion. Il est tout aussi impossible d'éteindre les pulsions qui nous poussent à adorer en n'étant pas religieux que d'éteindre nos pulsions sexuelles en restant célibataire. Tous les êtres humains estiment une chose essentielle à leur vie sans laquelle, croient-ils, ils ne pourraient vivre ni heureux ni complets. Peu importe ce qu'est cette chose pour vous, vous l'adorez, au sens biblique du terme.

Des sauveurs fonctionnels

La première sensation qu'ont éprouvée Adam et Ève après l'engouement produit par le fruit défendu était la honte de constater qu'ils étaient nus. Étaient-ils nus avant de manger du fruit? Bien sûr. Mais c'est seulement après qu'ils en ont mangé que leur nudité les a rendus mal à l'aise. Qu'est-ce qui avait changé?

Les premiers pères de l'Église (des types comme Grégoire de Nazianze et Athanase d'Alexandrie) expliquent qu'avant d'avoir péché, Adam et Ève étaient «revêtus» de l'amour et de l'acceptation de Dieu de sorte que leur nudité ne les gênait pas. Ainsi dévêtus de l'amour et de l'acceptation de Dieu, ils étaient dorénavant en proie à la peur, à la honte, à la culpabilité et au sentiment d'avoir été découverts.

Alors, qu'ont fait Adam et Ève pour remédier à leur sentiment de nudité? La même chose que n'importe qui d'entre nous fait lorsqu'il se sent nu: ils ont cherché de quoi se vêtir! Si, après une crise de somnambulisme, vous vous réveilliez soudainement une nuit au milieu d'un Super Wal-Mart (ouvert vingt-quatre heures sur vingt-quatre), nu comme un ver, vous ne saisiriez probablement pas cette occasion pour faire quelques courses pour la maison. Vous vous dirigeriez plutôt immédiatement vers les vêtements pour trouver de quoi vous couvrir, en priant qu'aucune de vos connaissances ne vous ait vu.

Adam et Ève ont fait la même chose. Ils se sont fabriqué des «vêtements de feuilles du figuier» et se sont cachés de Dieu. Leurs vêtements faisaient en sorte qu'ils se *sentaient* plus acceptables.

Depuis, nous avons tous mené la même quête. Nous nous efforçons de couvrir la honte de notre nudité en tentant d'établir notre valeur d'une manière ou d'une autre. Nous cherchons un moyen de nous démarquer des autres: nous sommes plus intelligents; nous avons été acceptés à telle université; nous avons un bon travail et gagnons beaucoup d'argent; nous sommes de bons parents; nous démontrons plus de ferveur religieuse que d'autres. Nous utilisons à peu près n'importe quoi pour déterminer notre valeur. Ceux qui ne sont pas du tout religieux le font autant que ceux qui le sont. Les athées se voient souvent comme étant des gens honnêtes et de bons citoyens. Des vedettes d'Hollywood se déclarent fièrement militants sociaux. Tony Soprano affirme: «J'assassine peut-être beaucoup de gens... mais je suis un bon fils.» Chacun cherche des moyens de définir sa valeur.

Pour la plupart d'entre nous, la vie est un long épisode de la série *Les Survivants*: nous tentons de convaincre Dieu et tous les autres que nous sommes qualifiés pour demeurer dans la course.

Les choses que nous utilisons pour établir notre valeur peuvent être appelées des «sauveurs fonctionnels».

Pourquoi le changement religieux ne fonctionne pas

Voici trois raisons principales pour lesquelles le changement religieux, même avec les meilleures intentions, ne fonctionne pas:

1. Les activités religieuses ne s'attaquent pas aux racines profondes de l'idolâtrie qui nous pousse à pécher

À la source, notre péché est mu par le fait que nous désirons une chose plus que nous ne désirons Dieu. Le changement religieux aborde les effets du péché sans remédier à l'idolâtrie qui produit ce péché à la base. Souvent, la religion n'est en fait qu'une autre manière d'obtenir ce que nous désirons plus que tout.

Voici un exemple: Tim Keller raconte l'histoire d'un jeune qu'il connaissait à l'université et dont la vie de débauche était notoire. Les «exploits» sexuels du jeune homme étaient cependant enracinés dans quelque chose de plus profond que la simple convoitise de sa chair. Ses conquêtes sexuelles constituaient pour lui une source d'identité. Cela prouvait qu'il était un homme, lui gagnait l'admiration de ses camarades, et lui procurait un sentiment de pouvoir sur les femmes.

Lors de sa première année d'université, ce jeune homme s'est impliqué auprès d'un ministère étudiant et «a été sauvé». Il est bientôt devenu «enflammé pour Jésus» et a rendu un témoignage audacieux et inspirant quant à son nouvel engagement envers Christ.

Pourtant, Tim Keller ajoute que quelque chose clochait toujours à propos de ce jeune homme. Il n'était pas agréable d'être en sa compagnie. Si on discutait avec lui, il ne manquait jamais de démontrer qu'il avait raison et que l'autre avait tort. Lors d'études bibliques, il voulait que tous trouvent *ses* opinions meilleures que celles des autres. Il cherchait toujours la position importante.

Selon toute apparence, il donnait l'impression d'aimer Jésus. Il s'était repenti de sa vie de débauche. Il assistait à toutes les études bibliques et témoignait audacieusement pour Jésus. Néanmoins, il semble qu'il ait simplement échangé la débauche avec la religion comme manifestation extérieure de son désir réel. Ce qu'il voulait vraiment – la «racine de son idole» – était le pouvoir sur les autres[4].

> Il y a une différence fondamentale entre servir Dieu pour avoir quelque chose en retour, et le servir pour l'avoir, lui, encore plus.

Il ne s'agit pas d'une conversion à Christ. C'est une nouvelle façon de suivre une vieille idole.

La véritable adoration est une obéissance à Dieu basée sur l'unique raison de se réjouir en Dieu. Il y a une différence fondamentale entre servir Dieu pour avoir quelque chose en retour, et le servir pour l'avoir, lui, encore plus. À l'université, j'ai dû compléter au moins un cours en beaux-arts pour obtenir mon diplôme[5]. Je me rappelle que la liste des cours facultatifs comportait un volet musique classique, un sur la poésie, et un autre sur le théâtre. Aucune de ces options ne m'intéressait vraiment, mais je me disais que le cours de théâtre me donnerait sans doute l'occasion de travailler en équipe pour monter des saynètes, et que ce serait plus agréable qu'être assis à écouter des œuvres musicales ou à réciter des vers.

Erreur. La moitié du cours consistait à mémoriser les noms d'obscurs metteurs en scène français, et l'autre moitié, à visionner des vidéos d'hommes en collants, bondissant et se dandinant sur la scène. Chaque semaine, je laissais ma masculinité à la porte en entrant dans la classe. Mais j'avais besoin d'une bonne note dans ce cours pour garder ma moyenne; j'ai donc enduré, étudié, et réussi à obtenir un «A».

Tout cela date de plus de quinze ans. Beaucoup de choses ont changé depuis. Je me suis marié. Nous avons trois filles. Et ma femme et moi avons maintenant un abonnement au centre d'arts de notre ville où nous payons le prix fort pour assister à... hum, du théâtre. Des hommes en collants s'y dandinent sur scène. Or, j'apprécie cela... non pas les hommes en collants, mais le reste.

N'est-ce pas ironique? À l'université, j'ai utilisé le théâtre de manière à en tirer profit. J'ai étudié fort pour avoir une bonne note pour avoir un bon emploi *pour avoir de l'argent*. Alors que maintenant, j'utilise mon argent durement gagné pour aller au théâtre. Le théâtre était un moyen de faire de l'argent, c'est maintenant le but pour lequel je gagne de l'argent.

La vraie religion consiste à servir Dieu pour n'y gagner rien d'autre que Dieu lui-même. De nombreuses personnes se servent de la religion comme moyen d'obtenir quelque chose de la part de Dieu: bénédictions, récompenses ou même le fait d'échapper au jugement. C'est pénible à la fois pour nous et pour Dieu. Mais lorsque Dieu constitue la seule récompense, le christianisme devient passionnant. Le sacrifice est transformé en joie.

En d'autres mots, être actif sur le plan religieux dans une Église, même une bonne Église, ne signifie pas nécessairement que vous soyez devenu un vrai *adorateur* de Dieu. Il se peut que vous ayez simplement découvert que la religion constitue un moyen commode d'accéder aux idoles que vous chérissez: respect, orgueil, réussite, bonne famille, ou prospérité.

2. Lorsque notre acceptation est fondée sur la performance, nous accentuons dans notre cœur deux racines du péché : l'orgueil et la crainte

L'exposition de notre nudité a implanté en nous un profond sentiment d'insécurité. Nous avons compris que nous n'étions pas acceptables dans notre condition actuelle (et c'est vrai). Nous nous sommes donc sentis poussés à accomplir quelque chose qui nous permette de devenir plus acceptables aux yeux de Dieu.

Or, tout ce qui nous amène à nous croire supérieurs aux autres devient une source d'orgueil et nous porte à pécher encore plus. L'orgueil mène à la violence, à l'impatience, à l'intolérance, à l'esprit de jugement, et à bien d'autres vices.

D'autre part, bien entendu, le fait de nous sentir inférieurs suscite le désespoir. Notre sentiment de nudité et d'insécurité grandit. Cela nous incite à redoubler d'efforts pour tenter de dépasser les autres, et produit la jalousie et la haine envers ceux qui nous entourent. Notre désespoir crée un vide qu'on essaie souvent de remplir par les convoitises de la chair. Le désespoir causé par la *nudité* de notre âme en conduit certains à rechercher les drogues, l'alcool, le confort matériel, etc. Ce désespoir en transforme d'autres en accros du boulot, en adeptes de relations amoureuses en série et en parents obsessifs.

Alors que l'acceptation basée sur la performance nous plonge dans un cycle d'orgueil et de désespoir, l'acceptation par la grâce de Dieu produit des fruits diamétralement opposés. L'assurance de la présence et de l'approbation de Dieu nous enlève notre sensation de nudité et notre besoin d'être accepté des autres. Nous sommes complets en lui. Nous sommes même libres de laisser les autres voir nos fautes, puisque nous savons que nous avons déjà l'approbation absolue du seul Être dont l'opinion compte vraiment. Nous faisons alors preuve de bonté et de grâce envers les autres, puisque nous savons qu'il nous a tout pardonné. Nous ne craignons pas de perdre tout ce que nous avons, car en lui nous avons tout ce dont nous avons besoin.

La troisième raison pour laquelle le changement religieux ne fonctionne pas concerne sa durabilité.

3. L'insécurité qui nous pousse à nous demander constamment si ce que nous faisons est suffisant pour être accepté, cause du ressentiment envers Dieu, et non pas de l'amour

Comme je l'ai mentionné, au début de ma vie chrétienne, je me sentais sans cesse coupable concernant les choses que je devais améliorer pour devenir un meilleur chrétien. Malgré ma ferveur, mon amour pour Dieu ne grandissait pas. En réalité, je ne voulais pas me rapprocher de Dieu. Je craignais qu'il me montre encore autre chose à améliorer avant qu'il ne m'approuve. Ainsi, j'espérais le garder à distance en payant «mon dû» juste pour avoir la paix. Martin Luther, le grand réformateur, a écrit que la crainte du jugement de Dieu produisait chez lui une aversion à son égard qui éloignait son cœur de plus en plus de Dieu, alors même que ses actions semblaient, en apparence, plus pieuses.

En réalité, le véritable amour pour Dieu ne peut pas s'épanouir lorsqu'on doute de son amour à notre égard. Toutes nos œuvres pour lui ne sont alors accomplies que pour essayer de mériter son approbation. En fin de compte, cela n'est pas de l'amour envers Dieu, mais plutôt l'amour pour nous-mêmes. Charles Spurgeon a raconté une histoire pour illustrer ce point:

> Il était une fois un jardinier qui avait fait pousser une énorme carotte. Il l'amena à son roi et lui dit: «Mon seigneur, voici la plus grosse carotte que j'aie jamais fait pousser. Je veux donc vous l'offrir en signe d'amour et de respect envers vous.» Le roi fut touché et vit que cet homme avait le cœur pur, si bien que, lorsqu'il eut tourné les talons, il lui dit: «Attends un peu! Tu es visiblement

un excellent jardinier. Or, je possède un lopin de terre voisin du tien. Je vais te l'offrir afin que tu puisses agrandir ton potager.» Enchanté, le jardinier rentra chez lui le cœur en fête.

Mais un noble de la cour avait entendu la conversation. Il se dit : «Mince! S'il a obtenu un tel présent pour une simple carotte, que vais-je obtenir en présentant un cadeau bien plus beau?» Le lendemain, il se présenta donc devant le roi en tenant en bride un superbe étalon noir. Il s'inclina très bas et dit : «Mon Seigneur, j'ai un élevage de chevaux, et voici le plus beau de mon écurie. Je veux donc vous l'offrir en signe d'amour et de respect envers vous.» Mais le roi comprit ce que cet homme avait en tête et, après l'avoir remercié, il prit l'étalon et le laissa partir sans rien lui donner. Le noble était perplexe. Aussi le roi lui déclara-t-il : «Je vais t'expliquer une chose. Ce jardinier m'a donné sa carotte, alors que tu t'es donné cet étalon à toi-même.»[6]

Lorsque notre salut dépend de notre comportement juste, notre justice est motivée par un désir de nous élever aux yeux de Dieu. Cela n'est pas de l'amour pour Dieu, mais de l'autoprotection.

L'Évangile renverse la religion. L'Évangile nous assure l'acceptation de Dieu : ce cadeau nous est offert en raison de la valeur de Christ, et non pas de la nôtre. En réponse à ce don, nous sommes poussés à obéir. Notre amour envers lui grandit en réponse à son amour pour nous.

Le prédicateur anglais D. Martyn Lloyd-Jones a demandé un jour aux membres de sa congrégation ce qu'ils feraient si, en leur absence, un ami venu leur rendre visite payait une facture en souffrance de leur part. «Cela dépend

> Lorsque notre salut dépend de notre comportement juste, notre justice est motivée par un désir de nous élever aux yeux de Dieu.

du montant de cette facture», a dit Lloyd-Jones. S'il s'agissait de petits frais postaux impayés sur une enveloppe, vous leur donneriez une petite tape dans le dos en les remerciant. Or, si les agents du ministère du Revenu avaient fini par vous arrêter après une dizaine d'années d'impôts impayés et qu'on vous avait jeté en prison et que l'ami en question ait payé toute la somme, vous ne lui donneriez pas de tape dans le dos en lui disant «merci». Vous tomberiez à ses pieds en lui disant: «*à ton service!*»

L'Évangile nous aide à reconsidérer la beauté de Dieu et nous submerge de gratitude. Notre comportement change parce que nous changeons. Jusqu'à ce que cela se produise, tout changement religieux demeurera superficiel. Même si vous vous efforcez de bien agir, votre cœur empruntera la direction opposée. C'est la doctrine de la dépravation totale.

L'Évangile selon J. D.

Voici comment cela se passe dans ma vie. Je lutte avec certains péchés, mais derrière eux s'en trouvent d'autres, plus profonds, qui restent habituellement cachés.

Un soir, ma femme et moi avons décidé de me faire une psychanalyse pour déterminer quels étaient mes péchés et dysfonctions les plus coriaces, et pourquoi je luttais tant contre eux. (Note: je ne vous conseille *pas* de faire un tel exercice avec votre femme, à moins de ne pas être trop sensible. Désormais, je le fais *seul*.)

La colère. Ma femme a remarqué que je me mets en colère surtout (a) lorsque je constate que je perds un débat ou (b) quand on me fait passer pour un idiot. Nous avons déterminé que je ressens le besoin d'être admiré par les gens, et je crois (à tort ou à raison) que mon intelligence est un élément clé pour gagner leur respect. Derrière mes accès de colère se cache une idolâtrie qui recherche l'admiration des autres. J'ai besoin de leur admiration pour éprouver de la joie et me sentir valorisé. L'approbation des autres devient mon dieu fonctionnel et mon sauveur fonctionnel. La présence et l'amour de Dieu ne me suffisent pas.

Le surmenage et la négligence de la famille. Je me surmène parce que je veux désespérément réussir. Pourquoi? Parce que je crois que si j'ai du succès, j'aurai l'approbation des autres.

L'inquiétude. D'où vient mon inquiétude? Nous avons déterminé que mon inquiétude découle généralement de la crainte de ne pas connaître le succès auquel j'aspire. L'Église échouera; je serai la risée de tous; je serai tout simplement médiocre. Mais, là encore, pourquoi dois-je avoir du succès et me démarquer des autres? Parce que j'ai besoin de me sentir admiré des autres.

La dépression. Quand est-ce que je me sens déprimé? D'habitude, c'est après avoir prêché un mauvais sermon. Je ne suis pas simplement frustré qu'on n'ait pas compris le message. Je suis dévasté parce que mon identité est fondée sur mes talents et ma réputation de prédicateur. Si je suis un bon prédicateur, alors j'obtiendrai l'admiration des autres.

Le mensonge. Ma femme et moi avons déterminé que la tentation de mentir me vient dans l'une de ces deux situations. (1) Je mens pour cacher mes échecs et exagérer mes succès. Et pourquoi? Vous connaissez la réponse. (2) Je mens pour plaire aux autres parce que je ne veux pas les décevoir. Étant doté d'une personnalité de type A et voulant plaire à tout le monde, je n'aime pas décevoir les gens. Si les gens sont déçus de moi, alors ils ne m'approuvent pas, et nous avons déjà démontré que je ne peux le tolérer. Mes mensonges sont par conséquent symptomatiques de mon idolâtrie visant l'approbation des autres.

Vous vous dites sans doute: «J.D., ça ne va pas chez toi.» C'est vrai. Chez vous non plus d'ailleurs. En ce qui me concerne, j'ose l'écrire sur papier. (Et en passant, je le fais peut-être parce que je crois qu'une telle honnêteté vous amènera à admirer ma transparence. Ah... Ça ne finit jamais!)

Concernant n'importe lequel de ces cinq péchés, vous pouvez m'ordonner : «J. D.! *Ne te mets pas en colère!*» Ou : «*Tu ne mentiras point!*» Mais autant dire à un chien de ne pas japper. En réalité, le problème est que mon cœur désire tant l'approbation des autres que ces péchés me viennent aussi naturellement que le fait de respirer!

Mon insécurité me rend craintif. Elle me pousse à m'emporter facilement. Elle me pousse à tordre la vérité pour y tirer un avantage. Et même si je pouvais me discipliner à ne pas me mettre en colère ou ne pas m'inquiéter ou ne pas mentir, je n'aurais réussi qu'à couvrir le vrai problème : j'accorde plus d'importance à l'approbation des autres qu'à l'approbation de Dieu. Je suis idolâtre. Voilà ma dépravation.

Les «lois de Dieu» (par exemple, des commandements comme «J. D., ne mens point, ne sois pas déprimé, inquiet, ou en colère») m'indiquent ce que je dois faire, mais ne me donnent pas vraiment la puissance de le faire – du moins de le faire de tout mon cœur.

Ce que la religion ne peut faire, Dieu le fait pour nous par l'Évangile. L'Évangile me révèle un Dieu meilleur que l'approbation des autres et un Dieu qui a plus de valeur que leurs éloges.

L'Évangile me révèle que la présence et l'approbation de Dieu sont les biens les plus précieux de l'univers. L'Évangile me révèle la grâce de Dieu envers moi, ce qui me pousse à démontrer plus de grâce envers les autres; non pas pour gagner l'approbation de Dieu, mais parce que je suis si touché par sa grâce que je ne peux m'empêcher de faire de même envers les autres.

> L'Évangile me révèle que la présence et l'approbation de Dieu sont les biens les plus précieux de l'univers.

Par conséquent, nous devons nous imprégner des vérités de l'Évangile.

Ainsi, le texte qui suit se veut un outil pour vous aider à le faire. C'est la prière que j'adresse chaque jour à Dieu depuis plusieurs années pour m'inonder des vérités de l'Évangile. Je la nomme simplement : « la prière axée sur l'Évangile ».

La prière axée sur l'Évangile

D'abord, je veux m'assurer que vous avez bien compris : cette prière n'a rien de magique. Elle n'est pas une incantation pour obtenir des bénédictions de Dieu. Pas plus qu'elle n'a pour but de remplacer le « Notre Père ». Cette prière est simplement un outil pour vous exercer à penser conformément à l'Évangile. Le but n'est pas la prière en tant que telle, mais plutôt une manière de penser qui soit conforme à l'Évangile.

La prière axée sur l'Évangile comporte quatre parties. Les deux premières sont orientées vers l'intérieur, nous aidant à renouveler nos pensées dans l'acceptation de Dieu :

1. *« En Christ, il n'y a rien que je puisse faire*
pour que tu m'aimes davantage,
et rien que j'aie fait qui t'incite à m'aimer moins. »

2. *« Ta présence et ton approbation*
sont tout ce dont j'ai besoin
pour avoir la joie éternelle. »

La troisième partie de la prière nous amène à considérer ce que signifie répondre à la grâce de l'Évangile. Comprendre la générosité de Dieu envers nous devrait nous pousser à une générosité radicale envers les autres.

3. « Ce que tu as été envers moi, je le serai envers les autres. »

La quatrième partie de la prière nous aide à voir notre monde à travers la perspective de l'Évangile et nous incite à une foi audacieuse. Si la croix révèle vraiment la compassion de Dieu pour les pécheurs et si la résurrection révèle sa puissance pour les sauver, alors, nos prières en leur faveur devraient être audacieuses et courageuses :

4. « En priant, je mesurerai ta compassion par la croix et ta puissance par la résurrection. »

Je répète cette prière chaque jour depuis déjà quelques années. Et vous savez quoi ? Je commence enfin à la comprendre.

<< DEUXIÈME PARTIE >>

LA PRIÈRE AXÉE SUR L'ÉVANGILE

La prière axée sur l'Évangile

1. « En Christ, il n'y a rien que je puisse faire
pour que tu m'aimes davantage,
et rien que j'aie fait qui t'incite à m'aimer moins. »

2. « Ta présence et ton approbation
sont tout ce dont j'ai besoin
pour avoir la joie éternelle. »

3. « Ce que tu as été envers moi,
je le serai envers les autres. »

4. « En priant, je mesurerai ta compassion par la croix
et ta puissance par la résurrection. »

CHAPITRE 3

L'ÉVANGILE COMME DON DE JUSTICE

Que pense Dieu de vous, en ce moment précis ? Et comment le savez-vous ? Par la sorte de semaine que vous avez passée ? Par la fréquence de vos temps de prière ? Du fait que vous ayez été patient ou non envers vos enfants ? Pendant plusieurs années, je me suis basé sur de tels critères pour répondre à cette question.

Si j'avais eu une bonne semaine (une vraie semaine «chrétienne»), je me *sentais* plus proche de Dieu. Lorsque le dimanche arrivait, j'avais envie de lever les mains bien haut durant le temps d'adoration, comme pour dire : «Dieu, me voici... Je sais que tu es heureux de me voir cette semaine.» Si j'avais eu une semaine impeccable, j'aimais être dans la présence de Dieu et j'étais persuadé que Dieu se réjouissait de me voir lui aussi.

Mais le contraire était tout aussi vrai.

Si je n'avais pas réussi à vivre une semaine de «vrai chrétien», je me sentais loin de Dieu. Si j'avais succombé à une tentation quelconque, manqué de gentillesse envers ma femme, raté quelques bonnes occasions de partager l'Évangile, si j'avais été égoïste quant à mon argent, oublié de recycler les déchets, donné un coup de pied au chien, ainsi de suite... eh bien, ces semaines-là, je sentais que Dieu ne voulait rien avoir à faire avec moi. Lorsque j'allais à l'église, je n'avais aucun désir d'élever mon âme vers Dieu. J'étais plutôt convaincu qu'il ne voulait pas me voir non plus. Je pouvais *ressentir* son mécontentement, sa désapprobation.

C'est parce que je ne comprenais pas vraiment l'Évangile. Ou, du moins, je l'avais oublié.

L'Évangile

L'Évangile annonce que le Christ a subi toute la colère de Dieu pour mes péchés. Jésus-Christ a échangé sa place contre la mienne, vivant la vie parfaite que j'aurais dû vivre, et mourant la mort à laquelle j'avais été condamné. Le passage de 2 Corinthiens 5.21 dit qu'il est en fait *devenu* mon péché pour que je *devienne* sa justice. Athanase d'Alexandrie a appelé cette doctrine «le grand échange». Il a pris le dossier de mes antécédents, en donnant sa vie pour moi, puis m'a offert son dossier parfait en échange. Il a pris ma nudité honteuse pour me revêtir de sa justice. Lorsque je reçois cette grâce par la repentance et la foi, je reçois son acceptation. Il a vécu à ma place, est mort à ma place, puis m'a offert un don. Les théologiens appellent ce dernier «le don de la justice».

> Dieu ne peut pas m'aimer plus qu'il ne m'aime déjà, puisqu'il ne peut pas aimer ou accepter le Christ plus qu'il ne l'aime déjà, et qu'il me voit à travers le Christ.

Ainsi, Dieu ne peut pas m'aimer plus qu'il ne m'aime déjà, puisqu'il ne peut pas aimer ou accepter le Christ plus qu'il ne l'aime déjà, et qu'il me voit à travers le Christ. La justice de Dieu m'a été offerte en cadeau. Il me voit désormais selon la vie que le Christ a menée et non selon la semaine que j'ai passée.

Le salut en Christ est cent pour cent complet, et il appartient à cent pour cent à ceux qui l'ont reçu par la repentance et la foi. C'est ce que nous confessons dans la première partie de la prière axée sur l'Évangile :

> *« En Christ, il n'y a rien que je puisse faire*
> *pour que tu m'aimes davantage,*
> *et rien que j'aie fait qui t'incite à m'aimer moins. »*

Réfléchissez un instant. En ce moment même, si vous êtes en Christ, lorsque Dieu vous considère, peu importe votre situation, il voit la justice du Christ. Si nous y croyions vraiment (pas seulement intellectuellement, mais aussi avec notre cœur) cette pensée transformerait toute notre vie.

Une nouvelle manière de s'approcher Dieu... et d'aborder la vie

Imaginez que vous puissiez dire à Dieu : « Dieu, voici pourquoi je pense que tu devrais écouter ma prière : cette semaine, j'ai achevé un jeûne de quarante jours, et ce faisant, j'ai rencontré Satan incarné, je l'ai regardé en face, et j'ai résisté à chacune de ses tentations. Puis j'ai souffert injustement aux mains de pécheurs, mais sans la moindre plainte ni colère. La seule fois où j'ai ouvert la bouche, c'était pour leur pardonner ce qu'ils me faisaient. Aussi, j'ai marché sur l'eau, guéri un aveugle sur-le-champ, et nourri cinq mille hommes affamés avec une miche de pain. »

D'après l'Évangile, *c'est exactement ce que vous pouvez, et devriez, dire.* La mort de Jésus a payé pour chaque gramme de vos péchés ; sa vie parfaite vous a été imputée. Compte tenu de ce fait, pensez-vous vraiment pouvoir obtenir une plus grande approbation de la part de Dieu en lisant votre bible chaque matin ? L'obéissance du Christ est si spectaculaire que nous ne pouvons rien y ajouter ; sa mort si finale qu'on ne peut rien y enlever.

Les Écritures déclarent qu'on ne devrait pas entrer en la présence de Dieu timidement ou avec appréhension, mais plutôt avec «assurance» (Hébreux 4.16). Cette assurance vient du fait que nous savons que Dieu nous considère selon ce que le Christ a accompli. Pour la plupart d'entre nous, cela semble tout à fait contre-intuitif. Martin Luther affirmait que nos cœurs sont programmés pour la «justification par les œuvres» – ce qui veut dire que nous croyons que nos actions déterminent la manière dont Dieu nous voit. À moins de nous prêcher l'Évangile à nous-mêmes quotidiennement, nous retombons dans ce concept de «justification par les œuvres».

Le plan de match de Satan

Savez-vous qui adore nous pousser à nous évaluer selon nos propres réussites? Notre ennemi, Satan. Croyez-le ou non, Satan aime nous accuser de nos péchés. C'est d'ailleurs l'un de ses surnoms – «l'accusateur de nos frères» (Apocalypse 12.10). Je crois que l'une des armes les plus efficaces de Satan consiste à nous faire oublier l'identité que le Père nous a donnée en Christ, et à fonder notre sentiment d'approbation sur nos efforts. La vie de Jésus nous en fournit un parfait exemple. Lorsque Satan s'efforçait de tenter Jésus dans le désert, il essayait de détourner son attention des déclarations du Père pour les diriger vers d'autres sources de validation (Matthieu 4.1-7).

«*[Puisque] tu es le Fils de Dieu...*»[1]

Enchâssé dans cette question, se trouve un doute. L'ennemi laissait entendre: «Eh bien, si tu es le "Fils de Dieu" petit Messie... Ne devrais-tu pas être capable de changer les choses? Pourquoi le "Fils de Dieu" serait-il dans le désert, tout seul? Ne devrais-tu pas être en mesure de transformer ces pierres en pains, ou de faire en sorte que les anges soient là pour t'attraper quand tu tombes?»

Ce qui est révélateur dans ce cas, c'est que le Père venait de déclarer au chapitre précédent: «Celui-ci est mon Fils bien-aimé, en qui j'ai mis toute mon affection.» (Matthieu 3.17) L'ennemi voulait le détourner des déclarations de son Père, et l'inciter à chercher ailleurs la validation de son identité. Jésus a répondu à l'ennemi qu'il n'avait besoin ni de pain ni de protection pour prouver qu'il était le Fils du Père. La déclaration de son Père était suffisante.

Ce moment était sans aucun doute le plus propice qui se soit présenté à Satan pour mettre à exécution son «plan de match».

Il est important de constater que Satan a joué le grand jeu pour pousser Jésus à prouver son identité autrement que sur la base de la déclaration de son Père, n'est-ce pas?

L'approche de Satan demeure la même envers nous. Son arme la plus efficace consiste à nous détourner de ce que Dieu a déclaré à notre sujet dans l'Évangile.

Avez-vous bien compris cela?

La stratégie principale de Satan consiste à essayer de nous faire oublier ce que Dieu a déclaré à notre sujet et à nous amener à évaluer notre position vis-à-vis de Dieu selon d'autres critères.

Souvent, lorsque nous pensons à la guerre spirituelle, nous pensons à d'étranges phénomènes paranormaux: des gens qui lévitent à deux mètres au-dessus de leur lit, les yeux renversés et l'écume à la bouche, fredonnant des chansons «heavy métal» comportant des messages subliminaux... Satan fait-il de telles choses? Il en est certainement capable, mais je suis sûr qu'il ne s'agit pas de sa principale stratégie.

Il s'attaque à notre identité dans l'Évangile. Le seul coup direct porté par Satan contre Jésus n'inclut pas de lévitation ou de planche *Ouija*, pas plus qu'il ne lui a montré de magazine pornographique dans le désert. Il a tenté de détourner Jésus de la déclaration du Père à son égard. Ses questions, bien sûr, semblaient avoir un fond de vérité. Pourquoi Dieu laisserait-il son Fils seul dans le désert?

Les questions de Satan semblent toujours avoir un fond de vérité. Notre ennemi, par exemple, nous fera remarquer nos échecs avec raison. Parfois, il nous montre que nous sommes loin d'agir comme des chrétiens en pointant du doigt une personne bien plus pieuse que nous : « *Ouah! As-tu entendu dire à quel point ce type-là connaît les Écritures? Voilà comment on reconnaît un vrai chrétien! Et toi, alors? Ta connaissance biblique est lamentable.* »

En d'autres occasions, il nous gonfle d'orgueil : « *Au moins, tu ne luttes pas avec la jalousie comme elle.* » Les deux stratégies sont efficaces, car dans les deux cas, il détourne notre attention du « don de justice » et nous incite à y pourvoir nous-mêmes. De plus, le fait de se comparer aux autres mène à deux des péchés favoris de Satan : l'orgueil et le désespoir. L'orgueil conduit l'homme à endurcir son cœur devant Dieu et à détester les autres. Le désespoir le pousse à la dépression, à la crainte, et aux convoitises de la chair. C'est le cycle qu'il veut établir en nous. L'un comme l'autre émane d'un manque de foi dans l'Évangile.

Lorsque Satan détourne nos regards de la déclaration prononcée sur nous dans l'Évangile, nous perdons la sécurité et la satisfaction que nous possédons dans l'approbation aimante de notre Père céleste. La porte est alors ouverte à toutes les autres tentations.

Jésus a répondu à ces tentations en parlant avec assurance de l'approbation du Père à son égard. Jésus avait foi en la Parole de Dieu. Il a fixé son attention sur son identité de « Fils bien-aimé » même en proie aux pires épreuves et aux pires occasions de douter. Nous vaincrons l'ennemi de la même manière.

Comprenez bien ceci : Satan, comme le Saint-Esprit, vous fera remarquer vos péchés. Or, leur façon de faire et leur intention sont tout à fait différentes. J'ai entendu l'explication suivante à ce sujet :

Satan commence par vous montrer vos œuvres, et démolit votre identité. Le Saint-Esprit commence par vous rappeler votre identité déclarée par le Christ, et vous aide à restaurer vos œuvres[2].

Satan se sert de nos échecs pour nous abattre. Jésus nous rappelle notre identité. Jésus commence par nous montrer la condition parfaite qu'il a acquise pour nous par sa mort et utilise la puissance de sa résurrection pour nous aider à nous y conformer.

Chaque jour, Jésus nous dit : « Tu es mon enfant bien-aimé. Je prends plaisir en toi. Maintenant, vis conformément à cette vérité. » Satan, au contraire, déclare : « Regarde-toi. Regarde l'état dans lequel tu te trouves. Regarde à quel point ta vie est médiocre. Tu n'es sûrement pas l'enfant bien-aimé de Dieu. » Quelle voix allez-vous croire ? La différence entre les deux est infinie.

Lorsque ma fille aînée, Kharis, avait six ans, elle était très craintive, et je ne pouvais la convaincre d'essayer quoi que ce soit de nouveau – de nouveaux mets, de nouveaux parcs, de nouveaux manèges à la foire, le saut en parachute, la chasse à l'ours, la spéléologie – rien du tout ! Je l'encourageais à essayer quelque chose et elle disait : « J'ai peur, papa. Je ne veux pas. » Je lui ai parlé plusieurs fois au sujet de l'importance d'être brave. Un jour, Kharis, Allie ma fille de quatre ans, et moi, étions en voiture et discutions de la foire qui viendrait bientôt en ville. J'ai dit : « Peut-être que cette année, Kharis, nous pourrions essayer la grande roue ! » Dans le rétroviseur, je pouvais voir ses yeux s'écarquiller de peur. « Non, papa, dit-elle, je ne peux pas. Je ne veux pas. » J'ai dit : « Kharis, tu sais, tu devras juste être brave. Parfois, tu dois

> Jésus commence par nous montrer la condition parfaite qu'il a acquise pour nous par sa mort et utilise la puissance de sa résurrection pour nous aider à nous y conformer.

juste essayer de nouvelles choses.» Ce n'est tout de même pas comme si j'essayais de la persuader d'aller voir une exposition de clowns effrayants. Elle a baissé la tête en disant: «Je sais, papa... Des fois, je suis une poule mouillée.»

À ce point dans la conversation, j'étais franchement un peu frustré, et j'ai dit triomphalement: «C'est vrai, Kharis. Des fois, tu es une poule mouillée, et tu n'iras nulle part dans la vie si tu ne deviens pas plus brave.» Ma fille de quatre ans, Allie, qui écoutait la discussion, s'est tournée vers elle et lui a dit avec une expression si sincère, et de manière si gentille: «Non, Kharis, tu n'es PAS une poule mouillée. Tu es ma grande sœur.»

Je me suis senti comme si on m'avait frappé au visage avec une planche de bois. J'ai pensé, *super! Ma fille de quatre ans est la voix du Saint-Esprit, et je suis celle de Satan.*

Satan a trompé un si grand nombre d'entre nous en leur faisant croire que sa voix est celle du Saint-Esprit. Nous nous sommes tant habitués à la voix de la condamnation que nous croyons que la seule chose que le Saint-Esprit puisse nous dire est: «Arrête! Arrête! Arrête! Quel est ton problème? Tu es terrible!» Pourtant, la réalité est complètement différente: «Je t'ai créé, mon enfant. J'ai effacé tous tes péchés. Je ne pourrais pas t'approuver plus que je le fais déjà. Vis en conformité avec cette vérité[3].»

Pensez à ce que Jésus a dit à la femme adultère qui avait été prise en flagrant délit: «Moi non plus je ne te condamne pas; va, et désormais ne pèche plus.» Ce qui est le plus important dans sa déclaration est l'ordre dans lequel il s'exprime: d'abord la promesse, ensuite le commandement. «Moi non plus je ne te condamne pas» précède «va, et désormais ne pèche plus». Nous essayons presque constamment d'interchanger cet ordre. Nous affirmons: «Si vous pouvez arrêter de pécher, alors Dieu vous acceptera.»

Dieu, pourtant, ne nous motive pas *en vue de* son acceptation, mais à partir de celle-ci. L'affirmation de Jésus allait donner à cette femme le sentiment de sécurité qui pourrait la libérer de son rapport destructeur avec la sexualité. Autrement, elle n'en serait jamais vraiment libérée. L'approbation de Dieu est la puissance qui nous libère du péché, pas la récompense pour s'en être libéré.

Accueillir votre nouvelle identité

Plusieurs sont incapables de laisser derrière eux un quelconque échec qui entache leur passé. Peut-être qu'une voix intérieure murmure à votre âme : «Tu vois ? Voilà la preuve. Regarde ce que tu as fait. Tu es incapable de réussir. Tu n'es qu'un bon à rien.»

C'est la voix de votre ennemi. Que devez-vous faire ? Accueillez votre identité dans l'Évangile. En Christ, Dieu ne pourrait vous aimer plus qu'il ne vous aime déjà.

Peut-être que vous ne connaissez pas le succès que vous espériez. Peut-être sentez-vous que vous avez déçu vos parents, votre famille ou vous-même. Vous croyez peut-être qu'un sentiment généralisé de désapprobation plane sur votre vie : de la part de vos collègues de travail, vos amis, votre mari ou votre femme, vos parents, et Dieu. De mille et un moyens différents, ils vous disent : «Tu n'es pas assez bon. Tu nous déçois.»

Prêchez-vous l'Évangile à vous-même. Vous devez vous dire que grâce à Jésus, vous jouissez de l'approbation du seul dont l'opinion compte vraiment.

Peut-être avez-vous le problème opposé : peut-être avez-vous toujours été «un gagnant». On vous a toujours comparé favorablement par rapport aux autres, par conséquent, vous avez une haute estime de vous-même. J'ai vu cela porter plusieurs personnes loin dans la vie ; jusqu'au jour où ils finissent par être dépassés par un autre ou qu'ils rencontrent un échec. Si vous trouvez votre identité dans vos réussites, vous vivrez un cycle continuel de phases d'orgueil suivies de désespoir. Vous êtes fier et dominant lorsque

> Rappelez-vous que l'acceptation de Dieu est tout ce qui importe, et que vous la détenez pour toujours.

vous avez le dessus, et vous embêtez tout le monde. En même temps, vous vivez dans un état constant de paranoïa, vous inquiétant sans cesse de perdre votre succès. Si cela vous décrit bien, prêchez-vous l'Évangile à vous-même. Rappelez-vous que l'acceptation de Dieu est tout ce qui importe, et que vous la détenez pour toujours. Elle vous a été offerte en cadeau; gagnée par le Christ, non par vous. Il n'y a pas de place pour l'orgueil.

Peut-être êtes-vous troublé par le peu de manifestations du fruit de l'Esprit dans votre vie. Il vous arrive peut-être de vous demander : *comment peut-on être vraiment sauvé et aussi tordu que je le suis?* Il m'arrive aussi de le penser. Quand je regarde le fond de mon cœur je suis frustré d'y voir si peu de générosité et une aussi grande quantité d'égoïsme. La jalousie et l'orgueil continuent d'y pousser comme de la mauvaise herbe. Dès que je cherche à fonder mon identité sur le progrès accompli, je commence aussitôt à désespérer.

Mon identité et ma sécurité ne reposent pas sur mon progrès spirituel, mais sur l'acceptation de Dieu qui m'a été accordée en Christ. Voilà une bonne chose, car je suis plus conscient de mon péché que je l'étais il y a dix ans.

Comprenez ceci : il s'agit d'un progrès spirituel. Grandir dans la conscience de la profondeur du péché dont Dieu vous a sauvé, *c'est* grandir dans l'Évangile.

Êtes-vous souvent inquiet? L'inquiétude vient du manque de conviction quant à l'amour absolu d'un Dieu souverain. L'inquiétude disparaît lorsque vous réalisez que Dieu vous aime parfaitement et ne laissera rien interrompre ses plans en vue de votre bien.

À la moindre manifestation de chacune de ces émotions (crainte, insécurité, fausse assurance, désespoir, inquiétude), nous devons nous prêcher l'Évangile. Nous devons nous dire quotidiennement que rien que nous puissions faire n'incitera Dieu à nous aimer plus et rien de ce que nous avons fait ne peut l'amener à nous aimer moins. Son amour est parfaitement en contrôle de nos vies.

Nos péchés et nos échecs n'ont pas réussi et ne réussiront jamais à nous séparer de lui. Il les a éloignés pour toujours. Nos offenses sont aussi éloignées de nous que l'orient l'est de l'occident (Psaumes 103.12). La justice de Jésus-Christ nous a été imputée une fois pour toutes. Dieu déclare qu'en Christ : « Tu es mon enfant bien-aimé. En toi, j'ai mis toute mon affection... » « Je ne te délaisserai pas ni t'abandonnerai... » « Tu reviendras dans ma maison pour toujours. » (Matthieu 17.5 ; Hébreux 13.5 ; Psaumes 23.6, paraphrase de l'auteur)

Demeurez en Jésus

Avez-vous ressenti l'impact de ces mots au plus profond de votre cœur ? Demeurer en Jésus signifie nous rappeler constamment qu'il n'y a rien que nous puissions faire qui incitera Dieu à nous aimer plus, et rien que nous ayons fait ne l'incitera à nous aimer moins.

- Si vous donniez tout votre argent, ne vous aimerait-il pas juste un peu plus ? *Non.*
- Si vous partiez à l'étranger en mission ? *Non plus.*
- Si vous traitiez enfin votre mari ou votre femme avec grâce ? *Nada.*
- Si vous sortiez les poubelles pour elle, comme elle vous l'a demandé ? *Elle pourrait vous aimer plus, mais pas Dieu.*

- Si vous passiez une semaine complète sans une seule pensée de convoitise? *L'acceptation de Dieu pour vous est fondée sur le fait que le Christ a vécu sa vie entière sans pécher d'aucune manière si infime soit-elle. Maintenant, vous êtes en lui et il est en vous. Ainsi, Dieu ne pourrait vous aimer plus qu'il vous aime déjà, car il aime le Christ parfaitement.*

Vous devez vous ancrer dans ces vérités *chaque jour*. Parfois, chaque heure. Parfois, chaque minute. C'est le seul moyen de supplanter la crainte, l'incrédulité, et la tentation.

Pourquoi si souvent? Parce qu'une fois de plus, vous êtes programmé pour vous justifier sur la base de vos œuvres. Lorsque vos pensées ne sont pas délibérément conformes à l'Évangile, c'est sans doute que vous êtes retombé dans ce mode. Ce processus est très semblable à ce jeu de foire où l'on tape sur la tête d'une taupe avec un marteau. Dès qu'on en écrase une, une autre surgit aussitôt d'ailleurs. Dès que nous détournons notre attention de l'Évangile, les rongeurs surnommés «autojustification» et «autocondamnation» ressurgissent. Nous devons donc les écraser avec la vérité contre-intuitive de l'Évangile : l'acceptation de Dieu nous est donnée, dans son intégralité, tel un don que nous recevons par la grâce, à la gloire de Dieu.

Bâtissez votre demeure sur cette prise de conscience. Ce faisant, vous porterez quantité de fruits.

Aussi, je vous encourage dès maintenant à exprimer cette prière quotidiennement, dans une forme ou une autre :

> «*En Christ, il n'y a rien que je puisse faire pour que tu m'aimes davantage, et rien que j'aie fait qui t'incite à m'aimer moins.*»

CHAPITRE 4

TRANSFORMÉ SANS COMMANDEMENT

« En Christ, il n'y a rien que je puisse faire
pour que tu m'aimes davantage,
et rien que j'aie fait qui t'incite à m'aimer moins. »

J'espère que vous commencez à voir que de demeurer dans cette vérité simple de l'Évangile mène à croître de manière organique, naturelle. Peut-être avez-vous déjà fait l'expérience du changement qui en résulte.

La Bible nous en donne plusieurs exemples. L'histoire de Zachée est l'un de mes exemples préférés. D'un des hommes les plus égoïstes d'Israël à l'époque, Zachée fut transformé en l'un des plus généreux, et ce, instantanément, sans en avoir reçu le commandement.

Je vous présente Zachée

Zachée n'était pas un homme bon. En fait, il était carrément méchant. Un petit homme méchant.

Les Romains avaient de la difficulté à percevoir l'impôt des villes conquises. Les gens achetaient et échangeaient sur le marché noir et évitaient ainsi de payer des impôts. L'officier romain nouvellement établi ne pouvait pas connaître tous les endroits où l'on cachait de l'argent.

Les Romains engageaient donc un homme natif de la ville conquise pour percevoir les impôts pour eux: quelqu'un qui savait où l'on cachait l'argent. Ils donnaient au percepteur d'impôts une garnison pour l'aider à accomplir sa tâche. Or, si ce dernier en percevait plus pour lui-même, cela leur était égal. Aussi longtemps qu'ils avaient leur part, ils fermaient les yeux. Comme vous pouvez l'imaginer, les percepteurs devenaient fort riches.

En d'autres mots, Zachée s'était considérablement enrichi en vendant sa famille et ses amis à une puissance étrangère. Cela ne le troublait pas pour autant. Sa soif d'argent était insatiable. C'est, dans ce contexte, la seule raison qui justifiait qu'on devienne percepteur d'impôts. L'argent devait avoir plus de valeur que quoi que ce soit d'autre à ses yeux.

Sérieusement, pouvez-vous imaginer le genre de personnage?

La *Mishna* hébraïque disait des percepteurs d'impôts qu'ils étaient si détestables qu'ils ne devaient même pas être considérés comme des humains. Vous pouviez mentir aux percepteurs d'impôts en toute impunité, disait-elle, puisque mentir à un animal n'est pas péché. La triste notoriété de Zachée est évidente au fait qu'il a dû grimper à un arbre pour voir Jésus. (Si un individu de petite taille voulait se faufiler devant vous dans une foule, vous le laisseriez passer, sachant qu'il ne vous bloquerait pas la vue. Mais personne ne laissait passer Zachée. C'est la raison pour laquelle il est monté dans l'arbre.)

Zachée rencontre Jésus

Puis, l'imprévisible s'est produit. Jésus, levant les yeux vers Zachée perché dans son arbre, lui dit: «Zachée, descends. Je viens souper chez toi ce soir.»

Nous ne connaissons rien des conversations qui ont eu lieu au cours de ce repas, mais nous savons quel effet elles ont produit sur Zachée. Il a déclaré: «Je rendrai tout ce que j'ai volé au quadruple.» Qui plus est, il a donné la moitié de ses biens aux pauvres.

Il n'est écrit nulle part que Jésus ait commandé à Zachée d'agir ainsi. En fait, Zachée va bien au-delà de la restitution exigée par le Lévitique. On ne fait état du dédommagement versé au quadruple qu'en un seul cas: lorsqu'un individu avait volé une vache. (Je ne sais pas pourquoi, d'ailleurs. Peut-être que ce vol causait la ruine *totale* de la victime ou quelque chose du genre). En outre, rien dans la loi n'exige de donner la moitié de ses biens. Il est évident que Zachée l'a fait tout simplement parce qu'il en avait envie.

Les spécialistes du Nouveau Testament affirment qu'il y a une certaine jovialité dans la façon dont Zachée informe Jésus de ce qu'il compte faire. Il ne dit pas quelque chose du genre: «Ah! Seigneur souverain, en humble réponse à vos demandes, je donne ce que vous exigez. Veuillez accepter mon humble offrande en paiement nécessaire pour mes actes vils.» Le ton du discours de Zachée est plutôt presque enfantin: «Regarde, papa, regarde... regarde ce que je fais! Regarde, papa, sans les mains!»

Il déborde de générosité candide. Il est grisé par la joie de donner. Il ne donne pas d'argent parce qu'il le doit: il donne de l'argent parce qu'*il le veut*.

Quelle est la cause du changement ?

Zachée est passé d'un homme qui vendait son âme au dieu de l'argent, à un homme qui éprouvait de la joie en le donnant. Quelle était la cause de ce changement ? Le point central de l'histoire est la manière dont Jésus a traité Zachée, le pécheur. Jésus l'a invité à descendre de l'arbre, alors que tous l'excluaient.

Nous savons aussi que Jésus est allé souper chez Zachée avant même qu'il ne se repente. À cette époque, partager un repas avec quelqu'un constituait un signe d'acceptation, voire de communion intime. Manger avec quelqu'un signifiait que vous l'approuviez.

Il n'est pas surprenant que les dirigeants juifs s'y soient opposés : « Pourquoi mange-t-il avec un pécheur connu ? Comment peut-il lui démontrer de l'amour et de l'acceptation ? »

Or, au cours de ce repas, Jésus a accompli en Zachée ce que la loi juive n'avait jamais pu faire. Jésus a regardé un petit homme mauvais dans un arbre (qui se trouvait là parce qu'il était rejeté, méprisé à juste titre) et lui a lancé une invitation empreinte d'acceptation et d'intimité.

Cette expérience a transformé Zachée pour de bon. N'importe quelle religion du monde aurait dit à Zachée : « Si tu changes, tu peux trouver Dieu. Si tu changes, tu peux trouver acceptation et salut. »

Mais l'Évangile est l'opposé de la religion. Jésus a dit à Zachée : « Zachée, le salut est *venu à toi*. Tu n'as pas trouvé le salut. Le salut t'a trouvé. »

Zachée n'a pas été transformé par un commandement de Jésus, mais par une expérience avec Jésus. Lorsque Zachée a goûté la grâce de Dieu, il a été transformé. De l'état d'homme exploiteur

> Zachée n'a pas été transformé par un commandement de Jésus, mais par une expérience avec Jésus.

et avare, il est devenu un être d'une générosité abondante, débordante, exubérante.

La loi produit des pharisiens ; l'Évangile produit des chrétiens

Malheureusement, plusieurs pasteurs croient encore que prêcher la loi d'une manière ou d'une autre constitue le moyen de transformer les membres de leur congrégation. « Donnez votre dîme. » « Faites des offrandes généreuses. » « Réduisez vos dépenses. » À notre Église, nous les appelons des sermons « faites ceci, faites cela ». Ils vous donnent une liste de choses à faire et vous amènent à vous sentir minable si vous ne les faites pas. Cette sorte de prédication parvient parfois à générer des offrandes plus substantielles, mais n'apporte rien qui ait réellement de valeur aux yeux de Dieu.

La prédication de la loi ne réussit qu'à produire des pharisiens[1]. Il s'agit peut-être de pharisiens qui jeûnent deux fois par semaine, donnent la dîme de leurs épices et de leur cumin ou refusent de marcher plus qu'un certain nombre de pas le jour du sabbat. Ce sont sans doute des pharisiens qui donnent beaucoup d'argent, adoptent des enfants, et vont en voyages missionnaires. Quoi qu'il en soit, ce sont des pharisiens. Leurs préoccupations sont axées sur le changement extérieur, et leurs cœurs sont remplis de poison. Ce sont des sépulcres blanchis qui obéissent à la lettre.

Donnons tout de même aux pharisiens ce qui leur revient : ils étaient pleins de zèle dans leur obéissance. Plusieurs donnaient beaucoup d'argent. Quelques-uns parcouraient le monde à la recherche de prosélytes (voir Matthieu 23.15). Ils assistaient toujours aux réunions de prière et étaient sans doute les premiers à se porter volontaires pour accomplir des tâches. Mais ils étaient aussi amers, rancuniers, insatisfaits, et égocentriques. Et ils haïssaient Jésus-Christ.

Dieu ne désire pas de pharisiens. Il désire des gens qui débordent de la joie de servir Jésus.

Transformés non par un commandement de Jésus, mais par une expérience avec Jésus

À l'exemple de Zachée, nous ne serons pas transformés par le commandement *de* Jésus, mais par une expérience *avec* Jésus. Comme je l'expliquerai dans la troisième partie, l'obéissance aux commandements est une partie essentielle de la vie chrétienne, mais la puissance de la transformation ne vient pas d'elle. La puissance nécessaire à la transformation vient de l'Évangile. Nous sommes transformés non par ce qu'on nous dit que nous devons faire pour Dieu, mais en entendant la bonne nouvelle de ce que Dieu a déjà fait pour nous.

Ainsi, au lieu d'énumérer une liste de commandements auxquels nous devons obéir, la véritable prédication de l'Évangile souligne une histoire : une histoire à propos de Dieu qui révèle une telle puissance et une telle splendeur qu'il est impossible de demeurer inchangé après l'avoir comprise.

Si vous avez déjà vu un « film épique », vous savez que l'intrigue est sensiblement toujours la même[2] (par exemple, la super-production *Avatar*.) Elle comporte inévitablement un raté sans aspiration, sans direction, sans courage... qui se voit soudainement impliqué dans un grand drame exaltant, au cours duquel il affronte des dangers réels et découvre la véritable beauté : il est complètement transformé par l'expérience. (Dans le cas d'*Avatar*, il s'agit plutôt d'une beauté sinistre avec une queue bleue. Un peu comme une version agrandie des *Schtroumpfs*.) Le personnage retourne par la suite au monde réel étant devenu un être entièrement différent. Il n'a plus peur des dangers du quotidien. Pourquoi ? Parce qu'il a vécu de vrais dangers et les a affrontés. Il n'est plus dominé par les tentations habituelles. Pourquoi? Parce qu'il a connu la vraie beauté.

C'est ce qui arrive lorsque vous rencontrez Dieu dans le récit de Jésus. Vous êtes impliqué dans une histoire au drame et à la beauté cosmiques, et elle vous transforme une fois pour toutes. Votre comportement change radicalement parce que vous avez vu et goûté ce qui vient d'un autre monde.

La transformation par l'Évangile est opérée par l'Esprit de Dieu qui utilise l'histoire de Dieu pour donner vie à la splendeur de Dieu dans nos cœurs. Nos yeux sont désormais ouverts de sorte que nous voyons notre rôle dans cette histoire. Cette perspective crée en nous un amour pour Dieu suffisamment fort pour chasser enfin notre attirance pour les idoles. L'Évangile nous guérit de la peur, de l'insatisfaction et de l'orgueil.

Paul décrit ce processus de transformation, qui rappelle celui de Zachée, à son jeune ami et collègue, Tite:

> La grâce de Dieu, source de salut pour tous les hommes, a été manifestée. Elle nous enseigne à renoncer à l'ximpiété, aux désirs de ce monde, et à vivre dans le siècle présent d'une manière sensée, juste et pieuse, en attendant la bienheureuse espérance et la manifestation de la gloire de notre grand Dieu et Sauveur, le Christ-Jésus. Il s'est donné lui-même pour nous, afin de nous racheter de toute iniquité, et de se faire un peuple qui lui appartienne, purifié par lui et zélé pour les œuvres bonnes (Tite 2.11-14).

Voilà qui décrit en détail une manière de vivre pieuse, n'est-ce pas? «Renoncer à l'impiété et aux désirs de ce monde», «vivre d'une manière sensée, juste et pieuse», «en attendant la bienheureuse espérance du retour de Jésus». Or, *comment* développons-nous ces choses, selon Paul? Qu'est-ce qui nous *incite* à les pratiquer? Est-ce la mémorisation des Écritures? Les groupes d'entraide? Le baptême du Saint-Esprit? Le dévouement radical?

Non pas que ces choses soient futiles. Toutefois, aucune d'elles n'est mentionnée ici : c'est *« la grâce de Dieu »*, dit Paul, qui nous enseigne à « renoncer à l'impiété, aux désirs de ce monde, et à vivre dans le siècle présent d'une manière sensée, juste et pieuse ». Paul nous exhorte à considérer de quelle manière la grâce de Dieu est entrée dans ce monde, nous poursuivant jusqu'à la croix. Le Dieu de l'univers « s'est donné lui-même pour nous », il a fait de nous un peuple qui lui appartient. Il reviendra nous chercher avec toute la puissance, la splendeur et la gloire manifestées à sa résurrection.

Lorsque nous sommes impliqués au sein du récit de la grâce, nous devenons « zélés pour de bonnes œuvres ». De plus, nous espérons son retour. Très peu d'adeptes d'autres religions ont hâte de se tenir devant Dieu. La plupart sont terrifiés à cette idée. J'ai vécu dans un contexte musulman pendant un certain temps et je le sais pertinemment. Bien que les musulmans vouent leur zèle à Allah, la plupart n'ont pas « hâte » de le voir. L'idée de se tenir devant Allah est terrifiante.

Par contre, l'Évangile annonçant la miséricorde de Dieu, suscite un désir pour Dieu. Parce que nous nous savons en sécurité avec lui, et que nous connaissons l'amour qu'il nous a démontré dans l'Évangile, nous désirons le voir.

> **Parce que nous nous savons en sécurité avec Dieu, et que nous connaissons l'amour qu'il nous a démontré dans l'Évangile, nous désirons le voir.**

C'est pourquoi Paul dit à Tite de prêcher le grand récit de la grâce à son peuple, car alors seulement pourront-ils mener des vies pieuses. Il ne leur dit pas d'essayer plus fort ou « d'apprendre davantage ». L'accent n'est pas sur le comportement, mais sur la foi.

Les menaces, les ordres et les formules constituées d'étapes à suivre peuvent seulement modifier le comportement extérieur. Être impliqué dans l'histoire de Jésus transforme les cœurs.

Prêcher la splendeur et la grâce insondable de Jésus

Ainsi, comment pouvons-nous engendrer un changement authentique, issu du cœur, tant pour nous que pour les autres ? En racontant le récit de la grâce.

Nous les aidons à voir ce que Zachée a vu. À vrai dire, nous avons un avantage par rapport à ce percepteur d'impôts de petite taille qui grimpait aux arbres, puisque nous pouvons, de ce côté-ci de la croix, voir la grâce de Jésus encore plus clairement qu'il ne le pouvait.

Pourquoi Zachée était-il dans l'arbre ? Parce qu'il était détesté. De même, Jésus a achevé son ministère cloué à un arbre, exposé à la moquerie. Jésus a appelé Zachée, le prenant du lieu de honte où il se trouvait pour l'amener dans un lieu d'honneur. À la croix, il a pris la place de Zachée.

La grâce de Dieu qui nous a été offerte à la croix devrait nous renverser. Nous sommes émerveillés dans la présence de Jésus de Nazareth et essayons de comprendre comment il a pu nous aimer, pécheurs condamnés et impurs que nous sommes.

Il est impossible de comprendre de tout votre cœur ce que Jésus a fait pour vous sans que cela vous transforme. La grâce transforme de petits pécheurs égoïstes, en des saints remplis d'une générosité étonnante.

J'espère que vous louerez Dieu en priant :

> *« En Christ, il n'y a rien que je puisse faire*
> *pour que tu m'aimes davantage,*
> *et rien que j'aie fait qui t'incite à m'aimer moins. »*

CHAPITRE 5

DIEU EST MEILLEUR

Que considérez-vous qui soit vraiment nécessaire dans votre vie pour être heureux ? Pour que la vie en vaille la peine ?

Si vous êtes totalement honnête, vous avouerez peut-être que c'est l'argent... ou les éloges des autres. Ou l'influence que vous exercez. Ou la famille, les amis, ou même l'Église.

Est-ce Dieu ? Est-il ce que vous désirez et voulez le plus ? Sa présence est-elle la seule chose dont vous ne pourriez vous passer ?

La première partie de la prière axée sur l'Évangile nous amène à réfléchir sur notre certitude d'être acceptés par Dieu en Christ. La seconde nous amène à considérer combien cette acceptation est précieuse. Quelle importance l'approbation de Dieu a-t-elle dans votre vie ? C'est une chose de savoir que Dieu vous a accepté pleinement en Christ ; c'en est une autre de faire de cette réalité ce qui a le plus de valeur et d'influence dans votre vie.

La deuxième partie de la prière est formulée ainsi :

> *« Ta présence et ton approbation*
> *sont tout ce dont j'ai besoin*
> *pour avoir la joie éternelle. »*

Cette seconde partie de la prière axée sur l'Évangile aborde notre tendance à l'idolâtrie.

Usines à idoles

Une idole constitue tout qui prend la place de Dieu dans notre vie. Nous ne pouvons envisager la vie sans cette chose. L'idole est une chose que nous considérons comme un besoin essentiel à notre bonheur et même à notre vie. Les idoles sont les choses auxquelles nous accordons le plus de poids. Or, elles deviennent si lourdes que nous ne pouvons imaginer la vie sans elles. Une idole n'est pas nécessairement une chose mauvaise en soi. C'est souvent une chose bonne que nous avons transformée en chose «divine», et qui devient par conséquent mauvaise pour nous[1].

Dans Exode 20.1-5, Dieu dit qu'une idole est une chose (a) devant laquelle on «se prosterne» et donc qui commande l'obéissance. C'est aussi une chose que (b) l'on «sert», et en conséquence que l'on recherche, car on n'imagine pas pouvoir vivre sans elle. Ce faisant, elle contrôle les émotions. L'idée même d'en être privé est terrifiante. Enfin, c'est aussi une chose qu'on (c) aime plus que Dieu. Dieu éprouve envers nous un amour jaloux, et si posséder une chose nous procure plus de bonheur que Dieu lui-même, c'est qu'elle est devenue une idole. Tim Keller a dit qu'une idole se cache derrière nos rêves les plus chers, nos cauchemars les plus effrayants et nos émotions les plus tenaces[2].

Jean Calvin a affirmé que le cœur humain est une «usine à idoles» qui cherche constamment à conférer à des créatures une valeur divine. L'idolâtrie se cachait derrière le premier péché, et se cache derrière chaque péché depuis.

Jean Calvin a affirmé que le cœur humain est une «usine à idoles»...

Alors, quelle est-elle pour vous? À quoi avez-vous attaché une importance divine dans votre vie? Si vous répondez aux questions suivantes en toute honnêteté, vous commencerez probablement à remarquer quelques thèmes récurrents. Ces derniers sont probablement ce que vous avez substitué à Dieu.

Le test « détecteur d'idoles »

Quel est votre plus grand espoir quant à l'avenir ? La réussite professionnelle ? Un certain salaire ? Être propriétaire de votre maison ? Posséder une résidence secondaire au bord de la mer ? Vous marier ? Voir vos enfants grandir et connaître le succès ? Obtenir le respect de vos coéquipiers ? Jouer dans une ligue professionnelle ? Être aimé et respecté par vos collègues ?

Pour vous, quelle est la chose sans laquelle la vie ne vaut pas la peine d'être vécue ?

Que craignez-vous le plus de perdre ? Quelle chose vous est absolument essentielle ? Votre famille ? Votre travail ? L'amour de votre mari ou de votre femme ? Le respect de vos enfants ?

J'ai déjà été obsédé par mes investissements de retraite parce que j'avais peur de faire une erreur quelconque, de tout perdre, et de devoir travailler à un taux horaire à saluer les gens à l'entrée du Wal-Mart. Posséder de l'argent en banque est une sécurité que je considère souvent comme nécessaire pour mener une belle vie. Par conséquent, la crainte de le perdre me rend souvent inquiet.

Parfois, je crains de perdre mon influence dans l'Église. Je crains que l'âge me rende usé et dépassé et que les gens cessent alors de venir m'écouter prêcher. Je fais ce cauchemar récurrent où j'arrive à l'église un dimanche matin où tout le monde est allé dans une autre église écouter un nouveau pasteur plus impressionnant. J'arrive dans notre grand auditorium et il n'y a que ma femme et moi, et elle est assise dans la première rangée en train d'écouter un sermon de Matt Chandler sur son baladeur numérique.

Je ne dis pas qu'on devrait se réjouir ou même demeurer indifférent lorsqu'on perd de bonnes choses. Il s'agit plutôt de savoir si l'on considère la perte d'une de ces choses comme insoutenable.

Si vous pouviez changer une chose vous concernant en ce moment, quelle serait-elle ? Perdriez-vous quinze kilos ? Changeriez-vous votre apparence ? Votre état civil ? Votre emploi ? Votre voisinage ? Voudriez-vous voir vos enfants revenir à la maison ?

Quelle que soit votre réponse, il s'agit probablement d'une chose qui, selon vous, peut vous procurer un bonheur inaltérable. Il n'y a rien de mal à vouloir améliorer son sort. Néanmoins, si nous croyons que le bonheur est impossible sans que se produise d'abord un changement quelconque, nous avons une idole.

Quelle est la chose pour laquelle vous avez consenti les plus grands sacrifices ? Le sacrifice et l'adoration vont presque toujours de pair. Qu'est-ce qui a sollicité les plus grands efforts de votre part ? L'obtention d'une bourse d'études ? Le corps parfait ? Décrocher l'emploi rêvé ? Devenir le meilleur dans votre domaine ? Atteindre un certain niveau de revenu ?

Les choses auxquelles vous attachez le plus d'importance sont celles que vous poursuivez avec le plus d'acharnement.

Qu'y a-t-il que vous n'arrivez pas à pardonner et pour quelles raisons ? Un ex-mari a sali votre réputation et vous a dérobé les meilleures années de votre vie ? Votre femme vous a trompé et humilié publiquement ? Un partenaire en affaires irresponsable ou peu scrupuleux a ruiné votre entreprise ? Une amie proche est partie avec votre petit ami ? Un conducteur ivre a tué votre enfant ?

Souvent, notre incapacité à pardonner est liée au fait qu'on nous a volé une chose sans laquelle nous ne pensons pas pouvoir être heureux. Il n'y a rien de mal à regretter profondément la perte de telles choses. Toutefois, lorsque vous n'arrivez pas à pardonner à quelqu'un, c'est souvent parce qu'on vous a ôté une chose de laquelle vous dépendiez pour votre sécurité, votre bonheur, ou votre vie. Une personne vous a ôté une chose que vous estimiez être irremplaçable, et vous la détestez pour cela.

Qu'est-ce qui vous a laissé plein d'amertume ? Que vous est-il arrivé dans le passé que vous ne pouvez pas laisser derrière vous ? Avez-vous été oublié lors d'une promotion, ou trompé de sorte que vous n'avez pas pu saisir une occasion ? Est-ce le fait d'avoir été abusé par un parent ou d'avoir été trahi par un conjoint ou un ami ?

L'amertume est presque toujours liée à l'idolâtrie. On vous a pris quelque chose que vous jugiez essentiel à votre vie.

À quel moment vous sentez-vous le plus important ? Quand marchez-vous la tête haute ? Qu'espérez-vous que les gens apprennent à votre sujet ? Êtes-vous toujours en train de parler de votre emploi, de l'emploi que vous comptez décrocher lorsque vous serez diplômé ou de l'université d'où vous avez obtenu votre diplôme ? Cherchez-vous constamment des occasions de montrer votre maison ou votre voiture ? Votre cœur est-il rempli d'orgueil lorsque vous parlez de vos enfants ? Si vous êtes pasteur, aimez-vous qu'on vous demande la taille de votre Église ? Ou au contraire, détestez-vous qu'on le fasse parce qu'elle est petite ? Aimez-vous qu'on vous compare favorablement à d'autres pasteurs ?

Votre identité est ce qui contribue le plus à votre sentiment d'importance. Vous y accordez le plus de poids.

Qu'est-ce qui vous déprime le plus ? Le fait que vos enfants ne vous téléphonent jamais ? Que votre relation de couple ne semble pas s'améliorer ? Que vous ayez atteint un certain âge sans être marié ? Que vous ne receviez pas la reconnaissance que vous estimez qu'on vous doit[3] ? Est-ce le peu de choses que vous avez accomplies ? Le fait que, malgré tous vos efforts, votre Église ne grandit pas ? La dépression est enclenchée lorsqu'une chose que nous estimions essentielle à notre bonheur ou à notre vie nous est refusée. (Veuillez noter : je ne cherche pas à minimiser certains facteurs physiologiques de la dépression qui sont souvent présents. Je dis simplement que notre dépression est souvent *alimentée* par notre idolâtrie.)

> Il est déconcertant de voir que nous essayions souvent de rendre Dieu complice de notre recherche d'idoles.

Où trouvez-vous du réconfort lorsque ça ne va pas? Peut-être, plongez-vous tête première dans le travail pour oublier que votre femme vous ignore et que vos enfants s'éloignent de vous? Ou peut-être trouvez-vous refuge dans les bras d'un amant ou d'une maîtresse?

Un plaisir sensuel, comme la pornographie ou la bouffe réconfortante? Peut-être l'alcool ou la drogue?

Peut-être vous concentrez-vous sur un fait à votre sujet qui vous réconforte. Je me suis souvent réconforté lors de déceptions en me rappelant un talent que je possédais. À l'école secondaire, lorsque j'étais déprimé à cause de ma carrière athlétique qui ne décollait pas, je me disais que mes capacités scolaires me démarquaient.

Ma femme luttait contre un léger trouble alimentaire au collège. Elle croyait qu'elle devait avoir un très beau corps pour avoir de la valeur. Mais elle trouvait aussi du réconfort dans la nourriture. Elle était déprimée, car elle ne voyait pas comment elle pouvait être heureuse si elle ne perdait pas de poids. Sa dépression la conduisait vers la bouffe réconfortante. C'était un cercle vicieux engendré par le fait que deux de ses dieux étaient en conflit l'un avec l'autre.

Ces questions mettent-elles à jour certains schémas dans votre vie? Augustin disait que certains sentiments comme la peur, l'anxiété, la tristesse, et la dépression profonde sont «la fumée des feux» qui montent des autels de nos idolâtries. Suivez la fumée et vous arriverez à une chose qui a pris la place de Dieu.

Essayer de rendre Dieu complice à notre idolâtrie

Il est déconcertant de voir que nous essayions souvent de rendre Dieu complice de notre recherche d'idoles. Jacques, le demi-frère de Jésus, a écrit qu'il arrive que nous n'obtenions pas ce que nous demandons en prière parce que «vous demandez mal, afin de (tout) dépenser pour vos passions. Adultères! Ne savez-vous pas que l'amour du monde est inimitié contre Dieu? Celui donc qui veut être ami du monde se rend ennemi de Dieu» (Jacques 4.3-4).

Nous pouvons prier comme des adultères. C'est une analogie qui dérange, mais que signifie-t-elle? Au lieu de trouver l'intimité auprès de son mari ou de sa femme, une personne adultère la trouve chez une autre personne. Nous sommes adultères envers Dieu lorsque nous lui demandons certaines choses afin d'y trouver la joie, le contentement et la sécurité que nous devrions trouver en lui seul.

- «Dieu, je *dois* me marier ou je serai malheureux!»
- «Dieu, nous *devons* avoir des enfants!»
- «Dieu, pourquoi ne m'as-tu *pas* guéri? C'est injuste!»
- «Dieu, je *dois* être accepté à la faculté de médecine.»

Il n'est pas mauvais de demander l'une ou l'autre de ces choses, mais lorsque notre bonheur en *dépend*, nous devenons des adultères spirituels. La valeur qui devrait être accordée à Dieu seul dans notre vie a été attribuée à quelque chose d'autre. De plus, nous demandons à Dieu de nous aider à acquérir ces choses.

Imaginez que je dise à ma femme: «Chérie, te souviens-tu que le vingt-huit juillet 2000, tu t'es engagée à satisfaire mes besoins romantiques et sexuels?» «Oui.» Et j'ajouterais alors: «Eh bien, j'ai décidé que ce dont j'ai vraiment besoin pour avoir une vie romantique et sexuelle épanouie est d'avoir une aventure. Peux-tu t'en occuper?» Comment croyez-vous que ma femme réagirait à ma proposition?

Si vous ne la connaissez pas, laissez-moi vous assurer que ce serait probablement mes dernières paroles. Lorsque nous nous sommes mariés, elle s'est engagée délibérément à satisfaire ces désirs. Elle ne s'est pas engagée à devenir proxénète.

Il va sans dire que Dieu n'est le proxénète de personne.

Nos idoles nous laissent vides

En définitive, nos idoles nous laissent vides parce que nos cœurs ont été créés pour Dieu. Pour reprendre les mots du philosophe du XVIIe siècle Blaise Pascal, Dieu a créé nos cœurs avec un vide. Nous recherchons quelque chose pour remplir nos plus profonds désirs, mais rien sur terre n'y parvient, car ce vide est créé par l'absence de Dieu. Quoi que nous utilisions pour prendre la place de Dieu, cette chose ne parviendra jamais à nous combler. Augustin a déclaré: «Tu nous as fait pour toi, Seigneur. Nos cœurs n'ont pas de repos jusqu'à ce qu'ils trouvent leur repos en toi.»

Votre cœur a été créé de telle manière que seul l'amour infini de Dieu peut le satisfaire. Un époux, peu importe à quel point il vous complète, ne peut remplacer Dieu dans votre vie. Vous rappelez-vous cette scène dans la comédie dramatique *Jerry Maguire* où Tom Cruise dit à Renée Zelwegger: «Tu me complètes»? La plupart d'entre nous rêvent de trouver quelqu'un qui nous complète, qui fasse disparaître toute insécurité, toute tristesse, et tout sentiment d'insignifiance.

Après avoir observé de nombreuses relations conjugales se former puis se briser au fil des années, je peux attester sans me tromper que les célibataires vivant l'insécurité et la solitude retrouvent cette même insécurité et cette même solitude au sein du mariage.

Les problèmes tels que la solitude et l'insécurité ne peuvent être résolus par un autre être humain, mais par Dieu seul. Votre âme a été créée d'abord et avant tout pour Dieu et non pas pour des histoires romantiques. Votre conjoint, peu importe à quel point il est parfait pour vous, ne peut remplacer Dieu dans votre vie.

Ce qui se produit la plupart du temps dans le mariage, c'est qu'une fille, flottant au gré d'un océan de solitude et de désespoir, rencontre soudain un sauveteur costaud de 1,90 m. Et, bien sûr, elle agit comme toute personne qui se noie le ferait : elle s'accroche à lui coûte que coûte. Bien sûr, elle l'étouffe puisque malgré tous ses efforts, il ne peut satisfaire les besoins de sa vie. Il n'a pas été conçu à cette fin. Dieu seul le peut.

Nous n'avons pas été créés pour un autre être humain, mais pour Dieu.

L'argent – une autre idole de choix – ne peut nous satisfaire, lui non plus. Comme le mariage, l'argent peut être une véritable bénédiction de Dieu. Cependant, l'argent ne peut apporter de sécurité durable ni de véritable épanouissement. Regardez simplement les gens qui ont de l'argent – ont-ils l'air heureux, épanouis et comblés ? Il y a plusieurs années, j'ai entendu le PDG d'une entreprise Fortune 500 déclarer : « J'ai passé ma vie entière à gravir les échelons du succès, pour finalement me rendre compte que l'échelle était appuyée sur le mauvais édifice. »

Quelle que soit l'idole que vous choisissez, le résultat sera toujours le même. Les idoles promettent la réussite, mais livrent la désillusion. Et ce n'est que le commencement.

L'idolâtrie engendre également la crainte et l'anxiété dans nos cœurs. Nous vivons dans la peur, sachant que si notre idole nous est ôtée, nous serons misérables. L'économie peut s'effondrer incessamment, emportant le peu qui restait de nos épargnes pour la retraite. Peut-être ne nous marierons-nous jamais. Notre entreprise pourrait faire faillite. Un être cher pourrait avoir le cancer.

Le passage de 1 Jean 4.18 affirme que seul «l'amour parfait» bannit la crainte. Les idoles ne peuvent donner d'amour parfait, seul Dieu le peut. L'amour de Dieu à notre égard est parfait dans (a) son intensité (Dieu ne peut nous aimer plus qu'il ne le fait déjà); (b) sa capacité à nous satisfaire (nous sommes créés pour être pleinement satisfaits en l'amour de Dieu); et (c) son contrôle de chaque aspect de nos vies (nous savons que le Dieu qui gouverne l'univers entier nous aime, il ne nous délaissera jamais et il contrôle chaque molécule de l'univers pour accomplir son plan parfait dans chacune de nos vies). Demeurer dans son amour parfait bannit toute crainte ou inquiétude. Aucune idole ne peut faire cela pour vous, car aucune idole n'est aussi puissante, satisfaisante, ou aimante.

Jésus satisfait

Jésus est la seule chose essentielle, indispensable. Il est la vie en soi.

Jésus est meilleur que l'argent. Dieu est propriétaire de tout argent et il est notre Père; il nous promet de subvenir à nos besoins. Et Dieu ne fait jamais faillite, il n'est jamais dans le rouge.

Jésus est meilleur que l'amour humain. Vous et moi n'avons jamais expérimenté de tendresse ou d'affection comme celle dont Dieu a fait preuve en nous prenant dans ses bras à la croix.

Jésus est meilleur que n'importe quel plaisir terrestre. Dieu est la source de tout plaisir. Alors qu'un rayon réchauffe notre visage, dit C. S. Lewis[4], nous levons les yeux vers sa source. Le mariage, la sexualité, l'argent, les enfants, les amis et la bonne nourriture ne sont que des ombres et des reflets de la véritable bonté. Pour un moment, un «nuage» peut nous empêcher de sentir le rayon de soleil sur notre visage. Il se peut que nous restions célibataires alors que nous souhaitons nous marier. Que nous restions pauvres alors que nous voudrions être riches. La mort nous séparera peut-être d'un de nos enfants. Les rayons du soleil ne seront pas toujours visibles, mais le soleil lui-même est toujours là.

Jésus est la seule chose essentielle, indispensable. Il est la vie en soi.

Le lendemain de mon premier rendez-vous avec celle qui est devenue ma femme, un ami m'a demandé ce que je pensais d'elle. J'ai arraché une feuille d'un calepin et j'y ai écrit plus de soixante adjectifs pour la décrire. J'ai décrit sa personnalité, son sourire, son esprit, même ses orteils par des descriptions d'un mot. Je lui ai montré et j'ai dit: «Voici ce que je pense d'elle. Je vais l'épouser.» Après l'avoir fiancée, j'ai retrouvé cette feuille et je l'ai encadré. Le jour de notre mariage, je lui ai offert avec, au bas de la page, le message suivant: «Tu représentes quelque chose qui ne pourra jamais m'être enlevé.» Je sais qu'elle pourrait m'être enlevée. Mais elle *représente* quelque chose qui ne pourra *jamais* m'être enlevé, c'est-à-dire la splendeur et l'amour de Dieu le Père. Jonathan Edwards l'a exprimé ainsi: «Le plaisir est le rayon, l'amour de Dieu est le soleil. Le plaisir est l'ombre, l'amour de Dieu est la substance. Le plaisir est le ruisseau, l'amour de Dieu est l'océan[5].»

Jésus est meilleur que le pouvoir terrestre. Il n'y a pas de sentiment plus libérateur que celui de savoir que le Dieu souverain qui dirige chaque molécule de l'univers fait concourir toute chose à notre bien. *Ça,* c'est de la puissance!

Jésus est meilleur que la popularité. À quoi sert la renommée terrestre si l'on est connu seulement par des inconnus? Être connu et honoré par le Dieu de l'univers, voilà qui est préférable à l'approbation de millions de petits terriens. John Piper, après avoir présenté une liste semblable à celle que je viens de présenter, a ajouté: «Et ainsi de suite... Dieu est meilleur et durera plus longtemps que tout ce que ce monde a à offrir. Il n'y a pas de comparaison possible. Dieu gagne, à tout coup[6].»

Notre capacité d'éprouver la joie en toutes circonstances reflète notre foi en l'Évangile

Parfois, nous savons que le Christ a pris tous nos péchés, mais nous n'accordons pas beaucoup d'importance à son approbation dans nos vies. D'autres choses semblent plus importantes à nos yeux. Votre niveau de compréhension de l'Évangile se mesure à votre capacité de vous réjouir en toutes circonstances. Si vous comprenez la valeur qu'ont la présence et l'acceptation de Dieu, vous éprouverez une joie qui vous soutiendra même quand la vie deviendra vraiment difficile, parce que vous reconnaissez la valeur de ce que vous avez en lui. Si la vie vous donne un coup de poing au visage, vous êtes alors en mesure de dire : « Mais il me reste toujours l'amour et l'acceptation de Dieu, un trésor que je ne mérite même pas. » La joie que vous trouvez en ce trésor vous permet de vous réjouir même lorsque vous saignez du nez. C'est une joie que même la mort ou la privation ne peuvent vous enlever. C'est pour cette raison que Paul pouvait déclarer de sa cellule de prison romaine : « Réjouissez-vous *toujours* dans le Seigneur ; je le répète, réjouissez-vous. » (Philippiens 4.4, italiques ajoutés par l'auteur)

Si l'entraîneur est content, je suis content

Lorsque j'étais au collège, j'entraînais une équipe de soccer de garçons de douze ans. Nous étions plutôt doués et avions traversé la saison sans essuyer une seule défaite. Ma bande de garçons de douze ans se pavanait avec une confiance inébranlable au moment d'entreprendre les éliminatoires. La première partie des éliminatoires avait lieu la nuit, et personne de l'équipe, incluant moi, ne croyait la défaite possible.

Eh bien, on nous a écrasés. Le score final ne le reflétait pas pourtant, puisque nous avons perdu par un pointage de trois à un. Mais l'autre équipe dominait totalement le terrain. Le pire de tout, c'est que leur joueur étoile était... eh bien... une fille. Elle était la meilleure joueuse de douze ans que je n'ai jamais vue. Elle dominait. Elle tirait au but sans arrêt, et j'en avais assez.

Ainsi, au cours des dix dernières minutes de la deuxième période, alors que le tableau

> **Votre niveau de compréhension de l'Évangile se mesure à votre capacité de vous réjouir en toutes circonstances.**

marquait un pointage de deux à un, j'ai pris à part un de nos meilleurs joueurs défensifs et je lui ai dit : « David, j'en ai plus qu'assez de voir cette fille faire tous ces tirs au but. »

« Moi aussi, *coach.* »

« David, tu n'as qu'une seule mission pour le reste de la partie, et c'est cette fille. Dès qu'elle vient à quinze verges de notre zone de vérité avec le ballon, je veux la voir sur son derrière, tu comprends ça ? »

« Oui monsieur, *coach.* »

« Je suis sérieux, David. Elle est ton entière responsabilité. Tu me comprends ? David, aucune importance si le gars à côté de toi s'enflamme spontanément. Ce n'est pas ta responsabilité. Elle l'est. »

« J'ai compris, *coach.* »

Comme David s'apprêtait à regagner le terrain, je lui ai dit : « David, fais-le *légalement.* »

Nous nous y étions exercés. Le glorieux tacle glissé. C'était maintenant notre seul espoir.

Avec seulement cinq minutes restantes à la partie, cette Maradona féminine a intercepté le ballon environ au milieu du champ et a commencé son ascension du côté droit[7]. Elle est passée à travers le défenseur gauche comme s'il était invisible. Se faufilant jusqu'au milieu du terrain, elle a fait quelque chose au stoppeur. Je ne sais pas exactement ce que c'était, mais aussitôt après, il était en position fœtale et appelait sa maman en pleurant. Ensuite, il ne restait qu'elle, le libéro et le gardien. Elle a feint un tir avec sa jambe droite et le libéro de même que le gardien sont tombés par terre. C'est ce qui s'est passé ou alors ils se sont évaporés, je n'en suis pas certain. Quoi qu'il en soit, elle se retrouvait dorénavant seule devant le but vide.

Puis, à ce moment précis, voilà qu'il arrive.

Du coin gauche de mon champ de vision un éclair orange est passé. Silencieusement, furtivement, mais à pleine vitesse. *David*, le défenseur obéissant de douze ans. Faisceau laser sur la cible, avec une précision parfaite, il l'a frappée par-derrière, comme un aigle qui fond sur sa proie.

Il y a alors eu un bruit sourd, un nuage de poussière, puis le silence. Un silence étrange. Quelque part au loin, le cri d'un vautour. (J'ajoute peut-être certains détails à l'histoire pour que vous puissiez apprécier l'effet théâtral.)

C'était un de ces moments où tout le monde se disait : «*Cela vient-il vraiment de se passer?*» Puis, tout à coup, presque comme si un directeur de film avait soudainement crié «action!», tout le monde a éclaté de colère. L'autre équipe était en colère parce qu'ils pensaient que nous avions essayé d'éliminer leur joueuse étoile. L'arbitre était en colère, il essayait de décider s'il était approprié de montrer un carton rouge à un joueur de douze ans et de l'exclure pour le reste de la saison. Notre équipe était en colère, car elle réalisait que David venait juste de donner à l'équipe adverse un tir de pénalité, avec lequel ils marqueraient assurément. Les mamans soccer étaient en colère parce qu'elles pensaient que «l'entraîneur fou» avait envoyé ce pauvre garçon attaquer sauvagement une petite fille innocente.

David s'est relevé lentement, et, comme un parfait petit gentleman, a également aidé la fille à se relever. Puis, j'ai constaté avec horreur qu'il se tournait vers moi en me souriant fièrement, les deux pouces en l'air : il éliminait ainsi tout doute possible quant à celui qui avait planifié l'attaque. (Les seuls mots qui me venaient à l'esprit étaient *poursuite judiciaire.*)

J'ai sorti David du jeu et je lui ai demandé : «David, à quoi pensais-tu ? Qu'est-ce qui ne va pas chez toi, fiston ?»

David m'a regardé de l'air parfaitement innocent d'un garçon de douze ans en disant : «*Coach*... mais c'est toi qui m'as dit de m'en occuper... illégalement...»

David croyait que la dernière chose que je lui avais dite alors qu'il retournait au jeu était de s'occuper de cette fille *il*-légalement. «Occupe-t'en, David... et David – sois sans pitié !»

Il y a au moins une chose vraiment impressionnante, même touchante, à propos de l'obéissance de David. Il savait que son geste pouvait occasionner de graves conséquences. Il savait qu'il nous coûterait un tir de pénalité et qu'il obtiendrait probablement un carton rouge. Il savait qu'il serait de toute évidence puni par ses parents... et peut-être même, qu'il allait recevoir une raclée dans la cour de l'école après le match.

Néanmoins, cela lui était égal, une seule chose comptait pour lui. Laquelle ? Mon approbation. Dans son jeune esprit (tordu ?) de garçon de douze ans, il avait pensé : «*L'entraîneur* est mon héros. Peu importe ce qui peut arriver. Si *l'entraîneur* est content, je suis content.» Il était prêt à affronter toutes les conséquences si j'étais content de lui.

Nous devons accorder autant d'importance à Jésus dans nos vies. Lui obéir quoi qu'il en coûte, car sa présence et son approbation valent plus que tout risque ou toute conséquence à laquelle nous pourrions faire face. Assurément, il est glorieux à ce point ! Il est le trésor qui vaut plus que tout ce que nous pourrions sacrifier pour l'acquérir.

Libre d'apprécier les autres choses

Apprendre à être satisfait en Jésus vous libère pour pouvoir apprécier tout le reste. Être épanoui en Christ signifie que vous ne dépendez plus d'autre chose pour votre bonheur ou votre vie. Cela vous permet de les apprécier, puisque vous n'en êtes plus esclave. La possibilité de les perdre ne vous terrorise pas. Et vous pouvez leur y renoncer lorsqu'elles ne sont pas conformes à la volonté de Dieu.

La grande ironie, c'est que vous pouvez vraiment commencer à apprécier l'argent, la vie romantique, et la sexualité lorsque vous ne dépendez pas de ces choses. C. S. Lewis l'a exprimé ainsi : dans la vie, il y a les choses qui viennent en premier (Dieu) et celles qui viennent en deuxième (tout le reste). Si vous mettez les premières choses au premier rang, vous obtiendrez aussi les choses secondaires. Or, si vous accordez la première place aux choses secondaires, vous perdrez non seulement les premières choses, mais aussi les autres[8]. Lorsque Jésus est votre vie, vous pouvez commencer à profiter du reste de votre vie.

Lorsque vous êtes satisfait de la présence et de l'approbation de Dieu dans votre vie, vous n'êtes plus obsédé par ce que les autres pensent de vous. Vous pouvez cesser de cacher vos fautes et commencer à vivre de façon authentique, laissant les gens voir qui vous êtes vraiment – avec tous vos défauts – parce que vous ne dépendez plus de leur admiration pour votre épanouissement personnel.

Il s'agit d'une vérité révolutionnaire, libératrice : en Christ, vous avez tout ce qu'il vous faut pour connaître un bonheur infini. Son approbation et sa présence sont tout ce dont vous avez besoin pour votre vie et votre bonheur.

Il est le *seul* qui devrait jouer le rôle de Dieu dans nos vies. Il n'a pas d'égal,

> ... en Christ, vous avez tout ce qu'il vous faut pour connaître un bonheur infini.

pas de partenaire, et ne veut pas partager sa position de «Dieu» avec quiconque.

Si vous êtes comme moi, vous devez probablement vous rappeler ceci chaque jour :

> « *Ta présence et ton approbation*
> *sont tout ce dont j'ai besoin*
> *pour avoir la joie éternelle.* »

CHAPITRE 6

TRANSFORMÉ PAR LA VUE

L a vue est l'une de ces choses que je tenais pour acquises, jusqu'à ce que je sois confronté à la possibilité de la perdre.

Peu après m'être marié, j'ai entendu une annonce à la radio d'un docteur qui offrait une intervention chirurgicale oculaire au laser à un prix tellement modique que c'en était ridicule. Il ne m'était pas venu à l'esprit que le fait de confier mes pupilles au plus bas soumissionnaire soit une mauvaise idée.

Je pense que c'est au moment où on attachait la courroie autour de ma tête que j'ai pris vraiment conscience de ce qui était sur le point de se passer. Soudainement, tout est devenu évident : on allait m'ôter la cornée pour reformer ma rétine à l'aide d'un laser à incinération ultrapuissant.

Dès lors impuissant, j'ai regardé la petite lame découper la cornée de mon œil droit (je réalise que ce n'est sans doute pas très intéressant à regarder... mais qu'y a-t-il d'autre à regarder à un tel moment ?) Après qu'on m'ait retiré la cornée, j'ai eu droit à un spectacle kaléidoscopique de deux minutes, accompagné d'une curieuse odeur de caoutchouc brûlé... et même si deux minutes constituent un bref moment, cela semble une éternité lorsque votre cornée repose dans une boîte de pétri sur la table à côté de vous.

La seule chose à laquelle j'arrivais à penser tout ce temps était : « Et s'il y avait un tremblement de terre ? » Les tremblements de terre ne sont pas fréquents là où j'habite, en Caroline du Nord, mais j'ai suffisamment regardé l'émission *Unexpected Mega Disasters* de la chaîne de télévision *History* pour savoir qu'on ne sait jamais quand le prochain frappera.

Heureusement, pas de tremblement de terre. Et le processus complet, pour les deux yeux, n'a duré qu'une quinzaine de minutes. Le docteur a reposé la cornée sur chaque œil, en y appliquant une petite super-colle à yeux, il m'a fait assoir, et je jouis d'une vision 20/20 depuis ce temps.

Pour ceux d'entre vous qui considèrent une intervention chirurgicale oculaire au laser, soyez encouragés.

Je sais bien que je ne risquais probablement pas de perdre la vue à jamais. Mais couché là, pendant l'intervention, j'ai eu l'occasion de réfléchir à la valeur de la vue. Il y a une foule de choses dans la vie qui seraient inaccessibles pour nous si nous étions privés de ce sens. Nous ne connaîtrions pas la beauté des couleurs ou la splendeur d'un coucher de soleil. Nous ne connaîtrions pas la joie qui remplit le cœur en apercevant l'expression de joie sur les visages de nos enfants ou le regard de notre mari ou de notre femme.

Or, la vision spirituelle est encore plus importante. C'est la manière dont nous percevons Dieu. Sans vision spirituelle, vous manquez le spectacle le plus magnifique de tout l'univers. Et la tragédie, c'est que si vous êtes aveugle spirituellement, vous n'avez aucune idée de ce que vous manquez.

Une fois nos yeux ouverts à la splendeur de Dieu, nous pouvons vraiment commencer à comprendre la seconde partie de la prière axée sur l'Évangile :

> « *Ta présence et ton approbation*
> *sont tout ce dont j'ai besoin*
> *pour avoir la joie éternelle.* »

L'apôtre Paul affirme que c'est la vision spirituelle qui nous transforme. Voir l'amour de Dieu et la gloire du Christ est ce qui restructure nos cœurs et remet de l'ordre dans nos désirs (2 Corinthiens 3.18 ; 4.4).

C'est pourquoi à deux reprises dans l'épître aux Éphésiens, Paul demande à Dieu d'accorder la vision spirituelle aux Éphésiens. Il dit : « Je prie...

> Voir l'amour de Dieu et la gloire du Christ est ce qui restructure nos cœurs et remet de l'ordre dans nos désirs.

... Afin que le Dieu de notre Seigneur Jésus-Christ, le Père de gloire, vous donne un esprit de sagesse et de révélation qui vous le fasse connaître ; qu'il illumine les yeux de votre cœur, afin que vous sachiez quelle est l'espérance qui s'attache à son appel, quelle est la glorieuse richesse de son héritage au milieu des saints, et quelle est la grandeur surabondante de sa puissance envers nous qui croyons selon l'action souveraine de sa force (Éphésiens 1.17-19)

et que

[vous soyez] capables de comprendre [...] l'amour du Christ » (Éphésiens 3.18,19).

La deuxième prière de Paul apparaît en plein milieu de l'épître aux Éphésiens. Les trois premiers chapitres consistaient en doctrines profondes de l'Évangile ; les trois derniers sont des instructions remarquablement utiles pour nous aider à vivre. Les enseignants chrétiens débattent souvent à savoir laquelle des deux est la plus importante : la doctrine ou sa mise en application. Je soupçonne que Paul dirait que bien que les deux soient essentielles, la chose la plus importante de toutes consiste à voir la splendeur et la gloire de Dieu révélées dans l'Évangile. Lorsque la gloire de Dieu est reconnue dans l'Évangile, les changements surviennent

> La doctrine nous aide à décrire le Dieu que nous devons voir ; la mise en application nous aide à aimer ce Dieu que nous avons vu.

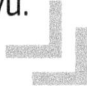

naturellement. Le but de la prédication, donc, n'est ni d'informer ni d'appliquer l'instruction. Le but de la prédication est l'adoration.

La doctrine nous aide à décrire le Dieu que nous devons voir ; la mise en application nous aide à aimer ce Dieu que nous avons vu. Toutefois, les deux sont inutiles si les yeux du cœur n'ont pas d'abord été ouverts pour voir et goûter la majesté de Dieu.

Voir ce qu'Israël voyait

Tout comme Paul a prié pour les Éphésiens, la première chose que Dieu fit lorsqu'il guida le peuple d'Israël hors de leur état d'esclavage en Égypte fut de leur ouvrir les yeux par rapport à qui il est. Exode 19 décrit qu'il descendit sur le mont Sinaï, l'enveloppant de fumée et d'une profonde noirceur. La foudre et le tonnerre remplirent les cieux. Un son semblable à celui d'une trompette retentit, devenant de plus en plus fort jusqu'à ce qu'il devienne presque insoutenable.

Dieu donna à Moïse de strictes instructions pour que personne ne touche à la montagne – personne, pas même un animal. Quiconque oserait seulement traverser le périmètre établi serait frappé de mort.

Dieu s'est ensuite adressé aux enfants d'Israël à partir de la montagne, leur rappelant qu'ils étaient précieux à ses yeux, et qu'il les avait portés « sur des ailes d'aigle » pour les faire sortir de l'esclavage et les attirer à lui.

Lorsque les Israélites virent cela, voici comment ils réagirent :
«Tout le peuple qui était dans le camp se mit à *trembler*...» et ils
ont «*cru*» (Exode 19.16, italiques ajoutés par l'auteur).
La Bible dit, dans Exode 19.8 et Exode 24.3, que le résultat de
cette foi conduisit le peuple à déclarer : «Nous ferons tout ce que
l'Éternel a dit.» Voici dans quel ordre les choses se passèrent : le
peuple vit. Le peuple crut. Le peuple obéit.

Ce jour-là, ils furent témoins de l'immensité de Dieu, de sa
sainteté parfaite, et de sa compassion. Cette vision produisit aussi
bien une crainte de Dieu que la foi en Dieu. Il s'agissait d'effroi et
d'admiration mêlés d'un sentiment d'intimité. Le Dieu inaccessible
était aussi leur tendre Père. La crainte mêlée d'intimité est l'essence
de l'adoration chrétienne. Ensuite, ils s'engagèrent à lui obéir.

Le fait de voir ces trois choses, l'immensité de Dieu, sa sainteté parfaite, et sa compassion, fera en sorte que nous serons réellement transformés.

L'immensité de Dieu

Au milieu de la foudre, du tonnerre et des tremblements de terre,
ils virent qu'il est le Dieu qui commande aux forces redoutables
de la création.

Il y a quelque chose dans le spectacle redoutable des forces
de la nature qui nous donne un aperçu de la grandeur de Dieu.
Avez-vous déjà regardé le ciel nocturne et considéré l'ampleur de
l'univers ? Les astronomes affirment que si la distance de la terre
au soleil était comparable à l'épaisseur d'une feuille de papier, la
distance de la terre à l'étoile la plus proche équivaudrait à une
pile de feuilles de 21 mètres. L'étendue de notre galaxie serait
alors l'équivalent d'une pile de papiers de 498.9 km de haut. Et
notre galaxie est l'une des centaines de milliers de galaxies dans
l'univers connu.

Il y a un Dieu qui a amené toute chose à l'existence par une seule parole et qui tient tout dans sa main. Les molécules obéissent à la moindre de ses paroles. Les étoiles apparaissent et disparaissent par sa seule volonté.

Il est si grand qu'on ne peut littéralement pas l'exagérer. Les spectacles impressionnants de la nature – les volcans, les orages, les couchers de soleil, les tornades, les tsunamis – nous le rappellent. Les Israélites en eurent un aperçu à la montagne.

Je crois que la plupart des gens aujourd'hui ont perdu la notion de la grandeur infinie de Dieu. Nous réduisons Dieu à une divinité domestiquée, de milieu de gamme, que nous pouvons expliquer et maîtriser.

Or, il est loin de l'être. Le Dieu infini stupéfie l'esprit. Lorsque nous essayons de réduire Dieu à la taille d'un être qu'on peut expliquer et maîtriser, nous posons un obstacle à la foi et il devient difficile pour les autres de croire en lui. Charles Misner, un des élèves d'Einstein, a expliqué que la raison pour laquelle Einstein n'a jamais cru au Dieu chrétien avait beaucoup à voir avec la manière dont les prédicateurs de son temps le présentaient :

> La conception de l'univers est tout à fait stupéfiante et ne devrait pas être prise à la légère. En fait, je crois que c'est pour cette raison qu'Einstein avait si peu d'intérêt pour les religions organisées, bien qu'il me fît l'impression d'être un homme très religieux. Einstein a dû considérer la manière dont on décrivait Dieu comme un blasphème! Il avait été témoin d'une telle majesté dans la création de l'univers et était persuadé que le Dieu duquel il avait entendu parler ne reflétait pas ces merveilles. Mon impression est qu'il trouvait simplement que les Églises qu'il avait connues ne manifestaient pas au créateur de l'univers la révérence qui lui était due[1].

Lorsque nous parlons de Dieu, nous parlons de celui dont la grandeur, la puissance, la sagesse et la force se situent bien au-delà des nôtres. Peut-être qu'une des raisons pour lesquelles nous n'accordons pas plus d'importance à Dieu est la vision limitée que nous avons de lui. Dieu est un Dieu si grand que nos esprits cessent de douter lorsque nous le voyons. Nous tremblons et nous croyons.

La sainteté intouchable de Dieu

Personne ne pouvait toucher la montagne, dit Dieu : «Tu ne pourras pas voir ma face [...] et vivre» (Exode 33.20).

La perfection de Dieu est si infinie que le moindre péché ne peut être toléré en sa présence. Lorsque le prophète Ésaïe vit Dieu sur son trône, il tomba face contre terre, terrifié, et dit : «Malheur à moi! Je suis perdu, mes yeux ont vu le Seigneur» (Ésaïe 6.5, paraphrase de l'auteur). Lorsqu'Ouzza étendit la main pour stabiliser l'arche de l'alliance où l'Esprit de Dieu reposait, il fut frappé de mort.

Dieu est un Être dont la sainteté et la perfection sont si complètes que le péché ne peut exister en sa présence. J'entends souvent des gens dire à la légère qu'ils ont «vu Dieu». Si Dieu arrachait le toit de dessus de votre tête en ce moment même et que vous voyiez son visage, vous mourriez immédiatement. Se tenir devant Dieu en tant que pécheur serait l'équivalent d'un mouchoir de papier qui toucherait la surface du soleil.

Voir et ressentir la sainteté de Dieu faisaient trembler Israël.

Nous croyons souvent rendre service à Dieu en minimisant tout le concept de son jugement. Notre Dieu convivial ne punit pas le péché. Et il n'envoie surtout personne en enfer. Or, l'enfer révèle la majesté et la perfection de Dieu. L'enfer est ce qu'il est parce que Dieu est celui qu'il est. L'enfer est ce qu'il est parce que c'est ce que mérite le péché commis contre un Dieu infiniment majestueux et glorieux. L'enfer n'est pas un degré plus chaud que ne le requiert notre péché. L'enfer devrait nous laisser ébahis devant la sainteté juste et parfaite de Dieu.

La véritable adoration débute par la crainte. Elle ne se termine pas là, mais elle débute là.

Avez-vous déjà entendu dire qu'on ne devait pas «craindre» Dieu, mais seulement le respecter? Vous auriez eu du mal à en convaincre les Israélites après leur rencontre au pied de la montagne. Cette rencontre était *destinée* à inspirer la crainte. C'est seulement en voyant la sainteté de Dieu, vision qui devrait nous terrifier, que nos cœurs apprennent à l'adorer. Le Dieu qui peut satisfaire notre âme est aussi celui dont la beauté est si infinie que le péché contre lui mérite une punition sévère et infinie.

Réalisez-vous à quel point Dieu est pur et parfait? Réalisez-vous le danger auquel vous vous exposez en tolérant la présence du péché dans votre cœur? Imaginez que vous buviez un verre de lait et que je vous dise qu'il a été mélangé à quelques gouttes de sang humain contaminé du virus du SIDA. Ce n'est qu'une infime quantité, mais porter ce verre à vos lèvres vous répugnerait. Nous nous tenons devant Dieu, tout à fait contaminés par le péché. Le péché ne peut exister en présence de Dieu. Israël avait de bonnes raisons de craindre.

La véritable adoration débute par la crainte. Elle ne se termine pas là, mais elle débute là.

La compassion de Dieu

Alors qu'Israël tremblait devant l'immense grandeur et la sainteté absolue de Dieu, une voix leur parla depuis la montagne, leur disant ces tendres paroles:

> Vous avez vu [...] comment je vous ai amenés ici, auprès de moi.
> Je vous ai portés comme sur les ailes d'un aigle... *[Vous êtes]* pour
> moi comme un trésor. [...] Je suis le SEIGNEUR ton Dieu. C'est

moi qui t'ai fait sortir d'Égypte, où tu étais esclave (Exode 19.4,5 ; 20.2 ; *Parole de Vie*).

Dieu leur dit : « J'ai vu votre souffrance et j'ai entendu vos cris... Je vous ai pris dans mes bras, tendrement, comme un père sortirait son enfant blessé d'un endroit dévasté et vous ai mené vers moi » (paraphrase de l'auteur).

Une image que je vois souvent aux nouvelles me touche chaque fois, quel que soit le contexte. Les caméras présentent la scène d'une tragédie quelconque, et l'on y voit un père sortir des débris portant dans ses bras le corps brisé et ensanglanté de son enfant. Peut-être est-ce parce que je suis maintenant père de quatre enfants, mais le fait de voir un père ressentir la douleur de son enfant me touche au plus profond de mon âme.

J'aime beaucoup cette expression : *comme un trésor*. Dieu les appelle son « trésor ». Considérer quelque chose comme son trésor signifie qu'on est prêt à donner presque tout pour l'acquérir. Si j'apprenais que mes enfants avaient contracté une maladie rare et que leur seul espoir était un médicament coûteux que l'assurance ne couvrait pas, je vendrais tout ce que j'ai pour leur acheter ce médicament. Pourquoi ? Parce qu'ils sont des trésors pour moi.

Le Dieu puissant de l'univers, qui possède tout et ne manque de rien, appelle un peuple impuissant et coupable son « trésor ». Il a entendu leurs cris, est entré dans leur souffrance, et les a secourus.

Il n'y a qu'un mot qui me vient à l'esprit pour décrire un Dieu si absolument parfait qu'un seul péché en sa présence aboutit à l'anéantissement immédiat, et pourtant si tendre dans sa compassion qu'il entre dans nos souffrances pour nous secourir : *magnifique*.

La vision brise la puissance du péché

La réponse d'Israël à cette révélation a été de « croire » et de « trembler ». Ils dirent : « *Quoi que Dieu nous dise de faire, nous le ferons* ».

Compte tenu de ce qu'ils avaient vu, c'était le Dieu qu'ils voulaient apprendre à connaître et à qui ils voulaient obéir[2]. Ils furent transformés. Pas seulement dans leurs comportements, mais aussi dans leurs désirs. Ils voulaient apprendre à connaître Dieu et à lui obéir.

Lorsque nous voyons la grandeur et la majesté du Dieu qui se révèle à nous, le pouvoir qu'exercent le péché et l'idolâtrie sur nos cœurs est brisé.

Ce n'est pas parce qu'on nous le répète constamment que nous cesserons de pécher, mais plutôt parce que nous voyons la majesté et la gloire de Dieu dans nos cœurs.

«Un instant!» direz-vous. «La Bible est remplie d'instructions et d'interdictions. N'est-ce pas le but de la Bible de nous exhorter à cesser de pécher?»

Oui. Toutefois, cesser de pécher découle du fait d'avoir vu Dieu. Alors que nous contemplons la magnificence de Dieu et reconnaissons sa valeur, nos cœurs commencent à le désirer plus que nous ne désirons le péché. Avant de dire: «Cessez de pécher», la Bible dit: «Contemplez votre Dieu».

Comparez cette réalité à un ballon. Il y a deux moyens de maintenir un ballon dans les airs. Si vous l'emplissez de l'air de vos poumons, la seule façon de le garder dans les airs est de le relancer constamment vers le haut au moyen de petites tapes. C'est de cette manière que la religion vous motive, elle vous «tape» constamment. «Arrête de faire ceci! Commence à faire cela!» C'est ma vie de pasteur. Les gens se présentent les dimanches matin pour que je puisse les «taper» concernant un sujet ou un autre. «Soyez plus généreux!» Et ils le font pour une semaine. «Participez aux missions!» Et ils s'inscrivent au prochain voyage. Chaque semaine, je les renvoie vers le monde spirituel au moyen de petites «tapes». Ce n'est pas étonnant que les gens n'aiment pas être en ma compagnie.

Or, il existe une autre méthode pour faire virevolter un ballon. Remplissez-le d'hélium. Ensuite, il flottera tout seul, sans qu'on ait besoin de taper dessus. Ainsi, voir la grandeur et la magnificence de Dieu, c'est l'hélium qui nous fait nous élever spirituellement.

Lorsque vous aurez vu la splendeur de Dieu et senti le poids de sa majesté dans votre âme, la puissance du péché en vous sera brisée. Je dis souvent aux jeunes hommes de notre Église qu'ils peuvent allumer et éteindre leur désir sexuel comme un interrupteur de lampe. Ils ne me croient jamais. Je leur dis : «Je vais vous le prouver... Imaginez que vous êtes seul avec votre petite amie, assis ensemble sur le canapé chez elle. Vos désirs sexuels commencent à prendre le dessus et vous sentez qu'il est impossible de les supprimer. À ce moment, vous vous sentez entièrement hors de contrôle, comme s'il était impossible de dire "non" à la tentation.» Ils disent : «Exactement !» Je leur réponds alors : «À ce moment précis, son père, qui est un soldat d'élite, entre dans la pièce... Vous voyez ? Le désir sexuel s'éteint comme avec un interrupteur !»

Où est-il passé ? Ce n'est pas qu'ils n'ont soudainement plus d'hormones, mais à ce moment, la crainte du père militaire a plus de poids pour eux que leur convoitise sexuelle. Leur désir pour elle a été surpassé par un désir d'échapper à la mort.

Beaucoup d'entre nous se sentent incapables de «dire non» aux tentations parce que Dieu ne fait pas ce poids-là dans leur cœur. L'autorité de Dieu doit y être plus grande que nos désirs ; sa magnificence devrait être plus attrayante que n'importe quelle convoitise de la chair. En d'autres mots, la raison pour laquelle nous ne pouvons dire non à la tentation n'est pas que notre désir pour ces choses est trop fort, mais parce que notre désir envers Dieu est trop faible.

Pour pouvoir réellement dire non aux désirs suscités par la tentation, nous devons développer un plus grand désir envers Dieu. Les envies ne peuvent être supplantées que par de plus grandes. Le puritain Thomas Chalmers a appelé cette réalité : «la puissance expulsive d'une nouvelle affection». Nos affections pour les idoles sont maîtrisées seulement lorsqu'elles sont faites captives par des affections plus fortes, plus envoûtantes.

D'ici là, tout changement demeurera superficiel. Nous obéirons seulement lorsque nous croyons qu'il y a menace de punition ou promesse de récompense. Cette sorte d'obéissance est épuisante, pour Dieu comme pour nous. Nous contraignons nos cœurs à faire ce qu'ils ne désirent pas faire.

La plupart des gens vivent une double captivité : ils sont captifs des convoitises pécheresses de leur cœur ; mais ils sont également captifs des règles de leur religion. Le péché les amène à convoiter les mauvaises choses et leur religion les empêche de faire ce qu'ils désirent vraiment. Voir la gloire de Dieu telle qu'elle est révélée dans l'Évangile nous libère du péché autant que de la religion. L'Évangile nous libère de la menace d'une condamnation et transforme nos cœurs pour que nous désirions connaître et servir Dieu.

Vous dites : «Mais attends! Si les gens croient que le Christ a déjà pris le plein châtiment de leurs péchés à leur place et qu'il n'y a aucune menace de punition, ils feront tout ce qu'ils veulent.»

Bien, au moins maintenant, nous posons la bonne question. Voilà exactement l'objection à laquelle Paul s'attendait après avoir présenté l'Évangile dans Romains, chapitres 1 à 5. Sa réponse : Si les gens ne souhaitent que pécher, cela révèle que leur cœur est mort spirituellement (Romains 6.1,2).

La réponse ne consiste donc pas, dit Paul, à les accabler de règles à observer. Si votre cœur aime le péché, jetez-vous sur la miséricorde de Dieu, lui demandant de transformer votre cœur, et embrassez sa justice qui vous a été offerte en cadeau. C'est seulement là que votre cœur sera

... l'Évangile nous libère de la menace d'une condamnation et transforme nos cœurs pour que nous désirions connaître et servir Dieu.

transformé. La bonté de Dieu, dit Paul, est ce qui suscite la vraie repentance en nous (Romains 2.4).

La libération par rapport au péché, vous voyez, consiste à *détester* le péché. Comme l'a affirmé Ignace, un des premiers pères de l'Église : « Il est impossible à l'homme d'être vraiment libéré de l'habitude du péché jusqu'à ce qu'il en vienne à haïr ce péché. » Vous ne haïrez le péché que lorsque vous commencerez à aimer Dieu. Vous apprendrez à aimer Dieu en voyant sa magnificence et son amour pour vous, révélés dans l'Évangile.

Les chefs de l'Église avaient fait jeter en prison John Bunyan, l'auteur du livre, *Le voyage du pèlerin*, pour avoir prêché l'Évangile. Ils lui dirent : « Tu ne peux pas continuer à dire aux gens que la justice du Christ leur a été imputée. S'ils viennent à le croire, ils croiront qu'ils peuvent faire tout ce qui leur plaît ! » Bunyan répliqua : « Si les gens voyaient que la justice du Christ leur a réellement été imputée comme un don, ils voudraient faire tout ce qui plaît à Dieu. »

« Alors, où pouvons-nous voir Dieu ? »

« Alors, dites-vous, où pouvons-nous voir Dieu de cette façon ? Où se trouve la montagne enflammée d'où nous pourrons voir Dieu descendre devant nous ? »

Bonne question. Je ne vous dis pas d'aller chercher le film *Les Dix Commandements* du réalisateur Cecil B. DeMille et de le regarder en boucle. La montagne décrite dans Exode 19, aussi impressionnante qu'elle fût, n'était qu'une ombre présageant une autre montagne où la gloire de Dieu serait de nouveau révélée : le mont du calvaire. Plus de mille quatre cents ans après que Dieu soit apparu sur le mont Sinaï, Jésus allait gravir une autre montagne pour révéler la gloire de Dieu. Tout comme le Sinaï, le mont du Calvaire fut enveloppé d'épaisses ténèbres alors que Dieu détournait sa face. Sur la croix, Jésus a dû supporter le tonnerre du jugement de Dieu et absorber la foudre de sa fureur dans son propre corps. Le feu de la sainteté de Dieu allait brûler dans le corps du Christ jusqu'à le consumer en entier. Nous avons transgressé la sainteté de Dieu et pour cette raison, Jésus est mort. Lorsque Jésus est mort, la terre trembla littéralement, et la dernière chose qu'il fit du haut de la croix fut de crier, d'une voix semblable au son d'une trompette : «Tout est accompli!»

La montagne brûlante d'Exode 19 présageait le mont du Calvaire, d'où Jésus a manifesté la gloire de Dieu de la manière la plus claire et la plus complète.

La croix renferme la magnanimité de la grâce de Dieu. Dieu a fait plus que nous transporter hors de danger sur des «ailes d'aigle». Il nous a arrachés aux crocs de la mort en prenant notre place. Imaginez que vous vous tenez debout à un kilomètre du barrage Hoover, cette énorme structure retenant de gigantesques quantités d'eau. Imaginez que vous aperceviez soudain avec horreur une fissure au bas de ce barrage. De cette dernière déferle dans votre direction à toute vitesse une vague de deux cents mètres. C'est une mort assurée. Mais juste avant que vous soyez balayés par la force de l'eau, le sol devant vous s'ouvre soudain pour en avaler chaque litre, de sorte que vous ne recevez pas la moindre goutte. Lorsque Jésus est mort sur la croix, il s'est tenu entre nous et les flots de la juste colère de Dieu. Il a avalé chaque goutte de ce torrent, pour qu'il n'en reste pas une seule goutte pour vous et moi. Il a bu jusqu'à la lie la coupe amère de la colère de Dieu, puis l'a renversée en disant : «Tout est accompli.»

Il a fait cela pour vous parce que vous êtes un trésor à ses yeux.

La croix renferme la puissance remarquable de Dieu. L'Évangile révèle une plus grande puissance encore que celle révélée par la création. C'est la puissance de la nouvelle création, rachetant du péché et régénérant la vie à partir de la mort. Paul appelle l'Évangile «la puissance de Dieu» (Romains 1.16). Saviez-vous que mis à part le Christ lui-même, seul l'Évangile est appelé «la puissance de Dieu»? Considérez ceci : le soleil est estimé à 5500 degrés Celsius en surface et 15 millions de degrés Celsius en son noyau. Les vagues d'un tsunami grimpent à 30 mètres de hauteur et se déplacent à plus de 130 kilomètres-heure, détruisant tout sur leur passage. Une étoile récemment découverte, voyage à environ 2,6 millions de kilomètres-heure. Certains volcans connus crachent leur lave à une hauteur de 27 kilomètres dans l'atmosphère et on peut en entendre les éruptions à plus de 4800 kilomètres[3]. Un seul brin d'ADN humain, invisible à l'œil nu, contient assez d'information pour remplir 1000 livres de 500 pages. Toutefois, aucune de ces choses n'est appelée «puissance de Dieu». Par contre, l'œuvre victorieuse de Jésus, c'est-à-dire celle qui consiste à ôter à jamais nos péchés et à sortir triomphant du tombeau, est appelée la puissance de Dieu.

À mesure que vous découvrez l'Évangile et que vous y croyez, sa puissance est libérée en vous. À vrai dire, l'Évangile n'annonce pas simplement la puissance de Dieu ; le message de l'Évangile est *en soi* la puissance de Dieu. Par la puissance de l'Esprit, entendre l'Évangile régénère nos cœurs pour leur permettre d'aimer les commandements de Dieu. Voyez l'exemple de Jésus lorsqu'il commande au paralytique de marcher.

En lui disant : «Lève-toi, prends ton lit et marche», non seulement Jésus lui donnait-il un commandement, mais ses paroles conféraient également au paralytique la capacité d'obéir à ce commandement. De la même manière, l'Évangile de Dieu donne la capacité d'obéir à ses commandements.

> ... l'Évangile n'annonce pas simplement la puissance de Dieu ; le message de l'Évangile est en soi la puissance de Dieu.

Croire en l'Évangile n'est pas seulement le moyen de devenir chrétien, c'est la puissance qui nous permet de faire, chaque moment de chaque jour, les choses que Jésus nous commande.

La vision de Mahmud

Une nuit, alors que j'habitais une théocratie musulmane du tiers-monde, j'ai reçu un appel téléphonique d'un homme que je ne connaissais pas qui s'appelait Mahmud. Il m'a expliqué qu'il avait fait un rêve important, et il croyait que j'étais censé l'aider à l'interpréter. Dans son rêve, il marchait sans but dans un champ sans fin. Ce champ, m'a-t-il dit, lui semblait symboliser sa vie. Il se sentait seul, sans but, sans compagnie, sans direction. Après avoir marché pour ce qui semblait être des jours, il entendit une voix derrière lui qui l'appelait. En se retournant, il vit un homme qui, en ses mots : «était habillé de vêtements blancs éclatants, lumineux. Je ne pouvais regarder son visage, parce qu'il brillait comme le soleil». Cet homme céleste mit la main dans le pli de sa tunique, et en sortit un exemplaire de l'Évangile, et voulut le placer dans la main de Mahmud. L'homme dit à Mahmud : «Ceci te permettra de sortir du champ.»

Mahmud a refusé. Étant un musulman fidèle, il n'avait aucune envie de posséder de «littérature chrétienne». Il s'est réveillé, trempé de sueurs froides, très effrayé, le cœur battant la chamade. Il dit qu'il s'est alors senti comme s'il venait de rejeter un prophète, et ne savait plus que faire.

Lorsqu'il s'est endormi la nuit suivante, il s'est retrouvé de nouveau dans le champ. Une fois de plus, «l'homme» apparut, lui offrant un nouvel exemplaire de l'Évangile. Et Mahmud a de nouveau refusé.

La troisième nuit, lorsque Mahmud s'est endormi, l'homme l'attendait. Il dit à Mahmud : «Ceci, et seulement ceci, te permettra de sortir du champ.» D'une main tremblante, Mahmud prit l'Évangile dans ses mains.

Mahmud me dit ensuite : « Mon ami me dit que tu es un expert de l'Évangile. Pourrais-tu interpréter mon rêve ? » Sans blague. C'est ce qu'il a dit.

Il faut savoir que j'ai grandi dans un foyer baptiste très traditionnel, et les rêves et les visions ne faisaient pas partie de notre répertoire spirituel habituel. Alors, je lui ai dit : « Mahmud, je ne crois pas aux visions ni aux rêves. »

Ce n'est pas vrai ! Je lui ai plutôt répondu : « Mon frère, quelle coïncidence ! Mon don spirituel est justement l'interprétation des rêves. »

Pendant les deux heures qui ont suivi, je lui ai expliqué l'Évangile. Bien qu'il ait eu encore certaines questions, il ne doutait pas des réponses que je lui donnais. Après tout, un messager céleste lui avait commandé d'écouter ! Lorsque je lui ai expliqué que Jésus avait pris ses péchés sur la croix, il a dit, des larmes coulant sur son visage : « Allah… le Dieu Créateur, mourant à ma place ? Est-ce possible ? Ah ! *Allahu Akbar, Allahu Akbar* » (ce que les musulmans disent lorsqu'ils louent Dieu… littéralement, Dieu est le plus grand !).

Il était évident qu'il avait cru. Alors, je lui ai demandé s'il voulait placer sa foi en Jésus. Lorsqu'il a dit oui, je lui ai demandé s'il réalisait ce que cet engagement pouvait lui coûter. « Mahmud, ai-je continué, tu pourrais perdre ton travail. Tu pourrais être renié par ta famille. Cet engagement envers le Christ pourrait même te coûter la vie. »

Je n'oublierai jamais ce qu'il a répondu ensuite. Il a souri et m'a dit : « Bien sûr que je sais tout ça. C'est pour cette raison que j'ai mis plus d'un mois à me décider et à venir te voir, car je savais que si je devenais un disciple de Jésus, je risquais tout ce que j'ai… mais si Jésus-Christ est Dieu, et que Dieu s'est donné ainsi pour

... le connaître et lui plaire devient la passion qui anime votre cœur.

moi sur la croix, je le suivrai partout. Peu importe si je perds mon travail, ma famille, ou même ma vie. Je suivrai Jésus partout.»

Vous n'avez peut-être jamais eu une expérience semblable d'une «vision» de Jésus dans vos rêves. Moi non plus, d'ailleurs. Même si nos propres expériences n'ont peut-être pas été si spectaculaires, notre réponse devrait être tout aussi totale. Nous voyons la gloire de Dieu, dit Paul, sur le visage de Jésus-Christ tel que nous le découvrons dans les Évangiles. Ce que nous pouvons y voir est encore mieux qu'un rêve ou une vision. Devenir un disciple de Jésus signifie que votre cœur est ravi par la beauté, la majesté et la valeur du don de Dieu qui s'est offert lui-même pour vous. Cela signifie aussi que le connaître et lui plaire devient la passion qui anime votre cœur. Même si vous risquez de perdre tout le reste.

Et vous ?

Ressentez-vous de cette manière le poids de la majesté de Dieu dans votre âme? Peut-être avez-vous lu la Bible mille fois, mais avez-vous déjà été dépassé par la manifestation de la gloire et de la puissance de Dieu au point d'en trembler? Avant que le christianisme n'exige que vous fassiez quoi que ce soit, il vous demande de prendre le temps d'être émerveillé en considérant ce que Dieu a fait *pour vous*.

Votre cœur est-il captivé par la gloire et la beauté de Dieu? Êtes-vous submergé par une sensation de crainte *et* en même temps attiré par un sentiment d'intimité? Sinon, pourquoi ne pas vous agenouiller dès maintenant et supplier Dieu qu'il ouvre les yeux de votre cœur pour que vous puissiez le voir tel qu'il est vraiment? Mieux encore, pourquoi ne pas vous agenouiller, ouvrir les pages des Évangiles, et prier que le Jésus qui marche dans les pages de Matthieu, Marc, Luc et Jean vous donne un aperçu de sa véritable majesté? Vous ne serez plus jamais le même. Et vous commencerez à répéter ces paroles encore et encore, mais cette fois, de tout cœur:

« Ta présence et ton approbation
sont tout ce dont j'ai besoin
pour avoir la joie éternelle. »

CHAPITRE 7

LES RELATIONS CENTRÉES SUR L'ÉVANGILE

À quoi peut-on reconnaître réellement ceux qui sont sauvés ? En grandissant, j'ai entendu beaucoup de réponses différentes à cette question. À une église que j'ai visitée, on disait que si vous étiez vraiment sauvés, vous le démontriez par (a) un changement dans votre langage; (b) la façon de vous vêtir (pour les garçons, cela consistait à ôter ses boucles d'oreille, à garder ses cheveux courts, et à porter des kakis plissés); (c) une aversion soudaine et intense la bière, les cigarettes, et Disney; et (d) une préférence pour la musique comportant le moins de percussions possible.

La plupart de ces choses sont ridicules. Mais l'Évangile produit sans contredit un changement dans votre vie.

Voici la troisième partie de la prière axée sur l'Évangile :

> *« Ce que tu as été envers moi,*
> *je le serai envers les autres. »*

Il est impossible d'expérimenter véritablement la grâce de l'Évangile sans être transformé en une personne bienveillante, généreuse, et aimante. Lorsque nous expérimentons la générosité de l'Évangile, nous partageons naturellement cette générosité avec les autres. Nous devenons des gens animés d'un esprit généreux,

et cela influence la manière dont nous traitons les autres et également-
ment l'emploi de notre argent, notre temps, et nos talents.

Victor Hugo et la grâce

Une de mes scènes de film préférées est la séquence d'ouverture
de l'interprétation de 1998 de la pièce, *Les Misérables*, de Victor
Hugo. Liam Neeson y interprète le rôle de Jean Valjean, un criminel endurci à qui l'on vient tout juste d'accorder une libération
conditionnelle d'un camp de travaux forcés français.

Il se retrouve seul, tard un soir, devant la demeure d'un
prêtre qui l'invite à entrer et lui offre un repas et un endroit où
dormir pour la nuit. Pendant la nuit, Valjean lui dérobe toute son
argenterie. Le prêtre, qui entend du bruit dans la maison, se lève
pour aller voir. Valjean l'assomme d'un coup de poing en pleine
figure. Il s'enfuit ensuite avec l'argenterie volée.

Tôt le lendemain matin, la police arrive chez le prêtre en
trainant Valjean. Le gendarme dit d'un ton moqueur au prêtre :
« Il nous a dit que tu lui as donné cette argenterie ! » Puisqu'il était
sous libération conditionnelle, le prêtre n'avait qu'à confirmer que
Valjean avait dérobé cette argenterie pour l'envoyer en prison pour
le reste de sa vie.

Le visage contusionné, le prêtre regarde Valjean et déclare :
« En effet. Oui, en effet. Je suis fâché contre toi, Jean Valjean... »
Puis, il ajoute, contre toute attente : « ... parce que tu as oublié
les chandeliers. Pourquoi as-tu oublié les chandeliers ? Ils valent
presque deux mille francs. »

Le gendarme donne alors l'ordre de relâcher Valjean. Ce dernier, cependant, demeure abasourdi par le déroulement des événements. Le prêtre savait qu'il avait volé l'argenterie, et Valjean
savait que le prêtre le savait. Pourtant, non seulement le prêtre
l'a défendu, mais il a même ajouté des objets de valeur dans son

sac. En guise d'explication, le prêtre dit doucement à Valjean : « Et maintenant, n'oublie surtout pas. Ne l'oublie jamais. Tu as promis de devenir un nouvel homme. Jean Valjean, mon frère, tu n'appartiens plus au mal désormais. Au prix de cet argent, j'ai acheté ton âme. J'ai payé la rançon de ta crainte et de ta haine... Je te remets désormais à Dieu. »

Le roman *Les misérables*, raconte comment Valjean devient le « nouvel homme » que le prêtre avait affirmé qu'il deviendrait. La miséricorde du prêtre transforme Valjean du criminel endurci qu'il était, en un homme patient, bon et généreux qui prend soin du pauvre et de l'orphelin. Lui qui a reçu tant de miséricorde, accorde la miséricorde à son tour.

Bien entendu, cela ne résume pas tout l'Évangile. Il faut plus qu'un acte de miséricorde pour transformer nos cœurs. L'Esprit de Dieu doit ouvrir nos yeux à la beauté et à la miséricorde de Dieu en Christ et créer en nous un désir pour ces choses. Mais le point central de Victor Hugo contient un fond de vérité : la miséricorde engendre la miséricorde.

Hugo avait accès à de nombreuses sources d'inspiration dans les Évangiles pendant qu'il travaillait son récit. Dans Matthieu 18.23-25, par exemple, Jésus raconte l'histoire d'un homme qui devait une dette énorme – « dix mille talents » pour être exact. (C'est beaucoup d'argent. Pensez « plan de relance économique ».) Le jour prévu du règlement de la dette arriva, et l'on envoya chercher l'homme pour qu'il paie son dû. Comme il ne pouvait payer, on le jetterait assurément en prison avec sa famille pour qu'il y travaille jusqu'à ce que sa dette soit remboursée. Même si cela impliquait la servitude de générations à venir.

Le débiteur, désespéré, s'agenouilla et se mit à supplier pour qu'on lui accorde plus de temps. Tous ceux qui étaient présents s'attendaient au pire, puisque ce n'est pas en faisant preuve de miséricorde qu'on devient usurier. On appelle les officiers de prêt des «requins», pas des «lapins» ni des «chatons». Si vous ne payez pas, un gaillard dénommé Bruno la brute se présente chez vous, pour vous briser les pouces.

Or, la chose la plus surprenante se produisit. Ce requin du prêt ressentit une émotion que Jésus appelle «*splagna*», un mot grec qui décrit littéralement une compassion qui vient des entrailles. Le texte n'explique pas pourquoi. Peut-être a-t-il pensé à ses propres enfants, ou peut-être s'identifiait-il à l'autre, qui sait? Quoi qu'il en soit, la lèvre inférieure tremblante et les larmes aux yeux, il prononça l'impensable: «Oublie cela, tu ne me dois rien du tout.»

Personne ne pouvait le croire, moins encore celui dont la dette avait été effacée. Pour la première fois de sa vie, il se sentait libre. Il remercia l'usurier abondamment et sortit du palais de justice un homme nouveau. Il courut pour aller chez lui, libre comme l'air, annoncer à sa famille qu'ils avaient été acquittés!

Or, comme il traversait la rue en sortant du palais de justice, il croisa un de ses anciens collègues qui lui devait trois dollars. Il saisit l'homme à la gorge et dit: «Rembourse-moi mes trois dollars.» L'autre lui répondit: «Je suis désolé. J'ai eu une mauvaise semaine. Je n'ai pas d'argent. Je te rembourserai la semaine prochaine.» «Pas question!» cria-t-il. «Paie immédiatement, ou tu iras en prison.»

J'imagine qu'au moment où Jésus racontait cette histoire, certains auditeurs sceptiques ont levé les yeux en disant: «Allez, *aucune personne* qui s'est vu effacer une dette équivalant à plusieurs millions de dollars ne voudrait jeter en prison quelqu'un d'autre pour trois dollars.» C'est exactement l'argument que fait valoir Jésus. Il est inconcevable, après avoir pris conscience de ce que Dieu nous a pardonné, de continuer à vivre sans faire preuve de générosité envers les autres. Si c'est le cas, nous n'avons sûrement pas compris l'ampleur de la miséricorde que Dieu nous a manifestée.

Ceux qui ont vraiment compris l'Évangile le démontrent en devenant semblables à l'Évangile. Une personne imprégnée de la grâce de l'Évangile développe une capacité incroyable de pardon.

> Ceux qui ont vraiment compris l'Évangile le démontrent en devenant semblables à l'Évangile.

Un pardon radical

Mon incapacité à vraiment comprendre la grâce démontrée dans l'Évangile a presque détruit ma vie de couple.

Ma femme et moi sommes mariés depuis huit *merveilleuses* années. En plus de deux autres années, donc dix au total. Or, ces deux premières années ont été difficiles. Je me rappelle quelques mois avant notre mariage, ma femme et moi nous disions triomphalement : «Nous ne nous querellons jamais – nous sommes parfaits l'un pour l'autre!» Et nous ne nous querellions pas. Pas encore. Pendant l'année entière où nous nous sommes fréquentés et même pendant nos fiançailles, je ne me souviens pas d'une seule querelle.

Eh bien, nous nous sommes vite rattrapés au cours des six premiers mois de notre mariage. Désespérés, après de nombreux efforts infructueux les premières années, nous sommes allés consulter un conseiller chrétien en relation d'aide. Il a ouvert sa bible dans 1 Timothée 1.15 où Paul se décrit comme étant le «premier des pécheurs». Le conseiller nous a ensuite demandé si à notre avis, Paul exagérait en affirmant une telle chose. Ma position doctrinale sur les Écritures me poussait à vouloir dire «non», puisque la Bible est infaillible et que Paul n'exagère pas.

Mais comment alors Paul pouvait-il *sincèrement* se considérer un plus grand pécheur que Judas l'Iscariote ou Néron?

N'ayant pas la moindre idée où le conseiller voulait en venir, j'ai répondu: «Je ne sais pas.»

Il a ajouté que l'affirmation de Paul était vraie, puisqu'il se percevait comme étant le plus grand des pécheurs. Paul connaissait mieux son propre péché que ceux des autres. Bien sûr, il savait qu'en théorie plusieurs péchaient autant que lui, mais il était plus conscient de ses propres péchés. Lorsque Paul considérait notre besoin de miséricorde, il pensait d'abord à lui-même, pas aux autres en premier.

Notre conseiller a enchaîné en disant que ma femme et moi considérions chacun l'autre comme étant «le premier des pécheurs». Je voyais clairement le péché de ma femme, mais j'étais inconscient du mien. Si j'avais d'abord compris mon profond besoin de grâce, j'aurais naturellement fait preuve de la même grâce envers elle.

Ses prochains mots ont eu l'effet d'une bombe dans mon cœur: «Quand on croit vraiment à l'Évangile, on se voit d'abord comme pécheur, puis seulement ensuite, comme victime du péché. C'est le problème dans votre relation de couple: vous ne comprenez ni l'un ni l'autre à quel point le pardon que vous avez reçu est grand. Parce que vous n'avez pas vraiment goûté la grâce, vous n'avez pas de grâce l'un envers l'autre. Vous devez revenir à l'Évangile.»

Nos problèmes de couple étaient des problèmes associés à l'Évangile. Ce même après-midi, ma femme et moi avons commencé à explorer plus intimement la grâce qui nous avait été offerte en Christ. Au moyen de cette étude, notre disposition l'un envers l'autre a été transformée du tout au tout. Nous nous sommes considérés d'abord en tant que pécheurs, et seulement ensuite, comme victimes du péché. Ainsi, devenant de plus en plus conscients de notre propre besoin de grâce, nous devenions de plus en plus enclins à démontrer cette grâce à notre tour. Il nous arrive encore de nous blesser ou de nous décevoir. Il nous arrive encore de nous montrer impatients. Mais lorsque je pense à tout ce que Dieu m'a pardonné, pardonner à ma femme ne me semble pas si difficile. Alors que nous nous tenons émerveillés devant l'œuvre du Christ à la croix, il est plus difficile de garder de la rancune l'un envers l'autre.

Tout comme la grâce de Dieu nous transforme, notre grâce transforme les autres

J'ai travaillé à restaurer de nombreuses relations conjugales dans notre Église au fil des ans. Aussi, j'ai remarqué qu'un des obstacles les plus fréquents à la grâce est l'idée que si vous ne vous vengez pas, ceux qui vous ont blessé ne reconnaîtront jamais le mal que leurs actions vous ont causé. Nous nous chargeons d'éduquer notre mari ou notre femme, nos enfants, nos collègues, nos parents, et toute autre personne que nous croisons, quant à leurs erreurs et à la manière dont ils nous ont blessés.

C'est ce que je croyais aussi au cours de nos deux premières années de mariage. Je pensais que le seul moyen de transformer ma femme était de lui faire ressentir le mal qu'elle me faisait. Si je lui faisais autant de mal qu'elle m'en faisait, elle finirait par se repentir.

De plus, je pensais que j'avais le droit de lui faire payer pour les torts qu'elle me faisait. Lorsque nous avons été offensés, un petit diapason céleste retentit au fond de notre cœur, nous signalant que la balance de la justice universelle est déstabilisée. Nous nous sentons presque surhumains lorsque nous réparons une injustice. Nous croyons qu'en rétablissant cet équilibre, tous seront rappelés à l'ordre.

C'est un mensonge. Est-ce de cette manière que Dieu nous a transformés, en nous punissant pour nos péchés? Non. Dieu nous a transformés en déversant sa bonté non méritée sur nous. Lorsque nous l'avons goûtée, nos cœurs ont été transformés.

C'est ainsi que nous aiderons les autres à être transformés. Paul l'explique ainsi :

> Ne vous vengez pas vous-mêmes, bien-aimés, mais laissez agir la colère, car il est écrit : À moi la vengeance, c'est moi qui rétribuerai, dit le Seigneur. Mais si ton ennemi a faim, donne-lui à manger ; s'il a soif, donne-lui à boire ; car en agissant ainsi, ce sont des charbons ardents que tu amasseras sur sa tête. Ne sois pas vaincu par le mal, mais vainqueur du mal par le bien (Romains 12.19-21).

Ma partie préférée de ce passage est celle qui parle de « charbons ardents que tu amasseras sur [la tête] de ton ennemi ». Cela ressemble à ce que je voulais faire à mon ennemi (hum... ma femme) en ce temps-là. Mais Paul ne parle pas d'amasser des charbons ardents sur la tête de l'autre pour lui *faire mal* – cela, après tout, irait contre le sens du passage. Amasser des charbons ardents sur sa tête a pour but de le *réveiller*.

La personne qui reçoit votre gentillesse en échange de son offense est sous le choc, ce qui peut contribuer à la réveiller. Votre bonté à son égard peut lui faire voir l'absurdité de son égoïsme et les bénédictions que procurent une relation saine.

C'est seulement alors, nous dit Paul, que nous vaincrons le mal. Vous ne pouvez vaincre le mal en vous vengeant. Vous ne ferez que le perpétuer. Votre vengeance produira plus de colère chez l'autre, et par conséquent, plus de mal, soit contre vous, soit contre d'autres. C'est en démontrant une grâce extravagante que vous pourrez détruire le mal chez l'autre.

Dieu nous a transformés en déversant sa bonté non méritée sur nous.

Jésus le dit ainsi : lorsque nous avons été offensés, nous devons tendre l'autre joue. Certains croient que ce passage préconise un pacifisme utopique. Quelqu'un vous envoie son poing à la figure, et en vous relevant, vous lui dites : « C'est tout ce que tu as ? Je suis toujours debout ! Allez, frappe-moi encore ! »

Or, dans la pensée juive, la « joue » était le symbole des relations. Un baiser sur la joue était un signe de paix et d'amitié. Frapper quelqu'un à la joue signifiait que vous vous en preniez à la relation même. Être frappé à la joue voulait dire que vos amis vous tenaient pour acquis, vous manquaient de respect, parlaient dans votre dos, faisaient fi de vos besoins.

Or, Jésus dit : « Tendez-leur l'autre joue ». En d'autres mots, offrez-leur la relation à nouveau. Jésus n'a pas dit de leur présenter de nouveau la même joue, comme pour insinuer qu'il faut se laisser frapper de nouveau. Il n'a pas dit non plus de les frapper à notre tour à la joue, comme pour insinuer qu'il faut se venger pour qu'ils aient mal à leur tour. Il a dit : « Tendez-leur l'autre joue[1] ». Offrez-leur de nouveau la bénédiction de la relation. Il se peut que nous devions les affronter là où ils nous ont offensés, mais nous le faisons sans aucun désir de les blesser en retour. Nous absorbons la force de leur coup et leur offrons la gentillesse d'une amitié restaurée.

Tout comme Jésus l'a fait pour nous.

En les confrontant, vous n'essayez pas de leur faire payer leur offense verbalement – de les fouetter de vive voix. Vous les confrontez *pour leur propre bien*, parce que vous êtes attristé par l'effet que produit leur péché sur eux et sur votre relation. Vous le faites avec amour, plus concerné par les conséquences néfastes du péché dans leur vie que sur la façon dont on vous a blessé. Alors qu'ils ont été égoïstes et cruels, vous répondez avec tendresse dans un désir de vous réconcilier. Vous encaissez leur violence et leur offrez la paix. Ce faisant, il se peut que vous les «réveilliez» de leur stupeur destructive.

L'Évangile ne nous enseigne pas à être passifs concernant les péchés des autres. Il nous enseigne à faire preuve de grâce, et ce, de manière énergique. Nous vaincrons le mal par le bien. «Vaincre» est un terme de guerrier. En somme, Paul nous dit : «Faites la guerre au mal, et vainquez-le totalement par la grâce.» Jésus a vaincu le mal en nous par la grâce de la croix. Nous vaincrons le mal que les autres nous font subir en étant pour eux ce que Jésus a été pour nous.

Hommes, nous sommes censés diriger dans ce domaine de notre relation de couple. Lorsque Paul nous dit «d'aimer notre femme comme Christ a aimé l'Église», voici premièrement ce que cela signifie : Christ a aimé l'Église en recevant ses coups blessants et en lui offrant son amour en retour.

Sa grâce envers l'Église a fait plus que la trouver belle : sa grâce l'a embellie. Cette grâce a produit dans l'Église un amour pour lui que les représailles n'auraient jamais pu susciter. C. S. Lewis l'a si bien exprimé : «Le mari jouit d'une préséance sur sa femme de la même manière que le Christ sur l'Église. Il doit l'aimer comme le Christ a aimé l'Église et – lisez bien ce qui va suivre ! – "donner sa vie pour elle" (Éphésiens 5.25). Cette préséance ne s'incarne donc pas pleinement dans le mari que nous souhaiterions tous être, mais dans celui dont le mariage ressemble le plus à une crucifixion, celui dont l'épouse reçoit le plus et donne le moins, celui dont l'épouse est la moins digne de lui et la moins susceptible d'être aimée. Car l'Église a pour seule beauté celle que lui donne son mari : il ne la trouve pas belle, il la rend belle[2].»

Nous embellissons nos femmes en leur témoignant la grâce de la croix. Cela les «purifie par la Parole», et aide à former en elles un caractère semblable à celui de Christ. Christ l'a d'abord fait pour nous ; nous le faisons ensuite pour nos femmes.

Nous répondons à Dieu, non aux autres

Vous me direz sans doute : « Mais cette personne ne *mérite pas* ma grâce. Tu n'as pas la moindre idée à quel point elle m'a blessé. » Avec autant de compassion que possible, je vous réponds : « *Exactement*, voilà le but. »

Nous ne méritions pas la grâce de Dieu lorsqu'il nous a sauvés, non plus. En fin de compte, la personne à qui nous choisissons de pardonner peut ne pas changer dès le moment où nous faisons preuve de grâce envers elle. Nous non plus, nous n'avons pas changé tout de suite. Je ne connais pas beaucoup de gens qui ont cru à l'Évangile la première fois où ils l'ont entendu. Jésus m'a offert sa miséricorde bien avant que je commence à changer. Il est mort pour moi lorsque j'étais encore pécheur (Romains 5.8).

En fait, la personne à qui vous choisissez de pardonner peut ne jamais changer. Et c'est bien ainsi, puisque le pardon offre également un avantage. Il nous permet d'aimer comme Dieu aime. Même si faire preuve de grâce envers une personne ne produit jamais de changement chez elle, le fait de lui avoir pardonné nous transforme nous-mêmes. C'est là l'objectif principal de Dieu en ce qui concerne notre vie terrestre. Paul dit ceci : « Dieu fait tout pour le bien de ceux qui ont de l'amour pour lui. Ceux-là, il les a appelés selon son projet. En effet, ceux que Dieu a choisis d'avance, il a aussi décidé d'avance de les faire ressembler à son Fils [...] » (Romains 8.28,29 ; *Parole de Vie*.)

En fin de compte, je réponds à Jésus, et non à la personne qui se tient devant moi. La personne qui se tient devant moi ne mérite peut-être que je lui réponde avec grâce, mais le Jésus qui a versé son sang et qui a donné sa vie le mérite.

Ainsi... vous attendez le réparateur, et il a deux heures de retard. Lorsqu'il arrive enfin, vous voulez vous abattre sur lui comme les dix plaies d'Égypte. Il est bon de se souvenir, dans de tels moments de frustration, que le retard de ce réparateur n'est rien comparativement au blasphème que nous avons commis contre Dieu. Vous voudrez sans doute signaler son retard au réparateur, mais vous le ferez dans un esprit tout à fait différent. (Note : Cela m'arrive souvent. J'ai remarqué que Dieu semble avoir désigné une armée entière de gens incompétents et négligents pour contribuer à ma sanctification.)

Considérez-vous « d'abord comme pécheur, et seulement ensuite comme victime du péché ». Ainsi, lorsqu'une telle situation se produit, vous aurez une perspective totalement différente quant aux offenses des autres à votre égard.

La marque la plus évidente de la grâce de Dieu dans votre vie est un esprit généreux envers les autres.

Vous devriez méditer quotidiennement sur la grâce de Dieu qui vous a été manifestée en Christ, et prier :

> *« Ce que tu as été envers moi,*
> *je le serai envers les autres. »*

CHAPITRE 8

GÉNÉROSITÉ EXTRAVAGANTE

*« Ce que tu as été envers moi,
je le serai envers les autres. »*

Voilà le mantra du croyant submergé de grâce. Nous avons vu de quelle manière cette dernière engendre en nous un esprit de générosité envers les autres malgré leurs offenses. Mais comment change-t-elle notre attitude par rapport à nos possessions ? À quoi ressemble le rapport à l'argent chez un croyant centré sur l'Évangile ?

Je sais que vous vous attendez probablement à une réponse toute faite, ici. Quelque chose de ce genre : « Peu importe ce que vous donnez... ce n'est pas assez. Il y a des enfants en Inde qui survivent avec trois grains de riz par jour. Sentez-vous coupable et donnez davantage. »

Comprendre l'Évangile suscitera certainement en vous une générosité extravagante. Comment pourrait-il en être autrement ? L'apôtre Paul a dit : « Car vous connaissez la grâce de notre Seigneur Jésus-Christ qui pour vous s'est fait pauvre de riche qu'il était, afin que par sa pauvreté vous soyez enrichis » (2 Corinthiens 8.9). Si nous comprenons tout ce à quoi Jésus a dû renoncer pour nous, comment pourrions-nous ne pas renoncer à nos biens volontairement et joyeusement, afin que d'autres puissent vivre ?

Toutefois, un dilemme se présente. Comment donner autant que Jésus a donné pour nous ? Est-ce possible ? Le Père bien-aimé a détourné ses regards alors que le Fils avait le plus besoin de lui. Aucun de nous ne donnera jamais quoi que ce soit qui puisse se comparer à cela.

Entre outre, la Bible mentionne plusieurs choses que Dieu veut que nous fassions avec notre argent à part le donner (quoiqu'il désire également que nous fassions preuve d'une générosité extravagante). L'argent est un outil qu'il place entre nos mains pour servir à de multiples usages dans nos vies. Par conséquent, ce chapitre constitue un examen un peu plus approfondi de ce que signifie la «générosité centrée sur l'Évangile[1]».

Deux erreurs élémentaires

Je constate que les chrétiens commettent deux erreurs fondamentales quant au fait de donner.

La première est la suivante :

> Dieu exige dix pour cent, puis on peut faire tout ce qu'on veut avec le reste.

En d'autres mots, après que vous ayez payé votre dîme, vous avez fait votre devoir, et vous pouvez poursuivre votre chemin en utilisant les quatre-vingt-dix pour cent qui restent pour vous payer tout ce que votre cœur désire. Pour plusieurs chrétiens, donner le premier dix pour cent est en fait un moyen de faire fructifier le reste. «Apportez à la maison du trésor toute la dîme», disent-ils, «(et vous verrez) si je n'ouvre pas pour vous les écluses du ciel, si je ne déverse pas pour vous la bénédiction, au-delà de toute mesure» (Malachie 3.10).

Pour ces croyants, donner est simplement une manière d'investir pour acquérir encore plus de biens.

Cette position n'est pas seulement incomplète en soi, elle est également loin d'être chrétienne, puisqu'en définitive, leur motivation fondamentale est l'argent. Nous donnons à Dieu pour recevoir plus d'argent de Dieu. C'est vrai que Dieu promet de nous bénir lorsque nous donnons, mais recevoir plus d'argent ne devrait pas être notre motivation première à donner. Nous devrions donner avec reconnaissance en réponse à un Dieu qui nous a tout donné. Lorsque nous donnons à Dieu avant tout dans le but de recevoir plus de lui, nous n'adorons pas Dieu ; nous *utilisons* Dieu (voir 2 Corinthiens 8.6 ; 9.8 ; 1 Timothée 6.6).

> **Nous devrions donner avec reconnaissance en réponse à un Dieu qui nous a tout donné.**

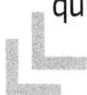

Ce genre de «générosité» n'a rien à voir avec ce qu'évoquait Jésus concernant le fait de «prendre sa croix» et de le suivre. Suivre Jésus signifie que nous utilisons notre vie pour le royaume de Dieu, tout comme il a utilisé la sienne pour nous. Jésus a dit que sa vie était comme une semence qui tombait dans le sol et mourait, pour que la vie puisse en sortir et profiter aux autres. Tout disciple de Jésus devrait considérer sa propre vie de la même manière (Jean 12.24). Jésus n'a pas donné la dîme de son sang pour nous, il l'a donné entièrement. En retour, il est digne du don de notre vie entière. C'est ce qu'il réclame.

Ceux qui offrent leur dîme à Dieu afin de poursuivre leur existence égoïste ne se sont pas encore engagés comme disciples.

À l'opposé, la seconde erreur de l'approche de certains chrétiens quant aux dons est celle-ci :

> Tout ce que vous devriez faire de votre argent, c'est de la donner aux pauvres. Après tout, il y aura toujours des gens pauvres et des

âmes perdues. Par conséquent, vous deviez donner tout ce que vous possédez qui n'est pas nécessaire à votre survie.

Par rapport à nos possessions, j'ai entendu cette attitude décrite comme «une mentalité de temps de guerre». En période de guerre, on se sépare de tout luxe pour pourvoir des ressources pour la guerre. On fond tous vos métaux superflus pour en faire des balles. Tout capital financier devrait donc être utilisé pour nourrir les pauvres et payer les salaires des missionnaires.

Rappelez-vous la scène du film *La Liste de Schindler* où la réalité du nombre effarant de Juifs tués au cours de l'Holocauste s'installe dans l'esprit d'Oskar Schindler (incarné par Liam Neeson). Il regarde sa montre et dit: «Cette montre... Je n'avais pas vraiment besoin de cette montre. Pourquoi ne l'ai-je pas vendue? Cette montre aurait pu libérer deux Juifs...» C'est ainsi que raisonnent les gens qui adoptent cette position.

Celle-ci implique qu'on devrait vivre de manière aussi minimaliste qu'il est humainement possible de le faire et donner tout le reste. On pose alors des questions comme celles-ci:

- «Si vos enfants mouraient de faim, ne sortiriez-vous pas vos économies de retraite pour les nourrir?»
- «Si vos enfants étaient vendus comme esclaves sexuels, ne donneriez-vous pas tout ce que vous avez pour les secourir?»

Je trouve cette position inspirante, et exacte au moins en partie (nous sommes dans une véritable guerre et il y a de véritables victimes; nous ne pouvons l'ignorer). Bien que cette position soit beaucoup plus conforme au Nouveau Testament que la précédente, elle ne reflète pas la pleine perspective biblique concernant l'argent, et sur certains points elle ne se conforme pas à l'Évangile lui-même.

J'ai moi-même prôné cette position pendant une certaine période, et honnêtement, elle m'a conduit au désespoir. Il y avait toujours une autre personne qui avait besoin de Jésus et un orphelin de plus de qui s'occuper. Alors, avais-je vraiment besoin de ce coca avec mon repas ? Ne pouvais-je pas boire de l'eau du robinet et donner ces 1,40 $ aux missions ? Après tout, cet argent allait sans doute aider un orphelin à se nourrir pendant une semaine, n'est-ce pas ? Ou peut-être devais-je m'abstenir complètement d'aller au restaurant ? Et si je mangeais à la maison, devais-je m'en tenir à un régime de riz et de haricots ? Beaucoup d'orphelins n'en avaient même pas. Et avais-je vraiment besoin d'une alliance à mon doigt – du moins, une en or ? J'aurais pu la vendre et donner cet argent pour soutenir les missions. Les rideaux chez moi n'étaient-ils qu'un luxe associé au temps de paix, qui aurait sans doute été mieux utilisé pour faire un pyjama pour un enfant en Inde ?

Corriger notre perspective

J'en suis arrivé à voir quatre erreurs bibliques dans cette attitude : **Premièrement, *cette façon de penser n'a pas de fin*.** Quand assez est-il vraiment assez ? Comme je l'ai mentionné au début de ce chapitre, si quelqu'un compare les sacrifices qu'il a faits à celui de Jésus, ils ne pourront jamais l'égaler. Il a quitté les cieux pour venir sur terre, n'avait pas même d'endroit où reposer sa tête, et a souffert une mort atroce. Il fut abandonné de Dieu. Rien de ce que nous pourrions faire n'égalerait le sacrifice de Jésus.

Pour ce qui est de la mentalité de guerre... eh bien, en temps de guerre, si je n'avais pas de munitions et que l'ennemi venait contre ma famille, je ferais fondre *toutes* mes cuillères et je mangerais avec les mains afin d'avoir des munitions pour défendre mes enfants. J'ai remarqué néanmoins que la plupart des partisans de la perspective « donnez-tout-aux-pauvres » possèdent encore des cuillères. Attachent-ils vraiment plus d'importance à leurs précieuses cuillères qu'aux âmes perdues du Soudan? Sinon, pourquoi ne pas les vendre? Ils pourraient sûrement survivre sans cuillères!

Des croyants sincères promeuvent cette position et nous disent de «dépenser notre argent pour le strict nécessaire uniquement, et de donner tout le surplus». Mais qu'est-ce que le *surplus*, exactement? Si vous mangez autre chose que du riz et des haricots, n'est-ce pas du surplus?

Il y a cinq cents ans, Jean Calvin entrevoyait déjà la trajectoire sans fin de cette perspective. Il écrit:

> Si une personne a commencé à douter qu'il lui soit permis d'avoir des draps, des chemises, des mouchoirs, des serviettes en lin, elle ne saura plus vraiment s'il lui est permis d'utiliser le chanvre, et elle commencera à s'inquiéter, se demandant si elle peut même utiliser une étoffe grossière. Elle se demandera en elle-même si elle ne pourrait pas manger sans serviettes, se passer de mouchoirs. Si quelqu'un se met à penser qu'un aliment un peu plus fin que les autres n'est pas permis, il finira par ne plus oser, la conscience tranquille devant Dieu, manger ni du pain bis ni des aliments ordinaires, sans avoir toujours à l'esprit qu'il pourrait entretenir sa vie avec des aliments encore plus simples. Si cette personne éprouve des scrupules à boire du bon vin, elle n'osera pas, afin d'être en paix avec sa conscience, en boire qui soit piqué ou éventé, ou même boire une eau qui serait meilleure ou plus claire que les autres[2].

Deuxièmement, cette approche suppose que Dieu a besoin de notre argent. Cela ne devrait pas vous surprendre, mais ce n'est pas le cas. Dieu a créé le monde par une simple parole et sans l'aide de quiconque. Il peut produire assez de nourriture pour cinq mille familles à partir de seulement cinq pains et deux poissons. Avec les «deux petites pièces» de la veuve, il peut accomplir plus que les plus riches parmi les riches. Il peut faire apparaître de l'argent dans la bouche d'un poisson lorsqu'il en a besoin. Lorsqu'il le désire, il peut persuader un roi Cyrus de financer la reconstruction de Jérusalem. Croyez-moi, il ne manque pas d'argent. À lui appartiennent toutes les bêtes des montagnes par milliers et il peut les vendre à n'importe quel moment. En aucun temps, il ne nous approche pour nous demander des ressources dont il aurait *besoin* pour accomplir ses desseins.

Cela ne veut pas dire qu'il n'a pas fait des membres de l'Église des co-ouvriers dans sa mission. C'est vrai qu'il a confié les ressources matérielles qu'il veut utiliser pour le salut des nations dans les mains de l'Église. Cependant, dire que Dieu se sert de notre générosité pour accomplir son plan n'est pas la même chose qu'affirmer que Dieu a besoin de notre argent pour y parvenir.

Troisièmement, cette position, malgré tout son vocabulaire spirituel, finit par s'avérer une forme de don « obligatoire ». Nous sommes accablés par un sentiment de culpabilité et donnons pour alléger ce fardeau. Le don centré sur l'Évangile est quant à lui caractérisé par la liberté. Nous donnons avec joie en réponse à la grâce du Christ parce qu'il n'y a rien que nous aimons mieux faire de notre argent que de l'employer à glorifier le Christ et voir son royaume progresser sur terre.

Le Nouveau Testament évite avec soin de prescrire un montant déterminé que les croyants doivent donner. Par exemple, dans l'Évangile selon Luc, à au moins trois reprises Jésus a félicité des donateurs qui offraient des montants différents.

> ... il n'y a rien que nous aimons mieux faire de notre argent que de l'employer à glorifier le Christ et voir son royaume progresser sur terre.

- Dans Luc 18.22, Jésus s'adresse à un jeune homme riche qui occupe une position d'autorité et qui a beaucoup d'argent et lui dit: «Vends *tout* ce que tu as, distribue-le aux pauvres – jusqu'au dernier sou – puis viens et suis-moi.»
- Dans Luc 11, Jésus parle de la façon dont certains donnent et il dit: «Vous payez la *dîme*» (ce qui signifie donner dix pour cent) et ajoute que «c'est là ce qu'il fallait pratiquer» (Luc 11.42).
- Dans Luc 19.9, Zachée donne *cinquante pour cent* et Jésus lui dit: «Aujourd'hui le salut est venu pour cette maison.»

Pour les gens qui ont une personnalité de type A, comme moi, une telle ambiguïté nous fait perdre la tête. «Eh bien, combien dois-je donner, Jésus? Est-ce cent pour cent, dix pour cent ou cinquante pour cent? Jésus, je dois pouvoir cocher une case. Quel est le montant exact que je dois donner pour recevoir une "étoile dorée"?»

L'argument de Jésus est *qu'il n'y a pas de réponse unique...* un esprit généreux n'est tout simplement pas quelque chose qu'on peut cultiver en établissant une norme.

Quatrièmement, cette position est en désaccord avec plusieurs autres enseignements de la Bible par rapport aux desseins de Dieu lorsqu'il nous donne des possessions. Dieu ne nous a pas donné de l'argent simplement dans le but que nous le donnions aux autres. S'il vous plaît, n'interprétez pas cela de travers. Dieu nous donne beaucoup d'argent qui doit également profiter aux autres, c'est-à-dire que nous devons le donner librement. Toutefois, Dieu a aussi d'autres intentions en nous confiant de l'argent que le simple fait de le donner. Selon Paul, Dieu nous donne des bénédictions matérielles pour que nous en jouissions et qu'il en est glorifié. Tout bon père aime faire plaisir à ses enfants en leur offrant des cadeaux. Notre Père céleste agit de même. Le roi Salomon nous enseigne qu'il peut s'avérer prudent d'épargner et que les hommes pieux laissent souvent de l'argent même aux enfants de leurs enfants.

La matrice de la générosité

Nous aimons les règles, les formules, et les préceptes définis noir sur blanc. Pour ce qui est de l'argent par contre, la Bible nous offre des valeurs complémentaires qu'un cœur centré sur l'Évangile tient en équilibre.

Je vois au moins six principes bibliques concernant l'argent que nous devrions nous efforcer d'appliquer simultanément. *N'importe lequel de ces principes, employé de manière isolée, vous fera perdre l'équilibre.* Tenir ces six principes en équilibre, par contre, vous mènera à une générosité extravagante tout en vous permettant d'apprécier humblement les bénédictions de Dieu. Les voici.

1. Dieu donne un surplus à certains, afin qu'ils le partagent avec ceux qui en ont moins

Dans 2 Corinthiens 8.13-15, Paul a recours au récit de la manne donnée aux Israélites dans le désert pour expliquer que Dieu donne en surplus à certains afin qu'ils le partagent avec d'autres. Si ma femme préparait le repas de notre fillette, et qu'elle mettait deux sandwiches dans son sac-repas sachant qu'un enfant de sa classe n'a rien, nous voudrions qu'elle le lui donne lorsqu'elle en aurait l'occasion. Nous ne voudrions pas qu'elle accumule les surplus dans un coin au cas où nous oublierions de lui préparer un repas le jour suivant. De toute évidence, nous n'oublierons pas. Dieu agit de même avec nous. Il donne en surplus à certains aujourd'hui afin qu'ils le partagent aujourd'hui avec ceux qui en ont besoin aujourd'hui. Il ne nous oubliera pas demain.

À plusieurs endroits, l'Ancien Testament parle de la responsabilité des croyants envers les pauvres. Jacques dit que si nous voyons un frère souffrir et ne l'aidons pas avec nos ressources, alors nous ne sommes pas vraiment croyants. Le livre des Actes relate que dans l'Église primitive, «il n'y avait parmi eux aucun indigent; tous ceux qui possédaient des champs ou des maisons les vendaient, apportaient le prix de ce qu'ils avaient vendu et le déposaient aux pieds des apôtres; et l'on distribuait à chacun selon qu'il en avait besoin» (Actes 4.34,35).

En conséquence, ceux qui ont plus devraient donner avec libéralité à ceux qui ont peu. C'est la raison même pour laquelle Dieu a donné plus à certains. Nous devrons lui rendre compte de ce que nous faisons de l'abondance dont nous jouissons. Partager avec les pauvres est autant notre devoir que notre privilège[3].

2. La générosité radicale de Jésus à notre égard sert de modèle et de motivation à notre générosité radicale

Dans 2 Corinthiens 8 – 9, Paul explique plus en détail aux Corinthiens que la générosité de Jésus envers eux devrait constituer le modèle quant à leur générosité envers les autres.

Comme je l'ai dit plus tôt, Jésus n'a pas simplement versé la dîme de son sang: il l'a versé en entier. Alors que Dieu nous donne de plus en plus d'aptitudes pour gagner de l'argent de même qu'une position plus influente, nous devons employer cet argent et cette influence comme Jésus l'a fait: non pas pour hausser notre niveau de vie, mais notre niveau de partage. Nous devrions considérer la vie comme Jésus l'a fait, dit Paul. Jésus a utilisé sa position et ses ressources pour nous sauver plutôt que pour prospérer. Par conséquent, nous devrions employer notre prospérité pour la cause de l'évangélisation du monde, pas uniquement pour poursuivre nos intérêts égoïstes. Paul dit que Dieu multiplie nos ressources financières *dans le but* de «fournir la semence au semeur» (2 Corinthiens 9.10).

Comment une personne qui a goûté l'amour extravagant du Christ peut-elle encore être avare de ses ressources? Sa compassion envers nous ne nous incite-t-elle pas d'emblée à aider ceux qui sont dans le besoin? Si un individu a un besoin que nous sommes en mesure de combler, comment nos cœurs peuvent-ils rester insensibles? Comment ne pas aimer l'orphelin, la veuve, la personne isolée et le sans-abri, sachant que nous étions autrefois sans Père, éloigné de lui, impuissant, nous dirigeant tout droit vers la séparation éternelle d'avec Dieu?

> Comment pouvons-nous dire que nous aimons les autres et ne pas offrir nos vies de sorte qu'ils entendent eux aussi?

Comment pouvons-nous dire que nous aimons les autres et ne pas offrir nos vies de sorte qu'ils entendent eux aussi? Un jour, j'ai partagé l'Évangile avec une fille nommée Rhonda. Après avoir discuté pendant un certain temps, elle m'a dit: «Je ne pourrais jamais croire ce que tu crois. Cela bouleverserait toute ma vie.» Je lui ai demandé pourquoi et elle m'a dit: «Si je croyais ce que tu crois – que mes amis sont condamnés et que leur salut ne se trouve qu'en Jésus – j'irais voir chacun d'eux et au fait chaque personne que je croiserais, et les *supplierais* à genoux de croire en Jésus. Je continuerais à plaider, à pleurer, jusqu'à ce que tous croient.» Ressentons-nous ces mêmes sentiments envers ceux qui sont perdus?

Paul, qui a tant parlé de la liberté de la vie chrétienne, affirmait qu'il ressentait «le vif désir» de parler du Christ à ceux qui ne le connaissaient pas (Romains 1.14-17). Dieu dans sa grâce s'était révélé à Paul: comment pouvait-il ne pas mettre sa vie au service des autres? Mettez-vous votre vie au service des autres comme Jésus l'a fait pour vous?

3. Le Saint-Esprit doit nous guider quant aux sacrifices précis que nous sommes personnellement appelés à consentir

Dans les milieux à tendance plutôt baptistes et réformés dans lesquels j'évolue principalement, les gens n'ont pas une idée très précise de ce que fait concrètement le Saint-Esprit à part régénérer nos cœurs et nous convaincre de péché.

Je ne tenterai pas ici d'aborder ce sujet de manière exhaustive[4], mais je crois que le Saint-Esprit nous guide activement. En fait, pour ce qui est de la générosité, je dépends de sa direction. Comment savoir dans quelles priorités célestes investir mes ressources limitées ?

Je n'entends pas de voix me parler et je ne me fie pas trop aux « saintes impressions », mais je crois que le Saint-Esprit doit nous montrer dans laquelle de ses priorités nous devrions nous impliquer. Sans cette direction, je ne sais ce que je ferais. Je me sentirais appelé dans toutes les directions en même temps.

De nouveau, ce principe isolé des autres suscite un déséquilibre. Ainsi, si vous donnez seulement parce que le Saint-Esprit vous « le commande », votre don ne vient pas par conséquent d'un cœur débordant de gratitude. Vous vous contentez d'obéir aux ordres. Rappelez-vous que Dieu ne désire pas que les gens donnent seulement parce qu'ils le doivent. Il désire que les croyants se lèvent spontanément et joyeusement lorsque l'occasion se présente d'exercer leur générosité.

4. Dieu se réjouit lorsque nous prenons plaisir en ses dons matériels

J'aime faire plaisir à mes enfants en leur offrant des cadeaux. Dieu aussi. À vrai dire, les Écritures nous décrivent Dieu comme le Papa par excellence (Luc 11.11,12). Il aime nous faire plaisir par toutes sortes de bénédictions. Dans 1 Timothée 6.17, après avoir rappelé aux riches leurs responsabilités envers les autres, Paul déclare que c'est «Dieu qui nous donne tout avec abondance, pour que nous en jouissions». Dieu nous offre des bénédictions matérielles en cadeau, et il est glorifié lorsque nous les apprécions. Les Écritures soulignent ce fait à de nombreuses occasions. Par exemple,

- Le Psaume 104.15 dit qu'il nous donne le pain et le vin (ou plutôt du jus de fruits, pour nous, les baptistes), et pas seulement pour nourrir nos corps. Un steak cuit sur le gril glorifie également Jésus. Gloire à Dieu!
- Dans Jean 2.1-11, nous lisons que Jésus a créé du très bon vin aux noces de Cana. Il aurait pu en faire une version diluée, bon marché et banale : du vin de «temps de guerre». De nouveau, pour mes confrères baptistes pour qui cette analogie du vin ne veut pas dire grand-chose, c'est un peu comme aller avec Jésus à une réception de mariage où l'on n'a plus de petits sandwiches au jambon, et où Jésus les remplacerait par un buffet de côtes de bœuf et de crevettes. En somme, Jésus a donné de bonnes choses aux invités de la fête parce qu'il *aimait* la création du Père et *savait* que nous glorifions Dieu en jouissant de ces bonnes choses.
- Le récit de Néhémie 8 rapporte que le peuple, cherchant à exprimer sa gratitude d'avoir «redécouvert» la loi, a eu comme premier réflexe de pleurer. Cependant, Esdras et Néhémie *ont repris* le peuple en leur disant: «Allez, mangez des viandes grasses, buvez des liqueurs douces et envoyez des parts à ceux qui n'ont rien de prêt, car ce jour est consacré à notre Seigneur; ne vous affligez pas, car la joie de l'Éternel est votre force» (Néhémie 8.10). Dieu désirait dans ce cas qu'ils expriment leur reconnaissance par des festivités grandioses. N'auraient-ils pas pu simplement

grignoter des épis de maïs et des légumes et boire de l'eau et donner le reste de leurs ressources aux pauvres? Bien sûr. Mais à ce moment, Dieu voulait qu'ils festoient.

• Lorsque la femme a oint les pieds de Jésus, selon Jean 12, Judas s'est opposé parce que le prix du parfum versé sur les pieds de Jésus était l'équivalent de vingt-cinq mille dollars, et manifestement, ce montant aurait pu permettre d'acheter beaucoup de nourriture pour les pauvres! Mais Jésus n'a pas répliqué: «Tu as raison, Judas... Marie, allez, nous sommes en guerre... Tu aurais dû "faire fondre les métaux" pour fabriquer des munitions.» Jésus se réjouit plutôt de cette démonstration extravagante, somptueuse, luxueuse, d'amour. Peut-être montrerez-vous une certaine réserve en disant: «Bien sûr, mais oindre les pieds de Jésus n'est pas la même chose que de dépenser quatre dollars pour un *macchiato* au caramel pour nous-mêmes alors qu'on pourrait boire de l'eau et donner cet argent aux missions.» Vous avez raison, bien sûr, mais ne manquez pas le point central: *Jésus reconnaissait d'autres fins à l'argent que de le donner pour aider les missionnaires et les pauvres*[5].

Une fois de plus, si vous séparez ce principe des cinq autres, vous ne serez plus tout à fait équilibré. «C'est [Dieu] qui nous donne toutes choses généreusement pour que nous en profitions» et «il n'a pas besoin de mon argent» sont deux raisonnements qui peuvent facilement être utilisés pour justifier un style de vie caractérisé par l'égoïsme et les excès. Mais vous pouvez (et devriez!) reconnaître la bonté paternelle de Dieu envers vous dans vos bénédictions matérielles[6].

Vous n'avez pas à vous sentir coupable de gagner beaucoup d'argent. Vous n'avez pas à vous sentir coupable de profiter de certaines des bénédictions que cet argent peut vous procurer.

Paul a dit qu'il n'avait pas seulement appris à vivre dans l'humiliation; il savait aussi vivre dans l'abondance (Philippiens 4.11-13). Certains chrétiens semblent savoir comment vivre dans la disette, mais pas dans l'abondance. Nous devons apprendre à accepter autant la souffrance que la prospérité de la main de Dieu. Larry

> **Nous devons apprendre à accepter autant la souffrance que la prospérité de la main de Dieu.**

Osborne dit ceci : «Lorsque Dieu me bénit tel Abraham, je le remercie, je m'en réjouis et je partage généreusement. Lorsque je me sens comme Job (le prophète de l'Ancien Testament), je le remercie, je continue à mettre ma foi en lui et à être en communion avec lui. Par la grâce de Dieu, je sais comment glorifier Dieu dans l'abondance comme dans la disette. Je puis tout par [Christ] qui me fortifie[7].» Je crois que c'est justement ce que Paul veut dire dans ce verset.

5. Dieu, et non l'argent, devrait être notre principale source de beauté et de sécurité

Plusieurs d'entre nous économisons de l'argent de façon obsessive pour les «mauvais jours», d'autres dépensent de l'argent de façon frivole pour acquérir les symboles de réussite et de confort matériel dernier cri. Pour les uns, l'argent constitue la principale source de sécurité; pour les autres, la principale source de beauté.

À ceux qui placent leur sécurité dans l'argent, Jésus dit : «Regardez les oiseaux du ciel. Ils n'économisent pas d'argent, et pourtant Dieu en prend soin» (Matthieu 6.26, paraphrase de l'auteur). Dieu peut prendre soin de vous mieux que l'argent ne le pourra jamais. Ne vous inquiétez donc pas du lendemain, puisque Dieu est une meilleure source de sécurité que l'argent.

À ceux qui voient en l'argent leur source de beauté, Jésus déclare : «Considérez les lys des champs. Ils ne dépensent pas d'argent, et pourtant Dieu les fait si beaux... même Salomon dans ses jours de gloire n'était pas aussi beau que ces fleurs!» (Matthieu 6.28,29, paraphrase de l'auteur.)[8] En d'autres mots, Dieu confère la beauté, la joie et un sens à votre vie que l'argent serait incapable de vous procurer. Par conséquent, vous n'avez pas besoin de dépenser tout cet argent pour essayer d'ajouter toutes ces choses à votre vie. Laissez Dieu devenir votre source de beauté et de sécurité.

Lorsque nous cessons de considérer l'argent comme notre principale source de beauté et de sécurité, il va sans dire que nous en aurons plus à donner. Les chrétiens qui adorent Dieu, et non l'argent, ont besoin de bien moins de choses du monde pour être heureux et se sentir en sécurité. Ils peuvent, comme nous aimons le dire dans notre Église, avoir *suffisamment* pour vivre et donner *de manière extravagante*.

De plus, Jésus nous a aussi dit que si nous comprenons ce qui se produira à la résurrection, nous considérerons les trésors célestes comme de bien meilleurs investissements que les trésors terrestres. À la résurrection, nous vivrons pleinement les bénédictions de la création. Nous n'avons donc pas à les vivre toutes ici-bas. Ce que nous n'avons pas l'occasion de vivre ici-bas, nous le vivrons là-haut en version céleste. Ainsi, vous n'avez pas la chance de prendre des vacances dans les Alpes? Et alors? Avez-vous la moindre idée de ce que sera la version céleste des Alpes? Si le corps ressuscité de Jésus était reconnaissable, pouvait être touché, manger du poisson et même passer à travers des murs, à quoi ressemblera l'ensemble de la création «ressuscitée»? Pas besoin de voyager en classe économique là-haut pour voir les Alpes. D'ailleurs, vous n'aurez sans doute pas même besoin de prendre l'avion. Peut-être pourrez-vous vous-même voler. Ainsi, Jésus nous encourageait à voir plus loin et à employer nos ressources de manière à les investir pour l'éternité (Matthieu 6.19-22). Comme le dit Randy Alcorn : « Tout trésor accumulé sur la terre restera derrière nous lorsque nous la quitterons. Tout trésor accumulé au ciel y attend d'ores et déjà notre arrivée[9]. »

Alors que le royaume de Dieu devient notre trésor, donner avec joie devient notre réponse habituelle.

6. Il peut être sage d'investir

Dieu dit qu'il est bien, même avisé, de s'enrichir. Considérez ces instructions claires des Proverbes :

- « La couronne des sages, c'est leur richesse » (Proverbes 14.24).
- « Les biens mal acquis diminuent, mais celui qui amasse peu à peu les augmente » (Proverbes 13.11).
- « Va vers la fourmi, paresseux ; considère ses voies [...] elle prépare en été sa nourriture, elle amasse pendant la moisson de quoi manger » (Proverbes 6.6-8).

Salomon va même jusqu'à dire dans Proverbes 13.22 qu'un homme de bien transmet un héritage dont bénéficient ses petits-enfants[10]. Dieu s'attend à ce qu'à leur mort, certains croyants laissent derrière eux des sommes considérables.

En fait, vous enrichir peut parfois *accroître* votre générosité. Avoir de l'argent à votre portée vous permet de faire preuve de générosité de manière stratégique lorsque l'occasion se présente. Certains des premiers chrétiens avaient des maisons assez grandes pour y tenir les réunions des premières assemblées, ce qui était une bonne chose puisqu'ils étaient chassés de partout. Le bon Samaritain était en mesure de donner de l'argent à l'homme qui en avait besoin, justement parce qu'il en avait de surplus.

En outre, le principe de base de l'économie est que l'argent génère de l'argent. Par l'intérêt composé qui s'accumule sur des sommes importantes, vous pourriez donner plus d'argent au cours de votre vie entière en l'investissant sagement que vous ne le pourriez en donnant tout votre argent à mesure que vous en recevez. Les Proverbes enseignent ce principe, et Jésus le fait également dans la « parabole des talents » (voir Matthieu 25.14-30). Par conséquent, investir une partie de votre argent est parfois une décision plus généreuse que de le donner au complet maintenant.

Ici encore, ce principe appliqué seul (sans être équilibré par les autres) incite à amasser des richesses pour soi-même, chose que les Écritures condamnent manifestement (Jacques 5.1-5). Nous devons équilibrer l'économie responsable et le don généreux. Des gens se meurent *en ce moment*, et nous devons être généreux envers eux *maintenant*, pas seulement à notre mort.

De toute évidence, la Bible enseigne qu'on peut économiser de l'argent d'une manière qui honore Dieu.

Combien les chrétiens devraient-ils donner ?

Vous attendiez le point final. La nature humaine déchue aime les règles, parce que nous aimons pouvoir nous justifier. Or, les règles nous empêchent de faire face au véritable problème : notre cœur. Les règles sont également plus faciles à prêcher – qu'il s'agisse de donner dix pour cent ou tout surplus, de vivre avec le revenu américain moyen par foyer en donnant tout le reste, d'utiliser un ordinateur Windows plutôt qu'un Mac, de boire du café de moindre qualité plutôt qu'un produit « haut de gamme », etc. Les règles se prêchent facilement. Toutefois, les auteurs des Évangiles résistent à la tentation de réduire le christianisme à une série de règles. Ils se concentrent sur le cœur.

C'est pour cette raison, je crois, que la Bible nous donne la matrice de ces six principes et les laisse, d'une certaine manière, non résolus. Ces six principes seront tous à l'œuvre dans un cœur imprégné de l'Évangile. Alors, résistons à la tentation d'ajouter des spécifications que la Bible n'a pas jugé bon d'ajouter.

Les plus grandes questions que nous devons nous poser par rapport à l'argent sont celles qui ont rapport au cœur...

Les plus grandes questions que nous devons nous poser par rapport à l'argent sont celles qui ont rapport au cœur, comme les suivantes :

Que révèlent vos habitudes de dépenses au sujet des choses que vous aimez ?

Lorsque vous recevez un montant d'argent inattendu, votre cœur considère-t-il d'abord ce que vous voulez vous acheter, ou le salut et la santé que cette somme pourrait procurer à d'autres ? Que révèlent vos habitudes de dépenses sur les choses que vous aimez ?

Prenez un instant pour vraiment analyser votre chéquier. Les dépenses qui y sont enregistrées reflètent ce que vous aimez.

Que révèlent vos habitudes d'économie concernant votre recherche de sécurité ?

En qui mettez-vous votre confiance pour prendre soin de votre avenir ? Avez-vous vraiment besoin d'*économiser* autant ? Des gens souffrent *en ce moment* – *et* Dieu vous a donné les ressources nécessaires pour les aider *maintenant*. Ne pourrions-nous pas économiser modestement et donner de manière extravagante ? Ne pouvons-nous pas dépendre du Dieu qui prend soin de nous aujourd'hui pour qu'il prenne également soin de nous demain ?

Quel royaume bâtissez-vous ?

La question la plus fondamentale que chaque disciple du Christ devrait se poser est celle-ci : Quel royaume constitue son objectif *principal*? Cessez un peu de penser à la somme que vous donnez et pensez plutôt au royaume auquel vous aspirez. Suivre Jésus signifie considérer votre vie comme une semence qui doit être plantée pour le royaume de Dieu.

Alors, posez-vous cette question : *comment avez-vous employé la plus grande partie de vos ressources jusqu'à maintenant dans votre vie? Comment employez-vous vos talents maintenant pour le royaume de Dieu? Dans quel domaine avez-vous dépensé le plus d'argent jusqu'à maintenant? Où se trouve votre plus grand trésor?*

S'éveiller du « rêve américain » à la « réalité de l'Évangile »

Les chrétiens américains vivent dans une culture saturée de ce qu'on appelle couramment le «rêve américain». Ce dernier est une bonne chose à la base. Il comportait une promesse de liberté – celle de vivre et de prospérer sans restrictions de la part du gouvernement ou de la société.

Je suis très reconnaissant de vivre dans un pays où il est relativement facile de s'enrichir. J'ai vécu outre-mer sous des dictatures et visité plusieurs pays communistes. Croyez-moi, j'aime beaucoup le rêve américain.

Mais étant disciple du Christ, ce qui a le plus d'importance est ce que je fais de la richesse que permet le «rêve américain». Jésus ne m'a pas placé ici-bas pour que je cherche uniquement mon bien-être. J'y suis afin de mettre mes bénédictions, incluant le «rêve américain», à profit pour la cause de l'Évangile.

Les gens qui meurent sans Christ vont en enfer pour l'éternité. Nous sommes le seul moyen par lequel ils peuvent entendre l'Évangile. Nous sommes en pleine guerre spirituelle, et les victimes sont réelles. Nous devons nous éveiller du «rêve américain» à la réalité de l'Évangile.

Nous n'avons qu'une vie à vivre, et peu de temps pour ce faire. Par conséquent, nous devons employer nos vies selon leur plein potentiel. La réalité suivante donne à réfléchir: bientôt, nous nous tiendrons devant le Roi Jésus, et nous rendrons compte de ce que nous avons fait avec ce qu'il a placé entre nos mains.

Oserions-nous prendre les ressources qui nous ont été confiées par un Sauveur qui a versé son sang et est mort pour nous dans le seul but d'acquérir une foule de privilèges et d'avantages qui n'ont pour toute utilité que de nous rendre la vie plus agréable?

Je vous mets au défi d'exprimer la troisième partie de la prière axée sur l'Évangile concernant vos ressources et de suivre la direction que Dieu vous indiquera.

Je vous avertis: cette prière, formulée en toute sincérité, comporte un certain risque, car elle pourrait transformer votre vie de manière radicale. Toutefois, si l'on considère l'enjeu, à savoir Jésus, l'Évangile et les âmes perdues partout dans le monde, ce risque en vaut la peine.

> *«Ce que tu as été pour moi,*
> *je le serai pour les autres.»*

CHAPITRE 9

MISSION URGENTE

L'Évangile nous pousse à répondre aux autres de la même manière que le Christ nous a répondu. C'est pourquoi nous prions : « *Ce que tu as été pour moi, je le serai pour les autres.* »

Nous avons vu d'abord que l'Évangile change la manière dont nous pardonnons aux autres et ensuite, qu'il nous incite à employer nos ressources pour les bénir. Je veux maintenant parler de la manière dont il nous envoie aux extrémités de la terre.

Au début, lorsque je me suis abandonné à Jésus, je lui ai dit que je ferais tout ce qu'il me demanderait de faire. J'avais simplement besoin de quelques instructions. J'attendais toujours une sorte d'expérience semblable au « chemin de Damas », où Dieu m'éjecterait hors de ma voiture pour me partager « le plan », ou du moins, qu'il l'épelle à l'aide des lettres de mes céréales Cheerios. Un peu quelque chose du genre : « J. D., vas porter l'Évangile en Afghanistan. » Mais rien de semblable ne s'est produit. Pas de lumières éblouissantes. Pas de voix. Tout ce que mes Cheerios continuaient à épeler, c'était « ooooooooooooo ».

J'ai donc choisi une carrière dans laquelle je pensais pouvoir réussir et j'ai commencé dans cette voie. Mais au cours de ma deuxième année d'université, j'ai été frappé par les paroles de Romains 2.12 : « Tous ceux qui ont péché sans la loi périront aussi sans la loi, et tous ceux qui ont péché sous la loi seront jugés par la loi. »

Dans l'épître aux Romains, Paul démontre que la foi en Jésus est nécessaire au salut, que les gens ont besoin d'entendre parler de Jésus pour pouvoir mettre leur foi en lui, et que nous sommes les seuls à pouvoir l'annoncer. Dans Romains 2.12, Paul explique que même ceux qui n'ont jamais entendu parler de Dieu devront lui rendre des comptes, car Dieu s'est révélé à eux de manière suffisante à la fois dans leur conscience et dans la splendeur de sa création. Ils n'ont peut-être jamais entendu parler de Jésus, mais ils savent qu'il y a un Dieu, et ils ont rejeté son autorité et sa gloire. Nous tous, religieux ou pas, avons rejeté Dieu. Pour cette raison, nous sommes tous condamnés. Donc, conclut Paul, notre seul espoir est une « deuxième chance » non méritée qui vient en entendant l'Évangile.

Il m'est difficile de décrire ce qui s'est passé ce matin-là, alors que je lisais ce verset. C'est comme si cette vérité devenait soudain réelle. Je l'avais comprise avant, de manière propositionnelle, mais pour la première fois de ma vie, j'en ressentais tout à coup le poids. Un peu comme lorsque vous fixez une de ces images « œil magique » en trois dimensions qui apparaît soudain très clairement lorsque vous croisez les yeux de la bonne façon. La réalité de nations entières qui périssaient, n'ayant jamais entendu parler de Jésus, a saisi mon âme.

> La réalité de nations entières qui périssaient, n'ayant jamais entendu parler de Jésus, a saisi mon âme.

Voyez-vous, le tiers de notre monde tout au plus est chrétien. Bien sûr, c'est en comptant tous ceux qui se déclarent eux-mêmes chrétiens. Cela signifie *qu'au moins* 4,5 milliards de personnes sont, de leur propre aveu, non chrétiennes et par conséquent séparées de Dieu. Le Joshua Project, un organisme de recherches sur les missions chrétiennes, affirme que parmi ces 4,5 milliards, au moins 2,25 milliards ont peu ou pas d'accès à l'Évangile. 2 250 000 000. *Personnes.*

C'est facile de se perdre dans les statistiques. Joseph Staline a déjà déclaré : « La mort d'une personne est une tragédie. La mort d'un million de personnes n'est qu'une statistique. » C'est une affirmation troublante venant d'un fou, mais elle détient une part de vérité. Les statistiques sont écrasantes. Toutefois, lorsque nous faisons face à la mort d'une personne, nous éprouvons de la compassion, car nous voyons en cette personne notre propre reflet. Nous nous identifions à sa douleur.

Or, ces 2,25 milliards d'individus ont été créés à l'image de Dieu, tout comme vous et moi. Ils ont les mêmes besoins, désirs et douleurs que vous et moi. Chacun est le fils ou la fille de quelqu'un. Plusieurs sont le père ou la mère de quelqu'un. Ils connaissent la solitude et la peur.

À mesure que je ressentais toute la lourdeur de ce que signifiaient 2,25 milliards de *personnes* perdues sans Dieu, je me sentais étouffé. Je suis resté là, assis, bouche bée.

Il ne me semblait pas convenable de poursuivre ma routine quotidienne, essayant de réaliser mes rêves, jusqu'à ce que Dieu me révèle ce qu'il attendait de moi. Nous savons tous ce qu'il attend de nous. Imaginez que vous marchiez près d'une voie ferrée et que vous aperceviez un jeune enfant étendu sur les rails, blessé, et incapable de bouger. Si vous prenez cet enfant, vous le sauvez ; sinon, il mourra. Que feriez-vous dans ce cas ? Vous contenteriez-vous de vous agenouiller et de prier que Dieu vous révèle sa volonté, attendant de ressentir ce grand élan de tendresse qui confirmera que c'est sa volonté que vous sauviez l'enfant ? Bien sûr que non ! Vous connaissez sa volonté. Sauvez l'enfant !

Pour ce qui est des peuples non évangélisés du monde, nous connaissons la volonté de Dieu : « Le Seigneur [...] ne veut pas qu'aucun périsse, mais [il veut] que tous arrivent à la repentance » (2 Pierre 3.9). Les gens parlent de « chercher » la volonté de Dieu. Or, sa volonté n'est pas vraiment « perdue ». Sa volonté, c'est que les âmes perdues entendent l'Évangile et soient sauvées.

Ce matin-là, confronté à cette réalité, j'avais trois options :

1. *Je pouvais la nier.* Je pouvais nier l'enseignement pourtant clair de l'épître aux Romains selon lequel les gens sont perdus jusqu'à ce qu'ils entendent parler de Jésus et croient en lui. Choisir à votre gré les vérités bibliques auxquelles vous voulez croire est du « libéralisme ». Vous adaptez ainsi la Bible à vos préférences personnelles. Mais la Bible n'est pas un buffet où l'on choisit ce qu'on prend ou ce qu'on laisse. Vous et moi ne jugeons pas la Bible ; c'est elle qui nous juge. Le chemin du libéralisme est un cul-de-sac.

2. *Je pouvais l'ignorer.* Je pouvais m'enfouir la tête dans le sable et ignorer le fait que des milliards de gens autour de moi sont perdus. Je pouvais poursuivre mes habitudes, attendre que Jésus m'emporte au paradis tout en me concentrant sur mon bien-être. Or, comment pouvais-je agir ainsi maintenant que je savais tout cela ? Ignorer la réalité ne la change pas.

   Malheureusement, je crois que c'est ainsi qu'agit la grande majorité de l'Église évangélique en ce qui concerne leur connaissance du ciel et de l'enfer. Nous poursuivons le train-train quotidien comme si l'enfer n'existait pas ou comme s'il n'y avait pas 2 250 000 000 personnes qui n'auront jamais l'occasion d'entendre l'Évangile sauf si nous l'annonçons. Nous jouons alors que des gens périssent.

3. *Je pouvais l'accepter.* Je savais que ce serait radical. Une telle réalité donnait une nouvelle orientation à ma vie, totalement différente.

J'ai choisi la troisième option. Ce matin-là, ma prière concernant la volonté de Dieu pour ma vie a changé. J'ai cessé de demander : «*Dieu, si tu l'écris avec mes Cheerios, j'irai*». Et j'ai plutôt prié : «*Dieu, me voici. Envoie-moi. Utilise ma vie, autant que possible, pour porter le salut à d'autres.*»

Je crois que tout disciple de Jésus devrait faire cette prière. Non pas : «Dieu, si tu me demandes de manière surnaturelle d'aller vers les âmes perdues, je le ferai.» Au fond, c'est une prière insensée, puisque Dieu nous a déjà révélé sa volonté pour le monde. Nous prierons alors plutôt qu'il nous dirige vers notre rôle précis. Il va sans dire que nous devons nous impliquer dans le Grand Mandat. La question consiste plutôt à savoir *comment*.

Dieu a exaucé ma prière en me permettant de passer un certain temps outre-mer parmi l'un des peuples non évangélisés du monde, et maintenant il me permet d'être pasteur d'une assemblée qui envoie des centaines d'étudiants et de jeunes adultes chaque année pour proclamer le nom du Christ là où il est encore inconnu.

Chaque disciple de Jésus devrait demander à Dieu d'utiliser sa vie de toutes les façons possibles pour l'avancement de son royaume. Les missions outre-mer ne seront pas la réponse de Dieu pour tous. Mais si nous avons réellement goûté l'Évangile, nous demanderons à Dieu de nous utiliser dans sa mission. Nous lui dirons : «Seigneur, que ma vie soit une semence pour les autres, comme ta vie l'a été pour moi et fut enterrée. Que mes rêves meurent afin que d'autres puissent vivre. Montre-moi comment investir ma vie efficacement pour toi et non pour moi. *Ce que tu as été pour moi, je le serai pour les autres.*»

Réfléchissez: pourquoi ne voulons-nous pas faire cette prière? Selon Paul, nous sommes dans la même situation que beaucoup de gens qui refusent d'accepter cette mission (Romains 10.14-17)[1]. Martin Luther disait qu'il n'aurait servi à rien que Jésus soit mort mille fois, si personne n'en avait entendu parler. Nous sommes le seul moyen par lequel tous peuvent l'entendre.

Rappelons-nous cependant, pour éviter de nous charger d'un fardeau trop lourd à porter, que l'œuvre du salut, du début à la fin, est l'œuvre de Dieu. Dieu ne nous a pas simplement confié la tâche du Grand Mandat à sa place pour que nous allions l'accomplir nous-mêmes. Tout comme il est le seul qui peut sauver, il est aussi le seul qui peut donner la capacité et les ressources pour accomplir la mission. Après avoir clairement démontré que personne ne peut être sauvé si nous n'annonçons pas l'Évangile, Paul ajoute : «Et comment y aura-t-il des prédicateurs, s'ils ne sont pas *envoyés*?» Remarquez qu'il ne dit pas : «Et comment y aura-t-il des prédicateurs, si nous n'y allons pas?» Mais plutôt : «Comment y aura-t-il des prédicateurs, s'ils ne sont pas *envoyés*?» Paul se confie toujours en Dieu pour l'accomplissement de son œuvre. Le Saint-Esprit doit nous envoyer pour que notre service soit vraiment utile. L'Esprit Saint nous oint, nous envoie, et nous équipe. Ce faisant, il nous utilise, ainsi que nos ressources, mais ne confondez pas le fait qu'il accomplit son œuvre *à travers* nous, avec la notion qu'il nous demande de le faire *à sa place*. Il nous fait la promesse qu'il bâtira son Église à travers nous, mais il ne nous a pas chargés de la bâtir à sa place[2].

Ainsi, le maillon faible de la chaîne qui consiste à envoyer, aller, prêcher, entendre, et croire n'est pas

> Il nous fait la promesse qu'il bâtira son Église à travers nous, mais il ne nous a pas chargés de la bâtir à sa place.

que Dieu n'envoie personne. C'est plutôt lorsqu'il s'agit d'«aller». Lorsque nous nous présentons à Dieu, prêts à aller, soyez assurés qu'il est prêt à nous envoyer.

C'est ce que j'ai fait ce matin-là dans ma chambre de dortoir : je me suis présenté à Dieu et je lui ai demandé de m'utiliser. J'ai demandé de devenir la semence qui meurt dans la terre. Depuis dix-huit ans maintenant, Dieu répond à cette prière. Cela comporte la mission à l'étranger aussi bien que celle de l'autre côté de la rue.

Lorsque vous formulez la troisième partie de la prière axée sur l'Évangile, « *Ce que tu as été pour moi, je le serai pour les autres* », préparez-vous à être utilisé par Dieu pour accomplir quelque chose d'extraordinaire. Préparez-vous à une toute nouvelle orientation de votre vie.

Notre liberté par opposition à l'Évangile

Nous entretenons tous des rêves pour notre vie. Mais sommes-nous prêts à laisser mourir nos rêves pour que Dieu puisse nous utiliser dans son royaume ?

Un de mes récits préférés de la vie de Paul raconte qu'il vivait de cette manière (Actes 16.16-34). Paul avait été incarcéré dans une prison romaine, non parce qu'il avait fait le mal, mais parce qu'il avait fait le bien. Il avait libéré une fille de l'exploitation démoniaque et économique. Néanmoins, au lieu d'être récompensé, il a été battu, à la manière des Romains, puis emprisonné. Or, cette nuit-là, alors qu'il était assis, enchaîné, ses plaies ouvertes saignant encore, il s'est mis à considérer les bienfaits de Dieu envers lui et à chanter ses louanges.

En réponse, Dieu envoya un tremblement de terre. Les fondements de la prison furent ébranlés, et les chaînes de Paul tombèrent.

Il était un homme libre.

Et cette liberté venait de Dieu. Après tout, n'était-ce pas Dieu qui avait envoyé le tremblement de terre? Paul savait que Dieu envoyait parfois des anges libérer ses messagers de leur prison, il l'avait fait pour Pierre à une autre occasion, relatée quelques chapitres plus tôt (Actes 12). N'était-ce pas tout à fait raisonnable d'en conclure que c'était aussi ce qui se passerait dans ce cas? C'était certainement une réponse à ses prières!

Pourtant, comme Paul se préparait à sortir à l'air libre, il vit au loin un soldat romain, l'épée dégainée, qui allait s'ôter la vie. Le code de l'époque exigeait que si un soldat romain perdait un prisonnier, quoiqu'en fût la raison, il devait le payer de sa propre vie. Paul était libre, mais il voyait un autre homme qui ne l'était pas.

Il était temps de prendre une décision. Paul se tenait debout — sa liberté venant de Dieu d'une part, et son geôlier romain d'autre part. Que fit Paul? Tournant le dos à sa liberté, il revint à la prison, joyeusement et de son plein gré, afin de pouvoir partager l'Évangile à son geôlier.

Le soldat romain, dépassé par cette suite d'événements inattendus, demanda à Paul d'une voix tremblotante: «Seigneurs, que faut-il que je fasse pour être sauvé?» (Actes 16.30.) Je ne peux m'empêcher de lire en ces mots une autre question: «Pourquoi, Paul? Qu'est-ce qui a pu te pousser à agir ainsi? Pourquoi te soucier de moi?»

Paul expliquera ensuite, dans une lettre à l'Église de Philippes (qui incluait maintenant parmi ses membres ce geôlier romain!) la raison pour laquelle il avait agi ainsi. Paul y raconte qu'il était lui-même en danger de mort avant que Jésus ne renonce à sa liberté pour le secourir. Parce que Jésus a pris la captivité de Paul à sa place, il était logique d'en faire autant (Philippiens 2.5-11).

Nous vivons dans un monde de captifs, aussi bien physiquement que spirituellement. Nous l'étions nous-mêmes autrefois.

Où seriez-vous si Jésus avait décidé d'utiliser ses ressources comme vous utilisez les vôtres ?

Que faites-vous de votre vie ? Comment gérez-vous vos ressources, votre temps libre et vos talents de manière à ce que le salut soit accessible à d'autres ?

Avez-vous évalué vos talents et les occasions favorables qui se présentent à vous, afin de les utiliser pour produire un impact maximal pour le royaume ? Ce n'est pas seulement le devoir d'une poignée de gens qui a reçu un appel particulier. Franchement, il m'arrive de croire que nous avons inventé tout ce vocabulaire concernant « l'appel » pour masquer le fait que la plupart des chrétiens ne vivent pas comme de vrais disciples de Jésus. La générosité radicale et l'engagement radical envers la mission constituent la réponse de toute personne qui a goûté la grâce de Jésus-Christ. Suivre Jésus, être son disciple, signifie vivre comme il a vécu. Il a donné sa vie pour sauver les perdus.

Employez-vous vos dons, votre temps, et les occasions favorables de manière à vous enrichir, ou afin de bénir le monde en leur faisant connaître Jésus ?

Je ne peux pas vous dire en quoi consistera précisément pour vous le fait d'investir votre vie pour le royaume de Dieu. Le Créateur a placé une telle diversité de dons et de passions au sein de son corps que cela diffère d'un de ses disciples à l'autre.

Peut-être pouvez-vous vivre avec beaucoup moins que ce que vous gagnez afin de donner le reste. Vous pourriez peut-être mettre à profit à l'étranger vos talents d'entrepreneur, dans un endroit où le Christ n'est pas vraiment connu, et même y créer des emplois.

Peut-être pourriez-vous offrir votre temps pour aider les pauvres de votre communauté.

Peut-être pourriez-vous déménager dans un quartier plus pauvre de la ville pour y être un témoin vivant du Christ.

Peut-être pourriez-vous mettre vos vacances au service de la mission dans le monde.

Au cours des dernières années, j'ai vu à notre Église des gens répondre à l'Évangile de façon tout à fait incroyable. Certains ont démissionné de postes très bien rémunérés au sein de grandes corporations pour se joindre à notre personnel. Un homme, sa femme et leurs deux adolescents ont renoncé au «rêve américain» et sont partis vivre dans une théocratie musulmane. J'ai vu des gens donner des titres d'investissement afin de nous aider à développer nos ministères. D'autres ont quitté leur quartier huppé pour aller vivre dans un ghetto. Un étudiant a refusé une offre d'emploi avec un salaire annuel de plusieurs centaines de milliers de dollars pour aller implanter des Églises. D'autres étudiants ont changé de champ d'études, abandonnant un domaine qui offrait un potentiel de revenu élevé pour un autre qui n'offrait qu'un potentiel de revenu modeste, parce qu'ils jugeaient que ces études particulières les rendraient plus utiles au Grand Mandat. D'autres encore ont accepté des emplois bien rémunérés et ont mis leurs ressources au service du royaume. J'ai vu des gens s'impliquer dans le ministère auprès des enfants et des étudiants. Le mois dernier, nous avons vu vingt-cinq personnes quitter notre Église pour aller implanter une Église dans un secteur non évangélisé, au centre-ville de Denver, au Colorado. J'ai vu des familles accueillir des réfugiés chez eux. Dans notre Église, une armée de croyants a adopté des enfants provenant de partout dans le monde – non parce qu'ils n'avaient pu en avoir biologiquement, mais parce qu'ils voulaient faire pour quelqu'un d'autre ce que Jésus avait fait pour eux. Ces gens veulent avoir quelque chose à déposer aux pieds du Roi Jésus lorsqu'il reviendra.

Toutes ces choses vous semblent-elles radicales ? Si oui, *vous avez compris.* Jésus n'est pas venu faire quelques légers ajustements à nos vies. Il nous a appelés à vivre pour un tout autre royaume. À prendre notre croix et à vivre comme lui a vécu.

Cessez d'attendre que Dieu vous dise de mettre votre vie au service du royaume. Il l'a déjà fait. Demandez-lui plutôt de vous montrer *comment* le faire. Je prie que vous considériez la condition de perdition du monde et organisiez votre vie en conséquence.

> Jésus n'est pas venu faire quelques légers ajustements à nos vies. Il nous a appelés à vivre pour un tout autre royaume.

« Mais tu es le seul chrétien que j'ai jamais connu ! »

Pendant deux ans, j'ai servi en tant qu'implanteur d'Églises en Asie du Sud-Est. La dernière conversation que j'y ai eue, il y a presque dix ans, a laissé une marque indélébile dans ma vie.

Un ami musulman, que je nommerai ici Ahmed, était venu me faire ses adieux. Il avait été mon meilleur ami là-bas. Nous sommes devenus amis alors que je vivais une période de profonde solitude. Pendant ces deux années, nous avons discuté, voyagé, étudié, et pêché ensemble.

J'avais essayé à de nombreuses occasions de lui parler de Jésus, mais Ahmed semblait vouloir éviter le sujet. Il était l'un des musulmans les plus engagés que j'ai connus. Il était un peu l'équivalent d'un « pasteur jeunesse » musulman, mettant ses après-midis au service des enfants et des jeunes démunis. Lorsque je commençais à parler de Jésus, il souriait et disait : « Tu es un homme bon, un homme de foi. Tu es né dans un pays chrétien et tu honores la foi de tes parents. Je suis né dans un pays musulman et j'honore la foi de mes parents. Tu es né chrétien et tu mourras chrétien. Je suis né musulman et je mourrai musulman.»

Environ une semaine avant mon départ, je savais que je devais avoir une dernière conversation avec lui. Je l'ai donc invité à s'asseoir et je lui ai ouvert mon cœur. Je lui ai dit que selon la Bible, seuls ceux qui ont mis leur foi en Jésus pour le pardon de leurs péchés peuvent entrer dans le royaume de Dieu. Pour une quinzaine de minutes, il est resté assis à m'écouter poliment. Puis il m'a remercié pour mon amitié et est parti. Je ne l'ai plus revu jusqu'au jour où je me préparais à rentrer chez moi. Quelques minutes avant l'heure du départ, donc, il était venu me faire ses adieux. Il était visiblement troublé, et je lui ai demandé ce qui se passait.

«C'est à propos de notre conversation de la semaine dernière, m'a-t-il dit. Après que nous ayons discuté, j'ai pensé à quel point j'ai apprécié que tu me dises ce que tu avais à cœur si franchement. Ensuite, je n'y ai plus repensé... Je me disais, "il est chrétien; je suis musulman. C'est ainsi que nous sommes nés, et c'est ainsi que ce sera toujours", mais sept jours après notre conversation j'ai eu un rêve. Au début, je croyais que c'était un de ces rêves que je fais lorsque je mange du poisson épicé. Mais je connais ces rêves-là. Celui-ci était différent... Dans mon "rêve", j'étais debout sur la terre et tout à coup s'est ouvert à mes pieds le "droit chemin" qui mène au paradis[3].

«Et comme je regardais le long de ce chemin, dit-il, *tu* y étais! Tu étais arrivé à l'entrée du paradis, mais d'immenses portes de bronze en barraient l'accès. J'ai pensé: "Voilà la fin de son voyage. Qui pourrait ouvrir de telles portes?" Mais à ce moment, pendant que je regardais, quelqu'un à l'intérieur te connaissait et t'a appelé par ton nom. Les portes se sont ouvertes toutes grandes pour toi, et tu es entré... puis mon cœur était attristé parce que je voulais vraiment y aller avec toi. Mais les portes se sont ouvertes de nouveau et tu es ressorti, tu as refait une partie du parcours inverse sur le chemin, et tu as tendu la main vers moi, qui me tenais ici sur terre. Puis, tu m'as aidé à monter au paradis avec toi. Penses-tu que Dieu essaie de me dire quelque chose ?»

Je n'avais pas trop de difficulté à interpréter ce rêve-là.

Pendant une heure, je l'ai accompagné à travers l'épître aux Romains et le livre des Actes, lui montrant comment Jésus, à la fois Dieu et homme, est venu sur terre, a vécu une vie parfaite, est mort à notre place, est ressuscité, et offrait le salut à quiconque mettait sa foi en lui.

Je ne pourrai jamais oublier ce qu'il m'a dit ensuite : «Je *sais* pourquoi Allah m'a donné ce rêve. Il me disait qu'il t'avait envoyé ici pour me diriger vers le chemin qui mène au paradis. Tu devais m'enseigner ses voies et m'expliquer son *Injil* (Évangile). Mais aujourd'hui, mon ami, tu retournes chez toi, et nous ne nous reverrons probablement jamais.» Tu es le seul chrétien que je connaisse. Qui d'autre m'enseignera les voies de Dieu ?

J'aimerais tant pouvoir vous dire qu'il est devenu croyant. Malheureusement, ce n'est pas le cas, et à ma connaissance, il ne l'est toujours pas.

Nous vivons dans un monde rempli d'Ahmed. Ces individus ne sont pas des numéros. Ce sont des êtres humains. Avez-vous vraiment songé à ce que cela signifie pour nous ?

Nous ne pouvons pas nier cette réalité. Quelqu'un a un jour demandé à Charles Spurgeon si selon lui les gens n'ayant jamais entendu parler de Jésus pouvaient être sauvés. Il a répondu à peu près ceci : «*Je ne crois pas qu'ils puissent être sauvés, mais il vaudrait mieux nous poser la question suivante : "comment peuvent-ils être sauvés, ceux parmi nous qui ont connu Jésus, mais qui ne l'ont pas fait connaître aux autres ?"*»

Il y a plusieurs années, j'ai entendu une histoire à propos d'un homme qui conduisait sa voiture sur une autoroute à l'extérieur de Los Angeles tard un soir. Un tremblement de terre important a secoué la région, forçant l'homme à garer sa voiture sur l'accotement en attendant la fin du séisme. Les secousses étaient intenses, mais n'ont duré que quelques secondes. Lorsque ce fut terminé, l'homme a repris la route et s'est engagé sur un pont. Rendu environ à la moitié du pont, il a remarqué que les feux arrière des voitures devant lui disparaissaient subitement. Il a arrêté son véhicule et est sorti pour aller voir ce qui se passait. Il a constaté qu'une section du pont s'était effondrée à cause du séisme. La voiture devant lui avait foncé tout droit vers un gouffre de vingt-trois mètres jusque dans la rivière en contrebas.

Se retournant, l'homme a réalisé que plusieurs autres véhicules se dirigeaient vers le précipice. Il s'est alors mis à gesticuler énergiquement. Les gens qui traversent un pont en périphérie de Los Angeles à trois heures du matin n'ont pas l'habitude de s'arrêter pour ce qui semble être un déséquilibré sur le côté de la route, et il a donc vu quatre voitures plonger les unes après les autres vers une mort certaine.

Il a ensuite vu un grand autobus venir en direction du gouffre. Il a alors décidé que si cet autobus tombait aussi, il devrait d'abord lui passer sur le corps. Il s'est placé devant l'autobus en agitant les bras dans toutes les directions. Le chauffeur de l'autobus klaxonnait et faisait clignoter ses phares, mais l'homme ne bougeait pas. Le chauffeur est donc sorti et a constaté le danger. Il a ensuite garé l'autobus de manière à bloquer le passage aux autres véhicules.

Vous devriez demander à Dieu qu'il vous aide à mettre votre vie au service des autres comme lui l'a fait.

Qu'auriez-vous fait si vous aviez découvert le gouffre au milieu du pont ? Vous auriez sans doute fait exactement de même — de toutes vos forces, essayer de convaincre les gens d'arrêter.

Les gens de ce monde qui ne connaissent pas le Christ sont en route vers une destruction bien pire que celle que représente l'effondrement d'un pont. En ce moment même, des millions s'y dirigent. Chaque jour, vous devriez considérer le sacrifice que le Christ a dû consentir pour que vous ne périssiez pas. De plus, vous devriez demander à Dieu qu'il vous aide à mettre votre vie au service des autres comme lui l'a fait.

De nouveau, un avertissement : c'est une prière dangereuse. Elle vous amènera à faire des changements radicaux. Je vous mets donc au défi de faire cette prière :

« Ce que tu as été pour moi,
je le serai pour les autres. »

CHAPITRE 10

ATTENDEZ-VOUS À DE GRANDES CHOSES

À quand remonte la dernière fois où vous avez prié pour quelque chose qui s'est finalement réalisé ? Ça fait peut-être longtemps. Repensez à ce moment alors que je vous pose une autre question : *avez-vous été étonné de voir Dieu agir* ?

Jusqu'à maintenant, dans cette prière axée sur l'Évangile, nous avons considéré (1) la gratuité de l'acceptation de Dieu, (2) l'importance que cela devrait comporter pour nous, et (3) la réponse radicale de générosité envers les autres que cela devrait susciter en nous. Dans la partie finale de cette prière axée sur l'Évangile, nous verrons comment l'Évangile nous pousse à une foi audacieuse et à de grandes entreprises au nom du Grand Mandat :

> *« En priant, je mesurerai ta compassion par la croix
> et ta puissance par la résurrection. »*

Jésus a fait une promesse remarquable à ses disciples dans Jean 15. Il déclare que si nous demeurons en lui (dans son amour), nous pouvons demander tout ce que nous voulons et cela nous sera accordé. Si nous vivions en étant conscients de son amour *pour les autres*, nous serions ébahis de découvrir toutes les ressources qui sont à notre disposition dans la prière.

Il y a quelques années, je faisais une étude sur les principaux miracles dans les Écritures. Au beau milieu de cette étude, j'ai remarqué quelque chose que je n'avais jamais vu auparavant. La plupart de ces miracles ne sont pas survenus après qu'une personne ait agi en réponse à un commandement direct et audible de la part de Dieu. La plupart se sont produits parce qu'une personne, percevant ce que Dieu voulait sans doute faire dans une situation particulière, lui a demandé d'agir ainsi. Le miracle découle par conséquent de l'initiative de telles personnes.

Un bon exemple est le récit de Chadrak, Méchak et Abed-Nego.

Au cas où cette histoire ne vous est pas déjà familière, en voici un résumé. Neboukadnetsar, un roi de petite taille, chauve et égoïste a rassemblé tous les peuples en un royaume mondial pour qu'ils puissent se prosterner devant une statue de trente mètres, le représentant, parce qu'il était encore piqué au vif du fait qu'on s'était moqué de son drôle de nom tout le temps qu'il a fréquenté l'école primaire (une certaine liberté d'interprétation est employée ici).

Chadrak, Méchak et Abed-Nego refusent d'obéir à cet ordre, car ils savent qu'ils ne doivent se prosterner que devant le Dieu d'Israël. Alors qu'on commençait à jouer des instruments, ils ne s'agenouillaient pas. Ils ressortaient du groupe tel un *plouc* à l'opéra.

Neboukadnetsar les somma de s'avancer devant tous pour expliquer la raison pour laquelle ils osaient défier son autorité. Après tout, il était le roi le plus puissant du monde et avait une fournaise ardente pour l'attester.

Leur réplique m'a toujours fasciné. Ils parlent avec un curieux mélange de certitude et d'incertitude quant à la volonté de Dieu concernant leur délivrance :

> Si cela doit être, notre Dieu que nous servons peut nous délivrer : il nous délivrera de la fournaise ardente et de ta main, ô roi (Daniel 3.17).

Cette affirmation semble certifier que Dieu agira miraculeusement pour montrer à Neboukadnetsar, qui est le roi. Pourtant, ils ajoutent :

Sinon... (Daniel 3.18.)

Quoi ? Un instant... où est passée la certitude ?

Ils sont certains que Dieu veut montrer à Neboukadnetsar et au reste du monde qu'il est le seul vrai Dieu. Néanmoins, ils n'ont aucune garantie que Dieu le réalisera en les délivrant. Il le fera peut-être en les aidant dans leur souffrance. Mais ils savent qu'il fera quelque chose.

Comment pouvaient-ils être si certains que Dieu se servirait de cette occasion pour montrer qu'il est le seul vrai Dieu ? Eh bien, une petite phrase au début du chapitre 3 de Daniel devrait attirer notre attention. Elle précise que Neboukadnetsar avait rassemblé tous les peuples de toutes tribus, toutes langues et toutes nations. C'était la première fois que les nations étaient toutes rassemblées depuis la dispersion survenue à la tour de Babel (avant la tour de Babel, tous parlaient la même langue ; à Babel, Dieu a divisé les nations en diverses langues et les a dispersées). Elles sont maintenant rassemblées par un mégalomane enclin à s'adorer lui-même. Dieu avait dit qu'il rassemblerait les nations, mais pour l'adorer, lui seul.

Chadrak, Méchak et Abed-Nego savaient bien que Dieu ne laisserait pas Neboukadnetsar prendre sa place. Alors, ils ont demandé à Dieu de montrer aux nations, à travers eux, qu'il était le seul digne d'être adoré. Et cela est arrivé. Neboukadnetsar les a jetés dans la fournaise ardente, mais ils en sont sortis indemnes. Tous ont su que Dieu, et non Neboukadnetsar, était le véritable Roi du monde.

Misez sur Dieu

Chadrak, Méchak et Abed-Nego n'avaient reçu aucune promesse de Dieu concernant leur délivrance, comme on peut le voir par la réponse incertaine à Neboukadnetsar. Ils ont simplement misé sur Dieu. Cela semble conforme au modèle qui revient lorsque Dieu agit dans la Bible.

Pensez à David s'approchant du champ de bataille pour combattre Goliath. Nulle part en 1 Samuel, est-il dit que Dieu a pris David à l'écart pour lui dire comment les choses allaient se passer : « D'accord, David. Voici ce que nous allons faire... Tu entendras cette grosse brute Goliath dire des bêtises et tu iras, avec ta fronde et cinq pierres polies... tu écoutes, David ? J'ai dit cinq pierres polies. Puis... » Non. David a simplement perçu ce que Dieu voulait faire dans cette situation et il a misé sur le fait que Dieu allait accomplir son plan.

J'emploie l'expression « miser » intentionnellement. Lorsque les enfants d'Israël sont entrés en Terre promise, Dieu leur avait dit : « Fortifie-toi et prends courage... » (Josué 1.9) En français, ces deux commandements semblent répétitifs. En hébreux, toutefois, les deux expressions sont différentes. Le verbe pour « fortifie-toi » évoque un peu l'idée « d'oser ». Dieu voulait qu'ils aient suffisamment confiance en lui pour oser miser sur lui.

C'est exactement ce qu'a fait Caleb, un octogénaire de grande foi dans le livre de Josué. Il a pointé du doigt une montagne non conquise en déclarant à travers son dentier : « Je veux conquérir cette montagne pour Dieu. » Puis, équipé de son déambulateur, il a gravi la montagne tant bien que mal, bottant des derrières de géants au passage (Josué 14.11,12).

Quelques années auparavant, Josué s'était trouvé au milieu d'une bataille au cours de laquelle il a constaté qu'il aurait besoin de lumière pour terminer sa tâche. Alors, il a demandé à Dieu d'arrêter le soleil dans sa course (Josué 10.1-14). Nulle part dans la Bible

Dieu ne promet qu'il arrêtera le soleil dans sa course si Josué a besoin de plus longues journées. Néanmoins, Josué l'a demandé et Dieu l'a fait. Non seulement Dieu a-t-il «arrêté le soleil dans sa course» pour Josué, il est allé plus loin en faisant «tomber du ciel sur eux de grosses pierres jusqu'à Azéqa, et... ceux qui moururent par les pierres de grêle furent plus nombreux que ceux que les Israélites tuèrent par l'épée»

> **Dieu aime combattre pour son peuple lorsque ce dernier comprend sa volonté et mise sur lui pour l'accomplir.**

(Josué 10.11). La morale de l'histoire : Dieu aime combattre pour son peuple lorsque ce dernier comprend sa volonté et mise sur lui pour l'accomplir.

Peut-être mieux encore qu'ailleurs, nous voyons ce principe intensifié dans la vie de Jésus.

Une femme s'est faufilée derrière Jésus pour toucher le rebord de son vêtement. Pendant douze ans, elle avait eu une perte de sang menstruelle qui la rendait perpétuellement impure. Elle avait dépensé tout son argent pour engager des médecins, mais personne ne pouvait l'aider. En entendant parler de Jésus, elle a pensé : *je suis sûre qu'il peut faire quelque chose. Il a tant de puissance que le seul fait de frôler son vêtement pourrait me guérir.*

Lorsqu'on a découvert ce qu'elle avait fait, tous s'attendaient à ce que Jésus soit en colère. La réponse de Jésus pourtant, a été tout à fait le contraire. Il lui a dit : «Ma fille, ta foi t'a sauvée» (Luc 8.48). Elle avait cru en la compassion de Jésus et c'est ce qu'elle a trouvé.

Ma partie préférée de cette histoire est sans doute le fait que Jésus a d'abord réagi comme s'il n'avait aucun contrôle sur la puissance de guérison qui émanait de son corps. Il a dit : «Quelqu'un m'a touché, car je sais qu'une force est sortie de moi...» (Luc 8.46.)

Un peu comme si la guérison était sortie de son corps par réflexe. La conclusion ? L'aide de Dieu est déclenchée comme un réflexe envers ceux qui s'appuient sur sa grâce et sa puissance.

Dans un autre texte, Marc 7, une femme païenne, méprisée de la plupart des Juifs, a demandé à Jésus de chasser un démon de sa fille. La réponse de Jésus est sans doute la phrase la moins politiquement correcte de tout le Nouveau Testament : « Il n'est pas bien de prendre le pain des enfants et de le jeter aux petits chiens... » (Marc 7.27.)

Des chiens ? Cela ne semble pas très gentil. Certains érudits essaient d'adoucir un peu les propos de Jésus en disant que le mot « chiens » ici désigne probablement plus de « petits chiots mignons ». Peut-être bien, mais il l'appelle néanmoins un chien. Et traiter quelqu'un de « chien » à cette époque était pire encore qu'aujourd'hui, car le chien était un animal impur !

La femme n'a pas même sourcillé. Elle reconnaissait que l'expression utilisée ici par Jésus ne constituait pas d'une insulte raciste, mais plutôt une manière de décrire son état indigne. Elle ne conteste pas le fait qu'elle soit indigne de l'attention de Jésus ; elle s'exclame plutôt : « Oui, Seigneur [...], mais les petits chiens sous la table mangent les miettes des enfants » (Marc 7.28). En d'autres mots : « Jésus, il y a tant de grâce et de puissance sur ta table, qu'il y en a en abondance, même pour un petit chien comme moi. »

Remarquable ! Elle a mis toute son espérance en la puissance et en la compassion de Jésus : elle savait que c'était une source intarissable.

Remarquez bien l'idée. Dans chacune de ces situations, la personne qui a bénéficié du miracle n'a pas répondu à un « ordre direct » venant de Dieu. Elle a simplement perçu la compassion et la puissance de Dieu et lui a demandé d'agir ainsi. Et Dieu a répondu.

Je vous montrerai un autre exemple de cette sorte de sainte présomption. À mon avis, le récit suivant est un des plus importants comptes rendus de miracle du Nouveau Testament pour notre vision du ministère.

Un miracle qui définit un ministère

Jésus avait enseigné toute la journée et la foule, plus de cinq mille personnes, avait faim. Se tournant vers un de ses disciples, il lui a demandé ce qu'il pensait que Jésus devrait faire. C'était pour l'éprouver, écrit l'apôtre Jean : « Car il savait ce qu'il allait faire » (Jean 6.6).

Un test. Que « testait-il » exactement ? Il voulait voir si ses disciples comprenaient à quel point il était capable de nourrir cette multitude et disposé à le faire.

Les disciples ont lamentablement échoué à ce test, bien entendu. Un disciple a recommandé à Jésus de les envoyer. Un autre qui se trouvait drôle a dit quelque chose comme ceci : « Ah oui, Jésus, très bonne idée... Nous pourrions tous nous trouver un emploi, travailler pendant huit mois, mettre notre argent en commun pour enfin acheter à chacun une tranche de saucisson et un craquelin. » Jésus, cependant, a patiemment pris les cinq pains et les deux poissons d'un jeune garçon (l'équivalent hébreu du Joyeux Festin) et a multiplié son repas de sorte qu'il en est même resté douze paniers pleins : un pour que chacun des disciples puisse en emporter chez lui en souvenir de son manque de foi.

Jésus leur a montré ce jour-là qu'il ne manquait pas de puissance ni de volonté pour nourrir cette multitude. *Pourquoi leur enseignait-il cela ?* Parce que les disciples allaient se tenir pour le reste de leurs vies devant des foules spirituellement affamées, ayant besoin de l'Évangile, et il était nécessaire qu'ils sachent que Jésus était disposé et capable de nourrir ces multitudes avec le Pain de vie.

Jésus n'a pas changé. Il est toujours disposé et capable de nourrir les multitudes. Cependant, il veut que nous nous accrochions à sa volonté dans la prière, et que nous libérions sa puissance dans un monde qui en a désespérément besoin.

La foi pour intercéder

Nous enseignons un concept à notre Église qu'on appelle la « foi pour intercéder ». La foi pour intercéder signifie croire en la volonté de Jésus au nom de quelqu'un d'autre. Souvent, nous voyons ce mot « intercession » et nous pensons « prière ». L'intercession, c'est la prière, bien sûr. Toutefois, les gens croient parfois qu'en priant, nous faisons office de présentateurs du bulletin d'information annonçant à Dieu un tas de nouvelles qu'il n'aurait jamais pu apprendre autrement. Comme si, après notre prière, Dieu disait : « Oh... Je n'avais aucune idée de la situation. Merci de m'en informer. Maintenant, je peux aller arranger ça. »

Or, la prière d'intercession ne consiste pas à informer Dieu au nom de quelqu'un d'autre. Elle consiste plutôt à croire Dieu, au nom de quelqu'un d'autre.

Dieu place ses enfants dans certaines situations de manière à ce qu'ils croient en sa bonté et sa puissance et qu'ils laissent ces dernières intervenir dans la situation.

Peu après avoir quitté l'Asie du Sud-Est, l'île sur laquelle j'habitais a été ravagée par un tsunami qui a pris la vie de près de deux cent mille personnes. J'y suis retourné quelques mois plus tard et je me suis tenu debout sur la plage, en colère contre Dieu. *Pourquoi Dieu, pourquoi ? Avec une seule parole, tu aurais pu envoyer une vague de salut. Au lieu de cela, tu as envoyé une vague de destruction.*

Dieu m'a parlé sur cette plage. Pas de manière audible, mais clairement. Il m'a dit: «Je veux envoyer une vague de salut et je le ferai. C'est pour cette raison que je te veux là. Crois en ma bonté et ma puissance, et ce faisant, libère une vague de ma compassion sur cette île.» Dieu place ses enfants dans certaines situations de manière à ce qu'ils croient en sa bonté et sa puissance et qu'ils laissent ces dernières intervenir dans la situation.

Notre œuvre la plus importante consiste à croire[1]. Croire libère la puissance pour la mission de Dieu. Nous devons croire la tendresse et la générosité de Dieu pour les âmes perdues, *et demander conséquemment.*

Pas de lacune

Il n'y a aucune lacune dans la volonté et la capacité de Dieu de sauver. C'est plutôt notre foi en sa compassion et sa puissance telles qu'elles sont révélées dans l'Évangile, qui fait défaut.

Croyez-vous *vraiment* que Dieu a autant de compassion et de puissance que l'affirme l'Évangile? Vos prières reflètent-elles cette foi?

Récemment, alors que je priais pour mes enfants, j'étais particulièrement préoccupé par certains défis auxquels ils faisaient face. Pendant que je priais, j'ai été envahi d'une sensation irrésistible de l'amour de Dieu pour eux. C'est une pensée inouïe: Dieu aime mes enfants encore plus que je ne les aime.

Dans Luc 11.11, Jésus dit ceci: «Quel père parmi vous, si son fils lui demande du pain, lui donnera une pierre? Ou (s'il lui demande) du poisson, lui donnera-t-il un serpent au lieu d'un poisson?» Y a-t-il des parents parmi vous qui agissent ainsi parfois? Votre enfant vous demande un sandwich et vous lui jetez un cobra vivant? Bien sûr que non. Pourtant, Jésus dit: «Si donc, vous qui êtes mauvais, vous savez donner de bonnes choses à vos enfants, à combien plus forte raison le Père céleste donnera-t-il...» *Mauvais*, est une expression plutôt dure pour décrire notre relation avec nos enfants. Nous aimons nos enfants, du moins, la grande majorité d'entre nous. Mais comparé à l'amour de Dieu pour eux, notre amour semble «mauvais». Dieu aime mes enfants, et toute autre personne pour qui je prie, plus que je ne peux même le comprendre.

Priez-vous en étant conscient du grand amour de Dieu envers ceux pour qui vous priez?

Si vous croyez que la croix est vraiment la mesure de la compassion de Dieu pour une personne, de quelle manière cette conviction influence-t-elle vos prières?

Lorsque Charles Spurgeon priait pour les gens malades de sa congrégation, il ressentait cette tendresse. Il fondait souvent en larmes, disent ses biographes, et disait quelque chose comme ceci : «Dieu, je ne peux supporter de voir mes enfants souffrir. Comment peux-tu supporter de voir les tiens souffrir? Si je pouvais les aider, je le ferais. Ne veux-tu pas démontrer de compassion dans cette situation pour ton enfant?»

Charles Spurgeon n'était pas un de ces théologiens farfelus de «l'évangile de la prospérité». Il reconnaissait que parfois, Dieu répond «non» à nos prières, parce qu'il a un meilleur plan que la guérison physique à ce moment. Mais cela ne l'empêchait pas de ressentir la tendresse de Dieu pour les gens, tandis qu'il priait. Spurgeon misait sur la bonté de Dieu et libérait la puissance de Dieu dans une situation donnée.

Dans le chapitre suivant, j'expliquerai un peu plus en détail comment faire face à la prière qui n'est pas exaucée. Disons pour le moment que notre confiance en la compassion et en la puissance de Dieu ne devrait pas être affectée lorsqu'il n'exauce pas à nos prières comme nous le souhaitons. Mesurons sa compassion par la croix et sa puissance par sa résurrection. Lorsque nous ne pouvons comprendre comment Dieu agit dans nos circonstances, nous pouvons nous attacher à ce que la croix révèle à son sujet. Nous pouvons tout de même reconnaître que Dieu est *bon*. Il nous aime, ressent notre douleur, et pleure lorsque nous pleurons (Jean 11.35). Il est un meilleur Père pour ses enfants que nous le sommes envers les nôtres. Nous devrions le reconnaître lorsque nous prions.

Alors, demandez !

Il ne semble y avoir aucune limite à ce que Dieu fera quand nous comprenons qu'il veut nous aider et que nous lui demandons de le faire. Comme Jésus le dit en Jean 15.17, si nous percevons son amour pour les autres, et comprenons qu'il est venu chercher et sauver ceux qui sont perdus en offrant le salut aux pécheurs pour la gloire du Père, alors nous pouvons «demander tout ce que nous voudrons» et il nous l'accordera.

Il n'y a aucune lacune dans la compassion de Dieu. C'est plutôt notre volonté de croire en cette compassion qui est déficiente.

La tragédie de l'occasion ratée

Voici une pensée à envisager avant de conclure ce chapitre. Si Dieu est vraiment aussi disposé et capable de sauver que l'Évangile l'affirme, et que l'une des raisons principales qu'il ne déverse pas cette puissance est que vous et moi ne le lui demandons pas, cela ne nous rend-il pas responsables en partie du sang de millions d'individus qui auraient pu être sauvés, mais ne l'ont pas été parce que nous ne l'avons jamais demandé[2] ?

Je sais que la Bible enseigne que Dieu est souverain et qu'il sauvera tous ceux qu'il a choisis et qu'aucun d'eux ne sera perdu (Jean 6.37-39). Mais la Bible enseigne aussi qu'il a mis sa puissance à notre disposition pour que nous la libérions par la foi. Nous devrons lui en rendre compte si nous ne l'utilisons pas. Hudson Taylor, le grand missionnaire en Chine, a ressenti cette vérité *intensément* :

> Nous avons affaire à un Dieu tout-puissant dont le bras n'est pas trop court pour sauver ni l'oreille trop pesante pour entendre; à un Maître qui nous a dit : «Demandez et vous recevrez, afin que votre joie soit parfaite», et encore : «Ouvre ta bouche et je la remplirai.» Quelle culpabilité est la nôtre devant lui, si nous négligeons d'employer, pour le salut de ceux qui périssent, la puissance de la prière faite avec foi! [...] En étudiant cette Parole divine, j'ai appris que pour recevoir des ouvriers efficaces, la prière fervente, au lieu de campagnes élaborées pour le soutien, était primordiale. [...] J'étais certain que si je priais pour des co-ouvriers au nom du Seigneur Jésus-Christ, ils seraient envoyés. Je n'avais aucun doute qu'en réponse à une telle prière notre Dieu pourvoirait au moyen et que les portes s'ouvriraient devant nous dans les régions non évangélisées de l'Empire... Son ordre précis : «Allez... Je suis avec vous tous les jours» résonne, accompagné des lamentations des milliers qui, heure par heure, descendent sans Christ dans la tombe[3].

L'Évangile nous révèle à quel point Dieu est disposé à sauver. Nous devrions donc le lui demander.

Alors, où Dieu vous a-t-il placés et qui est la personne pour qui vous êtes censés croire? Réalisons-nous quelle mesure de puissance est à notre portée si nous seulement croyons?

Matthieu 13.58 est un des versets les plus tristes du Nouveau Testament. Il y est dit que Jésus n'a pas fait beaucoup de miracles à Nazareth, «à cause de leur incrédulité». Non pas que

> L'Évangile nous révèle à quel point Dieu est disposé à sauver. Nous devrions donc le lui demander.

Jésus ne voulait pas ou ne pouvait pas accomplir de miracles à cet endroit, mais plutôt qu'il n'y avait là personne pour croire en lui et ainsi libérer sa puissance. Je ne veux jamais qu'on puisse en dire autant de ma ville, de mon Église, ou de ma famille.

J'ai confiance que ce livre se trouve maintenant entre les mains d'un lecteur quelque part où Dieu veut transformer complètement une école ou une ville. Ou peut-être Dieu vous met-il à cœur d'aller vers un des 6600 groupes ethniques non évangélisés. Peut-être croirez-vous en la compassion de Dieu pour ce groupe et qu'il utilisera votre foi pour leur accorder le salut. Peut-être êtes-vous le premier croyant de votre famille, et Dieu utilisera votre foi pour conduire le reste de votre famille à lui. Où que vous soyez, attendez-vous à de grandes choses de la part de Dieu, puis tentez de grandes choses pour lui[4]. Priez avec la confiance qui vient de l'Évangile :

> *« En priant, je mesurerai ta compassion par la croix
> et ta puissance par la résurrection. »*

CHAPITRE 11

« MAIS SINON... »

Chadrak, Méchak et Abed-Nego sont sortis de la fournaise ardente et même leurs sourcils étaient intacts. Josué a obtenu une journée prolongée. Une femme atteinte d'une perte de sang depuis douze ans a été guérie sur-le-champ. Ces événements attestent que Dieu veut nous venir en aide, et nous pouvons donc prier sans crainte :

« En priant, je mesurerai ta compassion par la croix
et ta puissance par la résurrection. »

Mais la question suivante se pose : et s'il disait non ? Pour chaque croyant délivré d'une fournaise ardente, dix martyrs meurent parmi les flammes. Que faire si le ministère échoue ? Si votre ami rejette l'Évangile ? Si votre fils adolescent se détourne de la foi ? Si Dieu ne vous guérit pas ?

J'ai vécu des situations où je ne pouvais pas comprendre pourquoi Dieu ne me donnait pas ce que je lui demandais. Mes requêtes semblaient pourtant conformes à sa volonté. Alors, pourquoi ne répondait-il pas ?

« Mais sinon... »

Ce sont là les mots obsédants que Chadrak, Méchak et Abed-Nego ont utilisés pour conclure leur discours adressé au roi

Le fait que Dieu ne réponde pas à votre prière de la manière dont vous le souhaitez ne signifie pas qu'il ne maîtrise plus la situation.

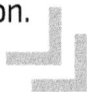

Neboukadnetsar. Ils savaient que le plan de Dieu n'incluait peut-être pas leur délivrance, du moins pas dans ce monde.

Le fait que Dieu ne réponde pas à votre prière de la manière dont vous le souhaitez ne signifie pas qu'il manque de compassion ou qu'il ne maîtrise plus la situation. Cela ne veut pas dire non plus que vous demandiez quelque chose qui dérogeait à sa volonté.

Jean-Baptiste était un homme rempli de l'Esprit qui avait un ministère dirigé par l'Esprit, mais son ministère s'est soldé (du moins en apparence) par un échec. Sa popularité s'est estompée. Plus aucun soldat ne venait à lui pour être baptisé en signe de repentance, et les dirigeants juifs ne craignaient plus sa voix prophétique. Il « avait eu de grands rêves pour Dieu » et on l'a décapité.

Les prières pleines de foi et les ministères remplis de l'Esprit ne produisent pas toujours de vastes mouvements spectaculaires.

L'Église où je suis pasteur compte maintenant un assez grand nombre de membres, et nous voyons vraiment Dieu agir parmi nous. Cependant, je dirigeais auparavant un ministère pour étudiants (à la même Église) et j'étais persuadé que Dieu l'emploierait pour envoyer des milliers de missionnaires à travers le monde. Notre région comptait environ 120 000 étudiants dans un rayon de 80 kilomètres de l'Église, et j'ai demandé à Dieu de commencer un mouvement parmi eux qui allait transformer le monde. À la fin de deux années de travail empreint de foi, environ 20 étudiants s'étaient joints à ce ministère, et la plupart n'étaient pas très engagés envers l'Église. Cela va sans dire que ce n'était pas exactement une expérience conforme à « Actes 2 » comme je l'espérais.

Avant cela, j'avais passé deux ans à prêcher l'Évangile dans un pays étranger, m'attendant à ce que Dieu renverse cette nation pour sa gloire. J'y ai seulement vu deux personnes venir à Christ. Parfois, vous demandez quelque chose à Dieu et il ne vous l'accorde pas. Alors, qu'est-ce que cela veut dire? Dieu ne vous est-il pas aussi favorable que vous le croyiez? La raison pour laquelle Dieu permet le mal, la tragédie, et la souffrance est en soi le sujet d'un livre[1]. Or, ce que Dieu ressent pour nous, son acceptation, a été établi pour toujours dans l'Évangile. Dans ce chapitre, j'aimerais vous aider à prendre conscience de votre réaction lorsque Dieu ne vous répond pas comme vous pensez qu'il le devrait.

Comment répondre lorsque Dieu n'agit pas

Que faites-vous lorsque vous demandez de grandes choses selon la compassion de Dieu et qu'il ne semble pas vous répondre?

1. Continuez à demander

Jésus enseignait à ses disciples que Dieu accorde certaines choses seulement en réponse à la prière persévérante. Pour illustrer cette réalité, il a raconté l'histoire d'un vieux juge grincheux et malhonnête qui a accordé la requête d'une pauvre veuve simplement parce qu'elle l'ennuyait sans arrêt (Luc 18.1-6). Il a déclaré ensuite que l'exaucement ne se produit pas toujours de cette façon.

Je suis content que ce soit Jésus lui-même plutôt que moi qui fait cette analogie. Comparer Dieu à un juge capricieux et injuste? L'idée principale du récit de Jésus n'est pas de comparer le Père à un juge inique, mais plutôt d'établir un *contraste*. Si même un juge inique pouvait accorder à une femme sa requête, simplement parce qu'elle refusait de lâcher prise, à combien plus forte raison Dieu prête-t-il attention aux requêtes persistantes de ses enfants bien-aimés? Luc dit que Jésus a raconté cette histoire à ses disciples pour leur enseigner à ne pas se relâcher dans la prière.

Plusieurs des plus grandes victoires dans le royaume de Dieu sont survenues alors que les portes semblaient définitivement fermées. Par exemple, la porte paraissait «fermée» au moment de faire sortir les enfants d'Israël hors d'Égypte. Ils y étaient esclaves depuis plus de quatre cents ans et leur situation n'allait pas en s'améliorant, mais au contraire, elle empirait. La porte paraissait «fermée» pour Élisée qui voulait démontrer à Achab et aux enfants d'Israël que Jéhovah était le seul vrai Dieu, mais Élisée a tout de même élevé son autel. La porte paraissait «fermée» pour Paul qui désirait se rendre à Rome. Or, chacun de ces grands hommes de Dieu persévérait dans la prière et dans la foi. S'ils avaient cessé de prier à la dixième heure, ils n'auraient pas eu accès à la victoire que Dieu leur destinait à la onzième. L'Église primitive avait prié toute la nuit pour que Pierre soit délivré de prison. À l'évidence, le simple fait de le mentionner en passant dans une réunion de prière ne suffisait pas.

Vous n'avez peut-être pas encore reçu votre réponse, alors continuez à demander. L'analogie qui consiste à frapper à la porte que Jésus emploie pour la prière, dans Luc 11.9, renforce cette idée: frapper un coup à la porte et attendre qu'on nous ouvre ne suffit pas. Le fait de frapper à la porte suggère des coups répétés. La prière implique une demande répétée.

Paul nous donne un aperçu de sa persévérance en prière dans 1 Corinthiens 16.9: «Une porte s'est ouverte toute grande à mon activité, et les adversaires sont nombreux.» Paul voyait la présence d'adversaires, d'obstacles, et de portes fermées comme des raisons de persévérer, non d'abandonner.

Il ne dit pas: «une porte semble ouverte toute grande à mon activité, mais les adversaires sont nombreux alors, j'en conclus qu'elle est fermée», mais plutôt: «une porte s'est ouverte toute grande à mon activité, *et* les adversaires sont nombreux.» En fait, on avait dit à Paul de *cesser de* demander une chose, selon 2 Corinthiens 12.9. Dieu lui a alors envoyé un message : «Paul, oublie cette demande. Tu ne l'obtiendras pas. À la place, je te donnerai plus de grâce.»

Franchement, c'est un mystère pour moi. Si c'est la volonté de Dieu de nous accorder quelque chose, pourquoi ne pas nous l'accorder la *première* fois que nous le demandons? Ce qui est évident cependant, c'est que Dieu n'accorde parfois certaines choses qu'en réponse à une prière persévérante et continuelle. Alors, continuez à demander.

2. Comprenez que Dieu accomplit souvent ses plans parfaits au moyen de nos prières «non exaucées»

Dieu arrive à ses fins. Mais parfois, il choisit des moyens qui sont un mystère pour nous.

Le passage d'Hébreux 11 décrit deux groupes de croyants qui ont reçu deux réponses totalement différentes à leurs prières :

... *[certains]* qui, par la foi, vainquirent des royaumes, exercèrent la justice, obtinrent des promesses, fermèrent la gueule des lions, éteignirent la puissance du feu, échappèrent au tranchant de l'épée, reprirent des forces après avoir été malades, furent vaillants à la guerre et mirent en fuite des armées étrangères. Des femmes retrouvèrent leurs morts par la résurrection (Hébreux 11.33-35).

Mais d'autres croyants :

... furent torturés et n'acceptèrent pas de délivrance... D'autres éprouvèrent les moqueries et le fouet, bien plus, les chaînes et la prison. Ils furent lapidés, mis à l'épreuve, sciés, ils furent tués par l'épée, ils allèrent çà et là, vêtus de peaux de brebis et de peaux de chèvres, dénués de tout, opprimés, maltraités (Hébreux 11.35-37).

ÉVANGILE

Voilà deux groupes très différents l'un de l'autre. Mais l'auteur de l'épître aux Hébreux souligne l'exemple de foi de chacun et démontre comment Dieu a utilisé ces deux groupes pour faire avancer son œuvre sur terre : «Et tous ceux-là, qui avaient reçu par leur foi un bon témoignage, n'ont pas obtenu ce qui leur avait été promis» (Hébreux 11.39).

Je sais ce que vous pensez : «Seigneur, laisse-moi faire partie du premier groupe.» Moi aussi, d'ailleurs. Toutefois, Dieu a un plan pour l'un comme pour l'autre. Les deux groupes font partie de son plan. Dans un groupe, Dieu a démontré sa *puissance* en leur accordant ce qu'ils demandaient. Dans l'autre, il a démontré sa *valeur* en leur permettant d'attester qu'il a plus de valeur que la vie même.

Enfin, la puissance de Dieu n'est pas un gage que vous surmonterez toute situation difficile. Elle concerne avant tout la gloire de son nom sur la terre. Parfois, Dieu se glorifie en vous donnant la victoire, d'autres fois, il le fait en vous laissant souffrir pour démontrer au monde qui regarde qu'il vaut mieux que tout autre chose sur terre.

Cette vérité a des implications profondes pour un courant de pensée religieux contemporain. Le prétendu «évangile de la prospérité» enseigne que ce n'est jamais la volonté de Dieu que son peuple soit affecté par la pauvreté ou la maladie ou quelque difficulté que ce soit. Les tenants de cette croyance emmènent les gens à voir la bénédiction de Dieu en termes physiques et matériels.

La véritable prospérité consiste à connaître Dieu et à mener une vie qui le glorifie.

Je serai direct : l'évangile de la prospérité est un mensonge. Il est vrai que Dieu aime donner de bonnes choses à ses enfants, et il prend plaisir en nos réussites. Toutefois, la véritable prospérité ne consiste pas à conduire une nouvelle voiture, mais plutôt à connaître Dieu et à mener une vie qui le glorifie. Prêcher un message qui promet la richesse à tous ceux qui viennent à Jésus est non seulement faux, mais il conduit les gens à se servir de Jésus au lieu de l'aimer.

Dieu est glorifié lorsque des malades sont guéris, mais il est aussi glorifié lorsque des malades meurent bien. Nous le voyons dans le récit de Chadrak, Méchak et Abed-Nego. Lorsqu'ils sortirent de la fournaise sains et saufs, Neboukadnetsar dit :

> Béni soit le Dieu de Chadrak, de Méchak et d'Abed-Nego, lui qui a envoyé son ange et délivré ses serviteurs. Ils ont eu confiance en lui. Ils ont violé l'ordre du roi et livré leurs corps plutôt que de servir et d'adorer tout autre dieu que leur Dieu ! (Daniel 3.28.)

Neboukadnetsar rendit gloire à Dieu non seulement parce que Dieu avait délivré Chadrak, Méchak et Abed-Nego, mais parce qu'ils avaient démontré que Dieu valait plus que leur propre vie. Neboukadnetsar n'aurait pas pu le constater si Chadrak, Méchak et Abed-Nego n'avaient pas été jetés dans la fournaise ardente. La souffrance met en relief la valeur de Dieu qui surpasse tout.

Nous ne mesurons pas la compassion de Dieu par le fait qu'il ait ou non répondu à notre prière comme nous le souhaitions. Nous mesurons sa compassion par l'Évangile.

Lorsque nos circonstances nous poussent à nous demander où se trouve Dieu, nous ancrons nos âmes dans le Dieu qui s'est donné pour nous à la croix.

Cela nous amène au troisième principe.

3. Ne cessez jamais de croire

Il est facile de croire en l'amour et en la puissance de Dieu lorsque vous les voyez manifestés dans vos propres circonstances. Croire en l'amour de Dieu est plus difficile, par contre, lorsqu'il n'exauce pas vos prières comme vous croyez qu'il le devrait.

Depuis des années, les athées évoquent la présence du mal dans le monde pour remettre en question l'existence de Dieu. Ils formulent leur argument comme suit : *s'il existait un Dieu dont l'amour est infini, il voudrait arrêter la souffrance dans le monde. S'il est tout-puissant, il pourrait arrêter la souffrance. Donc, puisque la souffrance existe, Dieu n'existe pas.*

Peut-être vous êtes-vous posé une question semblable, même en étant croyant :

- Dieu, pourquoi ne veux-tu pas bénir mon ministère ?
- Dieu, pourquoi ne suis-je toujours pas marié ?
- Dieu, pourquoi mon entreprise ne prospère-t-elle pas ? J'emploierais les profits pour bénir les autres !
- Dieu, pourquoi ne me guéris-tu pas ?
- Dieu, ne vois-tu pas ? Pourquoi ne m'aides-tu pas ? Ne te soucies-tu pas de moi ? Ne m'aimes-tu pas ?

Je ne peux répondre à tous ces « pourquoi », mais je sais ceci : la croix a démontré une fois pour toutes ce que Dieu ressent pour nous, et la résurrection nous démontre la grandeur de la puissance qu'il déploie pour mener à terme ses plans bienveillants pour nos vies.

La croix nous dévoile aussi combien l'œuvre de Dieu est mystérieuse. S'il fut un moment dans l'histoire où Dieu a semblé absent et où les forces du mal paraissaient avoir le dessus, c'est bien lorsque Jésus, censé être le Fils bien-aimé de Dieu, était torturé à mort. Nous savons maintenant qu'au contraire, Dieu dominait parfaitement la situation. Il mettait tout en place pour rendre notre salut possible. Ce qui semblait être le triomphe du mal s'est avéré la meilleure partie de son plan. Dieu ne nous pas procuré le salut malgré la croix, mais plutôt *au moyen* de la croix. Cela signifie également qu'il utilise nos pires moments pour arriver à ses bonnes fins.

Nous ne devrions pas nous étonner de constater que les plus grandes œuvres de Dieu dépassent parfois notre compréhension immédiate. Si la sagesse de Dieu est aussi élevée au-dessus de ma sagesse que l'est sa puissance au-dessus de ma puissance, il semble par conséquent logique que certaines des œuvres d'amour qu'il opère sur terre puissent échapper à ma compréhension actuelle des choses. Considérez à quel point la puissance de Dieu est plus grande que la vôtre. Il a créé les galaxies par sa Parole, alors que nous avons du mal à régler l'horloge de notre lecteur DVD pour qu'elle cesse de clignoter et d'afficher «12 : 00». Or, s'il est possible d'établir le même contraste entre sa sagesse immense et la nôtre, ne semble-t-il pas normal que nous ne comprenions pas les choses qu'il fait parfois?

En raison de ce que l'Évangile nous enseigne au sujet de Dieu, nous pouvons croire qu'il fait ce qu'il y a de mieux pour nous, même s'il n'exauce pas toujours nos prières comme nous le souhaitons. Il est notre Père, et parce que les pères savent plus de choses que leurs enfants, ils disent parfois «non» à leurs demandes. Au chapitre précédent, nous avons vu que Jésus nous enseigne à considérer Dieu comme notre Père aimant. Il nous a demandé, Fans Luc 11, de considérer ce que nous ferions si notre fils nous demandait un poisson à manger. Lui offririons-nous un cobra à la place? D'accord, mais si votre enfant vous demandait un cobra, accepteriez-vous sa demande? J'espère que non. Vous lui diriez «non», *parce que* vous l'aimez.

Dieu est un Père meilleur et plus sage que nous ne le sommes avec nos enfants. Parfois, il dit non *parce qu*'il nous aime et qu'il a un meilleur plan que nous ne pouvons concevoir pour le moment. Mes enfants ne peuvent comprendre la plupart des raisons que je leur donne pour expliquer mes réponses négatives. Mon enfant de quatre ans me demande : «Mais papa, pourquoi je ne peux pas insérer cette fourchette dans ces petits trous dans le mur?

On dirait que ça pourrait entrer!» Le «courant alternatif» est un concept qu'elle ne peut pas comprendre pour le moment, alors je lui dis simplement: «Pour l'instant, mon enfant, fais-moi confiance. Ne mets pas la fourchette dans la prise.»

Laquelle est plus grande? La différence entre ma propre compréhension du monde et celle de ma fille de quatre ans, ou entre la mienne et celle de Dieu?

Il est donc logique que certaines de ses actions semblent illogiques à mes yeux. Il arrive pourtant que la réponse négative de Dieu à mes prières soit la plus grande preuve d'amour à mon égard. J'ai entendu ce concept énoncé ainsi: «Dieu répond parfois à nos prières en nous donnant ce que nous aurions demandé si nous savions ce qu'il sait.»

En définitive, nous nous appuyons sur l'amour que Dieu a démontré à la croix, même si nous ne le voyons pas dans les circonstances du moment.

4. Demeurer en Jésus

La prière qui reste sans réponse nous donne souvent l'occasion de voir vraiment si Jésus nous suffit. Comme nous l'avons appris, «demeurer en Jésus» signifie littéralement «bâtir notre maison sur son amour pour nous», trouver notre espoir dans les plans bienveillants qu'il a pour nous, même au milieu de notre souffrance. Trouver notre satisfaction dans sa présence, même lorsque nous n'avons rien d'autre.

> La prière qui reste sans réponse nous donne souvent l'occasion de voir vraiment si Jésus nous suffit.

Ce matin, j'ai déjeuné en compagnie d'un ami avec lequel j'ai étudié au séminaire. Il y a trois ans, on a découvert qu'il était atteint de leucémie. Ce diagnostic a mis fin à tous ses rêves de ministère. Il me disait que puisqu'il demeurait allongé sur le dos dans sa chambre d'hôpital, il était forcé de se demander si Jésus était vraiment suffisant pour lui. S'il ne peut avoir d'enfants, si aucun de ses rêves ne se réalise, Jésus lui suffirait-il pour éprouver de la joie au moment présent?

Parfois, Dieu vous refuse la réussite pour que vous puissiez voir ce en quoi vous *demeurez* vraiment. Parfois, il veut que vous n'ayez rien d'autre que lui pour que vous appreniez que lui seul vous suffit. Comme l'affirme Larry Crabb: «Vous ne saurez peut-être jamais que Jésus est tout ce qui vous suffit jusqu'au jour où il devient tout ce que vous avez.»

On peut mesurer à quel point vous demeurez en Jésus par votre capacité à garder la joie en toutes circonstances. Si votre joie dépend d'un héritage, d'un emploi, ou de votre état civil, cela signifie que vous ne demeurez pas en lui – vous demeurez en ces choses. Ce qui contrôle votre joie est ce en quoi vous demeurez.

Lorsque Dieu ne répond pas à vos prières de la manière dont vous le souhaitez, vous devez aller plus profondément dans l'Évangile. Vous devez ancrer votre âme dans la compassion démontrée dans la croix et la puissance démontrée dans la résurrection.

Vous devez vous rappeler quotidiennement:

> «*En priant, je mesurerai ta compassion par la croix et ta puissance par la résurrection.*»

TROISIÈME PARTIE

VERS UNE COMPRÉHENSION DE LA VIE CENTRÉE SUR L'ÉVANGILE

CHAPITRE 12

POURQUOI LES ÉCRITURES CONTIENNENT-ELLES DES « COMMANDEMENTS » ?

Jour après jour, à mesure que vous prierez la prière axée sur l'Évangile, je crois qu'il vous arrivera la même chose qu'à moi : votre cœur vivifié débordera de fruits spirituels. Votre vie sera transformée alors que vous continuerez à vous émerveiller de ce que Dieu a fait pour vous en Christ. Votre passion pour Dieu deviendra plus grande que votre attrait pour le péché. Vous commencerez à refléter, instinctivement, cette même grâce, ce même amour, cette même miséricorde qui vous ont été démontrés dans l'Évangile.

Voilà ce que signifie vraiment le fait d'être «axé sur l'Évangile». Il ne s'agit pas d'aller plus loin que l'Évangile, mais plutôt d'aller de plus en plus profondément dans l'Évangile. C'est le fait de constater que l'Évangile est la réponse finale à toute situation et à tout problème dans cette vie et de voir le monde entier selon la perspective de la croix.

Nous avons déjà exploré de quelle manière l'Évangile nous transforme, mais certains sujets sont restés en suspens jusqu'à maintenant. Ces questions sont légitimes, et elles vous ont sans doute déjà traversé l'esprit alors que vous méditiez sur l'Évangile

Si l'Évangile nous donne un cœur qui observe la loi, pourquoi Dieu nous donne-t-il tout de même ces règles et ces instructions ?

et sur la manière profonde dont il peut vous transformer lorsque vous vous centrez sur lui.

La première question est très pratique et survient simplement en lisant la Bible : si l'Évangile nous transforme intérieurement, immédiatement, produisant en nous un désir pour le bien, pourquoi y a-t-il autant de « commandements » à observer, même dans le Nouveau Testament ? Le concept même du « commandement » n'implique-t-il pas qu'on doive nous dire quoi faire pour que nous obéissions ? Si le bon comportement venait naturellement, pourquoi aurions-nous besoin qu'on nous en donne l'ordre ?

Vous ne pouvez nier le fait que le Nouveau Testament comporte des commandements presque sur chaque page. Ils traitent d'un éventail de sujets : de la manière de vous comporter envers votre employeur à l'éducation de vos enfants, en passant par les relations sexuelles. Toutefois, si l'Évangile nous donne un cœur qui observe la loi, pourquoi Dieu nous donne-t-il tout de même ces règles et ces instructions ? Sont-elles seulement des roues stabilisatrices pour les chrétiens débutants ?

Alors que notre Église redécouvrait l'idée qui consiste à être axé sur l'Évangile, cette question a refait surface à plusieurs reprises. Une fois, après une série de prédications dans laquelle je présentais une vision de notre orientation en tant qu'Église et ce que chaque membre devrait faire pour que nous puissions y arriver, j'ai reçu une lettre cinglante m'annonçant que pendant ce sermon j'avais abandonné l'Évangile et que j'avais eu recours à la manipulation légaliste pour obliger les gens à faire ce que je voulais qu'ils fassent ! Si je prêchais seulement l'Évangile, les gens feraient naturellement ce qu'ils devaient faire et je n'aurais pas à les exhorter à faire quoi que ce soit, disaient-ils. En enseignant à l'Église que chacun de nous avait la responsabilité de donner, de servir et de bénir notre collectivité, j'avais abandonné l'Évangile.

Est-ce vrai? L'esprit de commandement viole-t-il le principe du changement centré sur l'Évangile?

Pas du tout. Voici trois raisons pour lesquelles le Nouveau Testament continue à nous donner des commandements:

1. Les commandements éclairent nos cœurs sombres. L'apôtre Paul explique dans Romains 1 que le problème du cœur humain corrompu comporte deux volets. Premièrement, explique-t-il, nos cœurs insensés sont assombris, nous laissant *dans l'égarement et dans l'ignorance quant à ce qui est bien*. Il poursuit en disant que nos cœurs pécheurs sont également pervers, *haïssant souvent le bien même lorsque nous le reconnaissons*.

Le salut de Dieu consiste entre autres à nous enseigner ce qui est bien (en nous donnant des instructions et des commandements) et à façonner nos cœurs à nouveau afin que nous aimions ce qui est bien (par la puissance de l'Évangile). Le commandement, comme l'Évangile, a aussi son rôle.

Les lois de Dieu sont comme des rails, pointant vers la bonne direction. Les trains ont besoin de rails pour se déplacer. Néanmoins, ces rails ne font pas fonctionner la locomotive. De la même manière, les lois en tant que telles ne peuvent nous donner la force de leur obéir. L'Évangile est une puissance de Dieu pour le salut. Jerry Bridges le résume bien:

> L'amour de Dieu nous fournit la motivation pour obéir aux lois, tandis que les lois de Dieu indiquent la direction pour l'expression biblique de l'amour[1].

2. L'obéissance aux commandements limite le gâchis causé par nos péchés. Lorsque nous péchons, nous attristons Dieu, et nous faisons du mal aux autres et à nous-mêmes. Le péché débute par un désir pervers, lequel est déjà destructeur en soi, mais lorsqu'il passe à l'acte la destruction se répand. Je dois obéir aux commandements même lorsque je n'en ai pas envie, si ce n'est que pour ne pas étendre la puissance destructrice de mon péché.

Jacques compare la destruction qui vient du péché au processus de gestation : « Puis la convoitise, lorsqu'elle a conçu, enfante le péché ; et le péché, parvenu à son terme, engendre la mort » (Jacques 1.15). La première chose que fait habituellement un médecin est d'essayer de limiter le dommage causé par la maladie. Nous obéissons aux commandements même lorsque nous n'en avons pas envie parce que nous ne voulons pas que nos désirs corrompus « engendrent la mort » dans notre vie et celles des autres.

Par exemple, si je suis tenté de commettre l'adultère, je dois y renoncer, même si à l'instant précis, je le désire vraiment. Pourquoi ? Parce que je sais que céder à la convoitise adultère équivaut à blasphémer le nom de Dieu et a des conséquences dévastatrices pour ma famille, mon Église, la femme avec qui j'ai couché, et moi-même.

Je ne me contente pas de dire : « Eh bien, l'adultère est dans mon cœur, et je ne peux changer mon cœur en suivant des règles extérieures. Je devrai donc y céder en espérant que Dieu me transformera un jour. » Je dis un « non » retentissant à la tentation à cause de toute la destruction qu'elle peut susciter.

Je ne me contente pas d'avoir résisté à la tentation, mais je déplore plutôt l'état de mon cœur qui désire l'impureté.

Bien que j'aie résisté à la tentation d'adultère, je dois tout de même me repentir, confesser la corruption de mon cœur tortueux, et demander à Dieu de le renouveler. Je dois aussi contempler sans cesse ce Dieu infiniment pur qui est mort sur la croix pour mes impuretés, car cela me poussera à haïr l'impureté comme il le fait.

3. Nous discipliner à pratiquer certains comportements nous aide à les apprécier de plus en plus. L'obéissance aux commandements nous donne l'occasion de développer un amour pour celui dont ils reflètent le caractère. C'est peut-être un peu difficile à comprendre, alors je m'explique.

James K. A. Smith démontre dans *Desiring the Kingdom* que la manière d'apprendre à aimer certaines choses est d'adopter des habitudes et des pratiques qui nous exercent à les aimer. Si notre routine quotidienne, par exemple, est organisée en fonction de pouvoir se livrer aux convoitises de la chair, notre amour pour ces choses grandira. En revanche, si nos habitudes nous permettent de contempler l'Évangile, notre amour pour ce dernier grandira[2].

Les appétits, voyez-vous, *croissent* à force d'être cultivés. Vous est-il déjà arrivé de manger à votre restaurant favori et de vous empiffrer à tel point que vous dites : « Ah ! Je crois que je ne mangerai plus jamais » ? Quatre heures plus tard, pourtant, vous cherchez dans le garde-manger une friandise à vous mettre sous la dent. Et la fois suivante, au restaurant, vous mangez encore plus. L'appétit pour la nourriture grandit à mesure qu'on l'alimente. « L'appétit vient en mangeant », dit-on.

C'est également le cas pour chacun de vos appétits. Ceux qui sont aux prises avec la pornographie affirment souvent que plus ils nourrissent leur appétit pour une sexualité illégitime, plus cet appétit devient insatiable. Plus vous êtes paresseux, plus vous avez envie de rester assis sur le canapé à ne rien faire. Plus nous étudions la Parole de Dieu, plus nous prions, plus nous pratiquons la justice, plus nous désirons ces choses. Donc, nous discipliner à faire ce dont nous n'avons pas toujours envie nous aide à apprendre à aimer ce que nous devrions aimer.

Bien entendu, le seul fait de pratiquer ces choses n'est pas suffisant. Les disciplines spirituelles doivent être accompagnées d'une profonde saturation dans l'Évangile. L'Évangile change les désirs et les

> Le but ultime des diverses disciplines, en fait, est de vous donner l'occasion de considérer, de méditer, et de mettre en pratique l'Évangile.

aspirations du cœur. Le but ultime des diverses disciplines, en fait, est de vous donner l'occasion de considérer, de méditer, et de mettre en pratique l'Évangile. Les disciplines spirituelles sont comme des fils électriques qui nous connectent à la puissance de l'Évangile. Elles n'ont pas de puissance en elles-mêmes, mais elles nous connectent à la source de puissance. Elles constituent des portes vers l'Évangile, mais pas l'Évangile en soi.

Disons que vous n'ayez pas « envie » de lire la Bible et que vous ayez plutôt « envie » de regarder une émission à la télévision. Vous « contraindre » à lire la Bible est-il une forme de légalisme ? Non. En nourrissant votre esprit de la Parole de Dieu, vous exercez votre cœur à l'aimer. Alors que vous lisez la Parole de Dieu et rencontrez le Dieu qui s'y révèle, votre amour pour lui et sa Parole grandit. Cependant, si vous choisissez de regarder les émissions de télévision, vous risquez d'attiser votre appétit de paresse et de convoitises de la chair.

En conséquence, le jour suivant, vous désirez encore plus regarder la télévision et encore moins apprendre à connaître Dieu. Et puisque vous cédez à la chair, ce cycle se poursuivra. Alors que vous nourrissez la chair, votre appétit pour la chair est aiguisé. En nourrissant votre esprit, au contraire, vous stimulez votre appétit pour les choses de l'esprit. Voici le point que Paul fait ressortir après une des meilleures explications de la Bible concernant la transformation axée sur l'Évangile : « Ne vous y trompez pas : on ne se moque pas de Dieu. Ce qu'un homme aura semé, il le moissonnera aussi. Celui qui sème pour sa chair, moissonnera de la chair la corruption ; mais celui qui sème pour l'Esprit, moissonnera de l'Esprit la vie éternelle » (Galates 6.7,8).

Lorsque mes enfants mentent, je ne me contente pas de leur dire : « Eh bien, tu as menti parce que c'est ce qui était dans ton cœur à ce moment. Je ne vais pas te demander de dire la vérité, car je ne voudrais pas créer de petits pharisiens. Médite simplement sur l'Évangile et, si tout va bien, peut-être que tu cesseras de désirer la malhonnêteté. » Bien sûr que non. Je les « contrains » plutôt à dire la vérité (en les punissant lorsqu'ils mentent). En pratiquant la vérité, mon espoir est qu'ils apprennent à l'aimer. Lorsque nous agissons conformément au plan de Dieu, nous expérimentons une mesure de satisfaction du fait d'avoir agi comme nous le devions.

Je reconnais cependant que le fait de commander à mes enfants de dire la vérité ne peut les mener qu'à un certain point. Tandis que je les « contrains » à dire la vérité, je les instruis aussi en ce qui a trait à la beauté du Dieu de vérité, qui a gardé ses promesses envers nous alors même que cela lui a coûté la vie. En apprenant à connaître la fidélité de Dieu à leur égard alors qu'ils sont encore menteurs, mes enfants apprendront à *aimer* la vérité : c'est d'ailleurs le seul moyen par lequel ils pourront l'apprendre.

Considérez un dernier exemple : la générosité. La manière d'apprendre à aimer la générosité est d'être généreux. Il m'est arrivé à plusieurs reprises de n'avoir pas « envie » de donner de l'argent. Je recevais mille dollars supplémentaires et je connaissais un besoin où j'aurais pu l'investir, mais j'avais plutôt « envie » d'un nouveau téléviseur à écran plat. En donnant cet argent, toutefois, j'ai expérimenté la joie de donner. Être généreux a suscité en moi le désir d'être plus généreux.

Est-ce compromettre la transformation par l'Évangile ? Est-ce que « j'ajoute quelque chose à l'Évangile » en affirmant que vous deviendrez généreux par la foi en Jésus *et* en pratiquant la générosité ? Pas du tout. Après tout, Jésus lui-même a dit : « Car là où est ton trésor, là aussi sera ton cœur» (Matthieu 6.21). Voyez-vous ce qui vient en premier ici? Vous placez votre trésor quelque part, *ensuite*, votre cœur le suit.

Vous dites : «Mais la générosité axée sur l'Évangile ne consiste-t-elle pas justement à être si dépassé par la grâce abondante du Christ que d'emblée vous prenez plaisir à être généreux?» (voir 2 Corinthiens 8.9.) Eh bien, oui. Toutefois, le fait d'être généreux vous met en contact avec le cœur de Dieu et pendant que vous l'expérimentez, vous apprenez à l'aimer personnellement et à aimer ses voies. N'essayez pas d'être plus centré sur l'Évangile que Jésus ne l'est. Il comprenait très bien comment tout cela fonctionne.

Obéir à Dieu alors que nous n'en avons pas envie peut même être en soi un pas de foi, puisque notre obéissance est un cri à Dieu pour que le Christ change nos cœurs de sorte que nous désirions obéir. Cela requiert certainement plus de foi que de *ne pas* obéir.

Les Écritures affirment en fait que nous devons activement faire mourir les actions de la chair (Romains 8.13). Faire mourir signifie agir en opposition directe à ce que notre chair désire. Mais comment nous y prendre exactement pour «faire mourir les actions de la chair»? Selon Paul, c'est en croyant que le Christ nous a rendus à la vie. Lorsque notre chair désire ce qui est contraire à la volonté de Dieu, nous devons croire ce que Dieu a déclaré à notre sujet dans les Écritures, et ce faisant, nous supprimerons l'attirance mortelle de notre cœur envers le péché. Comprendre vraiment Dieu tel qu'il nous est révélé dans les Écritures engendre une «nouvelle affection» qui est suffisamment forte pour briser notre dépendance envers des plaisirs de moindre importance. John Owen l'a exprimé ainsi: «Les disciplines spirituelles peuvent tailler les racines du péché, mais seul l'Évangile arrache ces racines.»

Dans ce cas, qu'est-ce le légalisme ?

Le légalisme n'est-il pas une doctrine qui enseigne que le changement intérieur peut se produire par une obéissance extérieure ? Pas exactement. Le légalisme consiste à (a) se sentir plus près de Dieu parce qu'on accomplit de telles actions ou (b) à mettre tant d'insistance sur le développement des comportements extérieurs qu'on en néglige la transformation intérieure qui peut seulement se produire par la foi en l'Évangile.

Par exemple, le légalisme pense que lire la Bible fait en sorte que Dieu vous aime et vous accepte davantage. Ce n'est pas le cas. Le Christ a parfaitement accompli la loi à ma place, et lire la Bible pendant quatre heures chaque matin ne changera pas la faveur de Dieu à mon égard.

Le légalisme consiste aussi à penser que m'efforcer de lire la Bible est suffisant pour susciter en mon cœur de l'amour pour Dieu et pour sa Parole. Or, lire la Bible ne peut pas produire une telle chose. Seul l'Esprit de Dieu suscite cet amour par le message de l'Évangile. En revanche, la lecture de la Bible donne à l'Esprit *l'occasion* de m'interpeller par son message. Comme l'a dit Paul Miller : « Lire la Bible n'apporte pas en soi l'intimité avec Dieu, mais cela crée l'espace où la vivre[3]. »

Avec une approche centrée sur l'Évangile, vous vous disciplinez à lire la Bible même lorsque vous n'en avez pas envie, tout en vous repentant à Dieu de ne pas l'aimer autant que vous le devriez, tout en vous imprégnant du message selon lequel l'acceptation de Dieu vous est offerte en Christ.

Étude de cas : jeûner

J'emploierai un dernier exemple pour tenter de bien expliquer ce principe : le jeûne. La privation de nourriture est rarement une chose que j'aie « envie » de faire. En fait, mon corps n'en a jamais «envie». Lorsque vous jeûnez, vous refusez à votre corps un désir légitime afin de vous exercer à comprendre que la satisfaction de votre âme en Dieu est plus profitable que la satisfaction de votre corps par la nourriture.

À première vue, jeûner paraît plutôt légaliste. Comment le fait de priver votre corps de nourriture vous aide-t-il à produire de véritables fruits spirituels? Manifestement, le jeûne ne peut y parvenir. Vous priver de nourriture ne vous rend certainement pas plus agréable aux yeux de Dieu. Toutefois, si vous profitez de l'absence de nourriture pour exercer votre âme à se nourrir des merveilles de l'Évangile, le jeûne devient un conduit à travers lequel peut couler la puissance de l'Évangile. À mon avis, c'est ce que Jésus faisait lorsqu'il jeûnait. Il privait son corps de nourriture afin de pouvoir vraiment comprendre que «l'homme ne vivra [lisez : ne vivra pas pleinement] pas de pain seulement, mais de toute parole qui sort de la bouche de Dieu[4]» (Matthieu 4.4).

En d'autres mots, jeûner crée l'occasion d'exercer plus de foi en l'Évangile. L'Évangile est le seul endroit où existe la puissance d'une vie nouvelle – la puissance de cultiver un amour pour Dieu et pour les autres. La puissance de l'Évangile n'est libérée que lorsque nous y croyons. Jeûner nous offre simplement une meilleure occasion de nous concentrer sur l'Évangile et d'y croire[5].

Ainsi, le Nouveau Testament contient réellement des impératifs, mais ces derniers baignent dans l'indicatif de l'Évangile. Les auteurs des Évangiles nous disent ce que nous devons faire pour Dieu, mais seulement en nous inondant en même temps de la vérité de ce que Dieu a accompli pour nous.

Comprenez l'Évangile ; pratiquez les disciplines

Les disciplines spirituelles ne deviennent du légalisme que si vous ne saisissez pas *vraiment* l'Évangile. Toutefois, si vous êtes complètement imprégné de l'Évangile vous pratiquerez correctement les disciplines spirituelles.

Malheureusement, la plupart des chrétiens sont attirés par les disciplines spirituelles *avant* de comprendre l'Évangile. Le résultat se traduit par un cycle d'orgueil et de désespoir.

L'un de mes amis pasteurs, tout à fait sincère, m'expliquait qu'il avait enseigné aux membres de son assemblée à concevoir leur croissance spirituelle comme étant les rayons d'une roue. Chacun des rayons représentait une discipline spirituelle – la prière, la fidélité dans la lecture de la Bible, la fréquentation à l'Église, la générosité, le témoignage, la communauté, etc. Puis il leur a dit : «Évaluez-vous sur une échelle d'un à dix selon vos performances dans chacune de ces disciplines, et dessinez la longueur du rayon de la roue qui correspond à ce chiffre.» L'image qui en résultait, leur dit-il, devrait leur donner une idée de la raison pour laquelle leurs vies spirituelles étaient si déréglées. «Alors, leur avait-il dit, prenez la résolution de grandir cette année, dans les domaines où vous en avez le plus besoin.»

Un tel outil peut s'avérer utile (nous en utilisons même une version dans notre Église!), mais seulement s'il est abondamment saturé de la théologie de l'Évangile. Sinon, nous fonderons notre identité spirituelle sur notre performance plutôt que sur ce que Dieu a déclaré à notre sujet en Christ. Jésus a parfaitement accompli toutes les disciplines spirituelles à notre place, et Dieu nous juge maintenant sur la base de ses performances, non des nôtres. Les disciplines spirituelles sans une profonde théologie de l'Évangile mèneront *inévitablement* à l'orgueil et à l'indépendance par rapport à Dieu.

> Les disciplines spirituelles ne deviennent du légalisme que si vous ne saisissez pas vraiment l'Évangile.

Toutefois, si vous comprenez l'Évangile, vous serez alors en mesure de pratiquer les disciplines spirituelles de la manière dont Dieu les a conçues : comme des conduits vers l'Évangile, et non des substituts à l'Évangile. Vous pouvez même établir des objectifs – par exemple, passer au moins quinze minutes dans la Parole et quinze minutes dans la prière deux fois par jour ; jeûner chaque mois ; témoigner du Christ chaque semaine, etc. Plutôt qu'être des sources d'orgueil et de désespoir, ces choses vous fourniront simplement une occasion d'être fréquemment en contact avec l'Évangile. Même nos échecs dans ces domaines nous rappellent que c'est en Christ que Dieu nous accepte, parce qu'il a accompli la loi parfaitement. Ce constat nous conduira à nous émerveiller encore plus de la grâce de Dieu, ce qui produira encore plus de fruits spirituels.

Plus nous goûtons l'Évangile, plus nous l'aimons. Et plus nous apprenons à aimer les choses de Dieu, plus nous passerons de temps à faire ces choses, de moins en moins motivés par la discipline et de plus en plus par le désir. Nous entrons alors dans un cycle de vie qui se perpétue. Nous semons pour l'Esprit, et nous récoltons de l'Esprit la vie éternelle.

Nous « demeurerons en Jésus » tout comme Jésus l'a commandé, et nous porterons beaucoup de fruits, comme il l'a promis.

CHAPITRE 13

QUELLE EST LA BONNE MANIÈRE DE TRAVAILLER POUR DIEU ?

Au début de ce livre, je vous ai dit que je luttais constamment pour découvrir ce que Dieu attendait de moi par rapport aux besoins du monde. La question qui me venait constamment à l'esprit était celle-ci : est-ce que j'en fais assez pour Dieu ?

L'Évangile nous enseigne que l'approbation de Dieu à notre égard n'est pas fondée sur le fait que nous en faisons « assez » ou non pour lui. Or, certains pourraient en conclure que nous n'avons ainsi aucune obligation envers le monde. Après tout, l'Évangile ne consiste pas à accomplir des œuvres, mais plutôt à s'appuyer sur l'œuvre du Christ accomplie à notre place.

Il est toutefois clair que Jésus s'attend à ce que ses disciples soient à l'œuvre de manière fervente dans son royaume. Et si nous aimons les autres comme il nous a aimés, alors nous ne pouvons pas rester assis à ne rien faire pendant que des gens périssent.

Mais combien est assez ? Et est-il possible d'accepter trop de responsabilités ? Le fait de profiter d'un luxe quelconque ici-bas est-il un refus de vivre selon l'appel sacrificiel de la croix ?

Bref, je pose la question suivante : comment définir une approche aux problèmes de ce monde centrée sur l'Évangile ?

C'est une question importante. Si nous y répondons de manière fautive, soit nous gaspillerons nos vies en poursuites futiles, pensant que nous n'avons rien à faire pour Dieu, soit, nous nous épuiserons à essayer de porter un fardeau que Jésus n'a pas voulu que nous portions. En revanche, si nous y répondons correctement, nous aurons la satisfaction de vivre notre vie pour Jésus, comme il a vécu la sienne pour nous.

Une maison pour Dieu, bâtie par Dieu

Le roi David a appris la réponse à cette question alors qu'il envisageait de construire un temple à Dieu (2 Samuel 7). À cette étape de la vie de David, Dieu l'avait solidement établi comme roi d'Israël. Il lui avait donné un royaume stable et avait mis en échec tous ses ennemis. Le pays d'Israël était prospère et en paix.

Le début de 2 Samuel 7 raconte qu'un soir après le repas, David était assis sur la véranda en compagnie de Nathan, le pasteur du pays. Le regard de David s'est soudain arrêté sur le tabernacle, une tente que Dieu avait demandé à son peuple de fabriquer afin que sa présence puisse y habiter au cours de leur exode de l'Égypte : c'était une tente maintenant délabrée.

À l'époque de David, le tabernacle avait déjà quelques centaines d'années. Il était sans doute en assez piètre état. De plus, il s'agissait d'une simple tente, tandis que la maison de David venait d'être sélectionnée pour l'émission de télé-réalité *Ma maison de star*. David dit alors à Nathan : «Tu sais, ce n'est pas bien... Je vis dans une superbe maison qui sent le cèdre, et Dieu habite une tente.»

Nathan lui répond comme le ferait n'importe quel pasteur lorsqu'une personne très riche lui offre de l'argent : «Va [*mon frère*], fais tout ce que tu as dans le cœur» (2 Samuel 7.3, paraphrase de l'auteur). Plus tard cette nuit-là, toutefois, Dieu apparaît à Nathan :

Va dire à mon serviteur David : Ainsi parle l'Éternel : Est-ce toi qui me bâtiras une maison pour que j'y habite ? Car je n'ai pas habité dans une maison depuis le jour où j'ai fait monter les Israélites hors d'Égypte jusqu'à aujourd'hui, mais je me suis déplacé sous une tente et dans un tabernacle. Partout où je me suis déplacé avec tous les Israélites, ai-je dit un mot à quelqu'une des tribus d'Israël à qui j'avais ordonné de faire paître mon peuple d'Israël, ai-je dit : Pourquoi ne me bâtissez-vous pas une maison de cèdre ? (2 Samuel 7.5-7.)

Je crois détecter un certain amusement dans la réponse de Dieu. «Ah, voilà… alors tu vas *me* bâtir une demeure, David ? David, crois-tu vraiment que je m'inquiète du confort de mon hébergement ? David, m'as-tu déjà entendu dire : "Je ne peux plus supporter cette vieille tente avec ses courants d'air ?" Crois-tu que je veuille une maison de cèdre ? Le cèdre c'est pour les hamsters, David ! Mes rues sont en or. Tu n'as pas la moindre idée de ce qu'est réellement ma demeure ici. Et si j'avais vraiment besoin d'un bel endroit où habiter, David, je ne viendrais pas te voir pour te demander si tu pouvais me prêter un peu d'argent pour que je puisse en bâtir une. Après tout, souviens-toi que… »

C'est MOI qui t'ai pris *au pâturage, derrière le troupeau*, pour que tu sois le conducteur de mon peuple d'Israël. J'ai été *avec toi partout où tu es allé*… et j'ai rendu ton nom grand […] j'ai attribué une place à mon peuple d'Israël, et je l'ai planté, *pour qu'il y demeure* et ne soit plus agité […] Je t'ai accordé du repos en te délivrant de tous tes ennemis. *[Qui plus est]*, l'ÉTERNEL t'annonce qu'il te fera *une Maison* (2 Samuel 7.8-11, c'est l'auteur qui souligne).

Qui est le véritable bâtisseur selon ces versets ? Ce n'est pas David, mais Dieu.

Dieu dit : « Il ne s'agit pas de ce que tu peux me donner, David, mais plutôt de ce que moi je te donne. Toute cette affaire n'a pas pour objet la maison que tu veux me bâtir, puisque c'est moi qui t'en ai bâti une. Je suis celui qui donne, tu es celui qui reçoit... David, je ne demeure pas assis sur mon trône en pensant : "Ah.... Si seulement David pouvait me donner un peu de son superflu, je pourrais alors sortir de cette habitation sordide et me bâtir un *véritable* royaume". Je suis le Créateur de toutes choses, David, et je n'ai pas *besoin* de quoi que ce soit de ta part. Je suis le Dieu qui possède *tout* et qui n'a besoin de *rien*. Je bâtirai cette maison, et je n'ai *besoin* d'aucune aide de ta part.»

Dieu poursuit en annonçant à David qu'il enverrait un Messie pour bâtir son royaume sur terre. Ce Messie, bien entendu, sera Dieu lui-même venu en chair. Dieu allait bâtir la maison du salut sur terre, et il n'avait aucunement besoin de David, dans le sens où il possédait quelque chose que Dieu n'avait pas.

Dieu poursuit en disant :

> Ta maison et ton règne seront pour toujours assurés devant toi, ton trône pour toujours affermi. [...] Alors le roi David alla se présenter devant l'Éternel et dit : Qui suis-je, Seigneur Éternel, et qu'est-ce que ma maison, pour que tu m'aies fait parvenir jusqu'ici ? C'est encore peu de chose à tes yeux, Seigneur Éternel [...] Que pourrait te dire de plus David ? [...] À cause de ta parole et selon ton cœur, tu as fait toutes ces grandes choses pour les faire connaître à ton serviteur (2 Samuel 7.16,18-21).

Considérez ceci : David a entamé cette conversation en voulant bâtir quelque chose pour Dieu. Il la termine émerveillé par Dieu et par ce qu'il fait pour lui.

N'est-ce pas là un thème qui revient constamment dans l'Évangile ? Le salut, ne réside pas avant tout dans ce que nous faisons pour Dieu, mais dans le fait que nous *savons* ce qu'il a fait pour nous et que nous en sommes émerveillés. C'est essentiel de nous en souvenir alors que nous considérons la bonne manière d'œuvrer pour Dieu.

Il est vrai qu'en tant que chrétien, nous voulons travailler pour Dieu. Or, Dieu n'a pas besoin de notre aide. Ce que nous faisons constitue par conséquent une réponse reconnaissante pour ce qu'il a déjà fait pour nous. Prenez le temps de relire cette affirmation.

> David dit alors : « Que tu es donc grand, Éternel Dieu ! » (2 Samuel 7.22.)

Dieu n'a pas besoin de notre aide. Ce que nous faisons constitue une réponse reconnaissante pour ce qu'il a déjà fait pour nous.

De nouveau, qui est grand ? David, parce qu'il veut bâtir une magnifique demeure pour Dieu ? Non. Dieu est grand, parce qu'il a fait pour David ce que ce dernier n'aurait jamais pu faire : Dieu a bâti à David une maison sans aucune aide.

> Car nul n'est semblable à toi, et il n'y a point de Dieu en dehors de toi. [...] Y a-t-il une seule nation sur terre qui soit comme ton peuple d'Israël, et que les dieux soient allés libérer pour en faire leur peuple et pour lui donner un nom ? Tu as fait pour lui de grandes choses, des choses redoutables [...] ton peuple que tu as libéré de l'Égypte, de ses nations et de ses dieux, pour qu'il t'appartienne [...] Que ton nom soit grand pour toujours (2 Samuel 7.22,23,26, c'est l'auteur qui souligne).

Le nom de Dieu sera loué à jamais à cause de ce qu'il a accompli sur terre. Le monde n'est pas censé dire en regardant les chrétiens : « Ah ! quelles choses grandes et impressionnantes ils ont accomplies pour Dieu », mais plutôt : « Ah ! quelles merveilles Dieu a accomplies pour eux. »

Ce qui devrait ressortir lorsqu'on nous observe, c'est la grâce et la puissance du Christ dans nos vies. Le témoignage chrétien est surtout le témoignage de l'œuvre de Dieu pour nous, et non de notre œuvre pour lui.

Comme David l'a reconnu dans sa prière, Dieu a lui-même établi les paramètres selon lesquels son œuvre doit être accomplie lors de la première grande intervention de salut : l'Exode. L'Exode n'a pas mis en évidence toutes les choses merveilleuses que le peuple d'Israël avait accomplies pour Dieu. L'Exode nous conduit à nous émerveiller des merveilles que Dieu a faites pour Israël.

Rappelez-vous que Moïse n'était pas le leader typique auquel on aurait pu s'attendre. Il était un berger bègue chargé de conduire le plus grand mouvement politique de tous les temps. La plupart des gens se font une tout autre image de Moïse. Nous imaginons le capitaine d'une équipe de basketball mesurant 1,93 m, à la voix de baryton de Charlton Heston, interpelant le Pharaon d'un ton puissant : «Dieu dit, laisse partir mon peuple!» et chacun tremble alors devant la personne impressionnante de Moïse. Une des choses que nous savons de Moïse est qu'il n'avait pas la «parole facile», ce qui veut dire que sa présentation orale laissait vraiment à désirer. Peut-être avait-il une petite voix de souris, ou peut-être bégayait-il. Quoi qu'il en soit, lorsqu'il s'est présenté devant Pharaon et la cour pour revendiquer la liberté du peuple d'Israël, personne ne l'a pris au sérieux.

Par la suite, cependant, les plaies ont commencé. Tous les piliers de la puissance d'Égypte se sont écroulés les uns après les autres. L'immense fleuve du Nil fut transformé en sang. Le soleil fut obscurci. Des mouches envahirent le pays. Le fils aîné de toute maison qui n'était pas protégée mourut.

Tandis que le peuple d'Israël fuyait hors de l'Égypte et vers la liberté, personne n'a dit : «Quel leader, ce Moïse!» Personne, non plus, ne s'est émerveillé de la force de ce groupe d'esclaves. Les Israélites étaient plutôt dépassés par ce que Dieu avait fait pour eux.

C'est ce que devraient éprouver les chrétiens de chaque génération. La maison du salut n'est pas bâtie par nous, pour Dieu, mais par Dieu, pour nous. Dieu place une affiche à l'entrée de la zone de construction de son royaume où l'on peut lire : «Aide *non* demandée.»

Le principe du travail

Qu'est-ce que cela nous enseigne quant à notre responsabilité de travailler pour Dieu afin de compléter sa mission sur terre ?

Dieu n'a pas besoin de nous

Dieu bâtit une maison pour nous ; il n'attend pas que nous en bâtissions une pour lui. Le salut, du début à la fin, est l'œuvre de Dieu, et il n'a pas besoin de nous dans ce processus.

Jésus est allé *seul* à la croix. L'œuvre de la croix n'était pas un travail d'équipe. Tous ont abandonné Jésus à la croix. Comme David l'avait fait, Jésus est sorti seul sur le champ de bataille pour vaincre le géant de notre péché alors que nous sommes restés dans les gradins de notre infidélité à l'observer de loin.

C'est uniquement par la puissance de Dieu que Jésus est ressuscité des morts, sans l'aide de quiconque. Les disciples n'étaient pas à ses côtés munis de leurs chariots de réanimation, disant : «Allez, Jésus... Pierre, continue le bouche-à-bouche. Jean, donne-lui encore une décharge électrique.» Le Père a ramené Jésus à la vie *tout seul*.

La Bible enseigne également que Jésus établira *seul* son royaume éternel sur terre. Le livre de l'Apocalypse annonce que la nouvelle Jérusalem descendra sur terre, préparée par Dieu pour nous. Ce n'est pas nous qui, pour Dieu, la bâtissons jusqu'aux cieux à partir de la terre.

De la même manière, c'est Dieu seul qui peut bâtir son Église sur la terre aujourd'hui. Lorsque Jésus a envoyé ses disciples pour accomplir le Grand Mandat (Matthieu 16.18), il leur a dit: «*Je* bâtirai mon Église, et [...] les portes du séjour des morts ne prévaudront pas contre elle.» Et non pas: «Vous bâtirez mon Église, et je serai disponible pour vous aider si vous en avez besoin.»

Imaginez à quel point ce devait être accablant pour les disciples de se voir confier le Grand Mandat. «Eh bien, vous devez annoncer l'Évangile à toute personne de chaque pays du monde parce que je suis le seul par qui ils peuvent être sauvés, et vous êtes les seuls par qui ils peuvent l'entendre» (Actes 1.6-8).

C'est une mission considérable, impliquant beaucoup de travail. Nous ferions mieux de nous y mettre sur-le-champ. Étonnamment, la première chose que Jésus leur demande de faire ensuite est d'aller attendre. Ne faites rien. Rien, sauf attendre le Saint-Esprit. Certains des disciples, dotés d'une personnalité de type A, ont sans doute rétorqué: «Quoi! Nous devons nous organiser! Nous devons organiser des levées de fond. Nous devons former des prédicateurs. Le temps passe! Des gens meurent! Nous devons y aller *maintenant!*» Assurément, Jésus comprenait leur état d'esprit, mais il leur a dit d'attendre. Pourquoi? *Peut-être, entre autres, parce que Dieu voulait qu'ils comprennent que lui seul peut bâtir son Église et accomplir le Grand Mandat.* Ils étaient impuissants à sauver le monde. «Sans moi», leur avait dit Jésus, «vous ne pouvez *rien* faire.»

> L'Évangile brise tout orgueil et toute indépendance, et ce, de toutes les manières possibles.

De la première à la dernière page, la Bible affirme que «Dieu n'a pas *besoin* de nous pour quoi que ce soit». Vous et moi sommes tout à fait impuissants quand il est question de sauver et de guérir. Ce message est au cœur de l'Évangile. L'Évangile brise tout orgueil et toute indépendance, et ce, de toutes les manières possibles. La première œuvre que l'Évangile opère dans nos vies consiste à nous émerveiller en considérant ce que Dieu a fait pour nous.

Vous me répondrez sans doute : « Un instant ! Dieu n'a pas *besoin* de moi ? Cela veut-il dire que je peux faire tout ce que je veux, sans me soucier des autres, dépensant tout mon argent pour satisfaire mes désirs, simplement en me croisant les bras et en regardant Dieu nourrir les pauvres et témoigner aux âmes perdues ? »

Pas du tout. Voici d'ailleurs le deuxième volet du principe du don :

En tant que bénéficiaires de la grâce, nous voulons donner à Dieu en retour

Lorsque nous comprenons tout ce que Dieu nous a donné dans sa grâce et que nous voyons à quel point les besoins de ce monde sont grands, nous *voulons* travailler pour Dieu.

Dieu a dit à David qu'il avait la bonne attitude, mais le mauvais programme. David voyait tout ce que Dieu avait fait pour lui, et il voulait faire quelque chose en retour. Il voulait que tous en Israël sachent que Dieu était le héros de qui dépendait sa réussite. Le temple qu'il voulait bâtir devait diriger l'attention du peuple vers la grandeur de Dieu. Dieu a déclaré à David : « Puisque tu as eu à cœur de bâtir une maison à mon nom, tu as bien fait d'avoir eu cela à cœur » (2 Chroniques 6.8).

Par conséquent, après que Dieu ait refusé ses projets de construction, David a commencé à préparer tous les matériaux et à faire les plans du temple afin que Salomon ait tout ce qu'il lui fallait pour le construire (1 Chroniques 22.1-6). David voulait faire *quelque chose* pour Dieu, après ce que Dieu avait fait pour lui. Même si Dieu n'avait pas besoin de lui pour bâtir le temple, David aspirait à servir le Dieu qui avait accompli tant de choses pour lui.

L'Évangile devrait nous inciter à donner à Dieu en retour. Pensez-y : où seriez-vous sans Jésus ?

Et lorsque nous considérons combien meurent sans Dieu dans le monde, à la fois physiquement et spirituellement, nous voulons voir la grâce qui nous a été offerte, leur être offerte également. Comment une personne centrée sur l'Évangile *pourrait*-elle employer ses ressources autrement ?

Nous devons nous offrir à Dieu et, selon la direction qu'il nous donne, accomplir ce qu'il nous demande de faire

Lorsque nous combinons ces deux premiers principes, nous en venons au troisième : ceux qui sont centrés sur l'Évangile s'offrent à Dieu avec joie et lui obéissent, sachant que seul ce qu'il nous rendra capables de faire aura un impact réellement bénéfique. Voici ce que nous devons faire : offrir tout ce que nous pouvons à Dieu et lui demander de diriger. C'est exactement ce qu'a fait David.

Le livre des Actes offre une perspective très claire de ce processus. Après la venue du Saint-Esprit, les disciples ne sont pas restés les bras croisés en se disant : « Génial ! Nous sommes heureux que tu sois là, Saint-Esprit. Avise-nous lorsque l'évangélisation de la terre sera terminée. Nous, on s'en va à la pêche. » Au contraire, ils ont déclaré : « Me voici, envoie-moi ! » Ils ont prié Dieu de leur donner les moyens et de les envoyer. Ils ont demandé à Dieu de se servir d'eux. Ils savaient que si Dieu ne les envoyait pas, ils seraient incapables d'accomplir quoi que ce soit de bien. Ainsi, en réponse à l'Évangile, ils ont demandé d'être envoyés. Ils voulaient être mis au service des autres tout comme Jésus s'était mis à leur service, mais pas avec la notion idolâtre et orgueilleuse qu'ils allaient bâtir le royaume de Dieu tout seuls.

Nous ne portons pas le poids du salut du monde sur nos épaules. Nous ne pourrions le supporter. Et nous ne pourrions vraiment rien y changer de toute manière. Dieu seul sauve. Dieu pourvoit. En réponse à l'Évangile, néanmoins, nous nous offrons entièrement à Dieu, espérant voir le salut du monde. Puis, nous faisons ce qu'il nous conduit à faire. Ceux qui placent *toutes* leurs ressources à la disposition de Jésus en réponse reconnaissante à sa grâce et avec une grande confiance en sa puissance trouveront une puissance quasi illimitée à leur disposition. Pensez simplement à l'histoire du garçon qui avait cinq pains et deux poissons (Jean 6.1-15) ou à la veuve qui a donné les deux pièces (Luc 21.1-4). Dieu n'avait pas besoin de ce qu'ils donnaient. En fait, le petit garçon est rentré chez lui avec plus que ce qu'il avait donné. Mais plus de cinq mille personnes furent nourries.

Entendre Nathan

Peut-être dites-vous : «C'est très bien... Mais je n'ai jamais connu de Nathan qui, à la suite d'un rêve, m'a dit ce que Dieu attendait de moi. Comment suis-je censé savoir de quelle manière Dieu veut que je travaille pour lui[1] ?»

En théorie, Dieu n'a jamais dit à David de préparer des matériaux pour la construction du temple. David s'est simplement mis à la tâche, et Dieu ne l'en a pas empêché.

Voici donc quelques pensées pour vous aider à considérer ce que vous devriez faire pour Dieu :

1. **Commencez par les besoins qui sont sous vos yeux.** Le livre de Jacques affirme que si quelqu'un se tient à votre porte avec un besoin, c'est l'intention de Dieu que vous répondiez à ce besoin. L'idée que «Dieu n'a pas besoin de nous» ne devrait jamais être utilisée comme une excuse pour ne pas répondre aux besoins qui sont sous nos yeux. Jésus a loué le Bon Samaritain de la parabole parce qu'il

avait comblé le besoin qu'il voyait, et a critiqué le prêtre et le lévite qui, passant à côté de l'homme, se sont sentis «appelés» à des choses plus importantes. Alors, commencez par aider ceux qui sont dans le besoin et se tiennent «à votre porte». Si vous voyez un besoin auquel vous pouvez répondre, n'hésitez pas[2].

2. **Évaluez soigneusement comment vos compétences professionnelles peuvent être mises au service du royaume de Dieu.** Comment pourriez-vous utiliser votre emploi pour être en bénédiction aux autres[3]? L'un des outils les plus négligés pour nous aider à discerner ce que Dieu veut que nous fassions est l'Église locale. Tout comme Dieu a utilisé Nathan, qui faisait partie de la communauté spirituelle de David pour le diriger, Dieu se servira de son Église locale pour vous diriger.

3. **Renseignez-vous auprès de votre Église locale pour savoir où vous pourriez vous investir.** Dieu nous a donné l'Église locale pour nous aider à nous diriger en répondant aux besoins spirituels et physiques de notre ville. Si votre Église n'exerce aucun ministère envers sa ville, fréquentez-en une autre.

4. **Considérez si un domaine précis suscite en vous une passion ou un intérêt croissant.** Qu'est-ce qui vous tient à cœur? Y a-t-il un groupe ethnique, un pays, auquel vous pensez constamment? Rêvez-vous d'accomplir quelque chose de particulièrement extraordinaire pour Dieu? Confiez-le à Dieu, et demandez-lui de vous envoyer. Attendez qu'il ouvre les portes (Psaumes 37.4,5). N'ayez pas peur (dans les mots de William Carey) «Attendez-vous à de grandes choses de la part de Dieu, puis tentez d'accomplir de grandes choses pour Dieu.» Dieu peut vous dire «non» s'il le veut, mais souvent le rêve lui-même provient de

lui. C'est souvent un profond désir de nos cœurs qui nous incite à servir les autres au nom de Christ et qui nous aide à découvrir nos dons spirituels.

5. **Écoutez ce que les autres croyants ont à dire au sujet de vos dons.** Souvent, Dieu se sert d'un membre de l'Église pour nous aider à discerner nos dons spirituels. Les autres voient parfois un domaine où nous sommes particulièrement doués, ou un domaine de leur vie où Dieu s'est servi de nous. C'est ainsi que j'ai découvert mon don pour la prédication. Les gens me disaient comment Dieu m'avait utilisé dans leur vie par mon enseignement de la Parole de Dieu.

6. **Soyez ouvert à la direction du Saint-Esprit.** Tout comme Dieu a donné un message à Nathan, il peut vous en donner un. Cela peut se présenter sous la forme d'une parole de prophétie, le conseil d'un ami sage, une porte fermée, ou tout autre moyen choisi par Dieu. La communication n'est pas chose nouvelle pour Dieu. Il peut vous faire parvenir le message. Vous pouvez lui faire confiance.

Dieu est le maître d'œuvre de sa maison, vous et moi ne sommes que de simples ouvriers. Nous ne faisons que suivre les directives; il pourvoit les ressources. Il nous dira ce qu'il veut que nous fassions. Puis, nous le ferons avec ce qu'il aura pourvu.

Salomon, le fils de David, que Dieu a utilisé pour bâtir la version terrestre du temple que David avait voulu bâtir lui-même, l'exprime probablement le mieux : « Si l'Éternel

> Dieu est le maître d'œuvre de sa maison. Il nous dira ce qu'il veut que nous fassions. Puis, nous le ferons avec ce qu'il aura pourvu.

ne bâtit la maison, ceux qui la bâtissent travaillent en vain» (Psaumes 127.1).

Nous devrions aspirer à ce que Dieu bâtisse sa maison par nous, et nous attendre à ce qu'il se serve de nous pour le faire. Toutefois, nous offrir à Dieu avec empressement n'est pas la même chose que nous jeter sur un projet pour le faire pour lui. Contrairement à l'opinion populaire, le Grand Mandat ne commence pas par «Allez, faites de toutes les nations des disciples.» Le Grand Mandat commence ainsi : «Tout pouvoir m'a été donné dans le ciel et sur la terre» (Matthieu 28.18). Avant que Jésus ne leur confie le Grand Mandat, il rappelle aux disciples que cette grande mission est la sienne. Il est celui qui a la puissance de bâtir son Église, et il désire le faire à travers nous. Comme le dit Michael Horton : «Le Grand Mandat commence par la Grande Déclaration[4].»

Ce n'est qu'en en croyant à la toute-suffisance du Dieu de la Grande Déclaration que nous aurons la confiance nécessaire pour tenter des choses audacieuses en vue du Grand Mandat.

Donc, demandez sincèrement à Dieu de vous envoyer, puis faites ce qu'il vous montrera avec la confiance qu'il le fait à travers vous. C'est la seule manière juste d'œuvrer pour Dieu.

CHAPITRE 14

À QUOI RESSEMBLE UNE ÉGLISE CENTRÉE SUR L'ÉVANGILE ?

Voici où cela devient vraiment passionnant. C'est une chose pour un individu d'être éveillé à la grandeur de l'Évangile, mais cela atteint un tout autre niveau lorsqu'une Église entière l'expérimente. Pouvez-vous imaginer le témoignage que pourrait avoir sur leur entourage une centaine de personnes vivant ensemble des vies centrées sur l'Évangile au sein d'une Église locale ? Pouvez-vous saisir la sorte de grâce et de miséricorde qui émanerait de leur communion, et l'effet qu'ils pourraient produire en étant pour leur collectivité ce que Jésus a été pour eux ? À quoi pourrait ressembler une Église entière de personnes qui commencent à comprendre la volonté et la puissance de Dieu en ce qui a trait au salut de leur communauté, et qui en conséquence prie pour ce salut ? Le simple fait de l'écrire me remplit d'enthousiasme.

Alors, plongeons directement au cœur de la question : À quoi ressemble une Église centrée sur l'Évangile ?

Voici trois qualités d'une Église «centrée sur l'Évangile». Malheureusement, je crois qu'il est rare qu'une Église réussisse à incarner les trois.

1. Dans une Église centrée sur l'Évangile, prêcher le message de l'Évangile est la priorité. L'Évangile consiste à proclamer, non ce que nous devons faire pour Dieu, mais ce qu'il a déjà fait pour nous.

En grec, le terme *Évangile* n'était pas une expression strictement religieuse. Cela voulait simplement dire «bonne nouvelle». Lorsqu'un roi grec remportait une bataille, il envoyait un «porteur de l'Évangile» parcourir la Grèce pour annoncer qu'il avait remporté la bataille, maîtrisait de nouveau la situation, et que le peuple était libre. À cette annonce, le peuple était censé le croire et vivre en conséquence.

L'Évangile est la proclamation que Jésus est Seigneur et qu'il a remporté la bataille pour votre salut. Nous devons répondre avec repentance et avec foi (Marc 1.15). L'Évangile n'est pas *un bon conseil* sur la manière de vivre notre vie; c'est *une bonne nouvelle* à propos de ce que Dieu a accompli.

Jésus dit à ses disciples d'être «ses témoins», ce qui signifie qu'ils devaient raconter à tous, fidèlement, le récit de ce qu'*il avait fait* pour le monde. Leurs vies allaient certainement démontrer les changements que sa puissance opérait en eux, mais ils devaient constamment souligner ce qu'il avait fait comme étant la source même de cette transformation.

Là où l'histoire de l'œuvre de Jésus-Christ n'est pas racontée, il n'y a pas de ministère de l'Évangile.

> Là où l'histoire de l'œuvre de Jésus-Christ n'est pas racontée, il n'y a pas de ministère de l'Évangile.

Avez-vous déjà entendu cette citation (attribuée à François d'Assise): «Prêchez l'Évangile. Utilisez des mots, lorsque c'est nécessaire.» Comment expliquer l'Évangile sans l'usage de *mots*? C'est comme dire: «Donne-moi ton numéro de téléphone. Si nécessaire, utilise des chiffres.» Votre numéro de téléphone *est* constitué de chiffres. L'Évangile est constitué de mots annonçant l'œuvre du Christ. Les gens ne peuvent pas connaître l'histoire du Christ simplement en regardant notre vie. Ils verront peut-être des reflets de la bonté du Christ, mais s'attendre à ce qu'ils saisissent l'Évangile seulement en nous regardant équivaut à essayer de comprendre le bulletin de nouvelles télévisé lorsque le son est en sourdine.

Nous devons prêcher la Parole en tout temps, en tout lieu. C'est ce que faisait l'Église primitive. Partout, de maison en maison, ils étaient sans cesse en train d'annoncer le récit de Jésus.

2. Dans une Église centrée sur l'Évangile, l'accent du message est plus sur ce que Dieu a fait pour nous que sur ce que nous devrions faire pour lui. Vous avez certainement compris maintenant que la seule chose qui suscite réellement une croissance spirituelle est le fait de bâtir sur ce que Dieu a fait pour nous : méditer sur cette vérité, en être émerveillé, et s'y tenir fermement.

Lorsque notre message et notre ministère mettent l'accent sur autre chose, nous coupons le lien vital entre les gens et la puissance de Dieu, quelles que soient l'utilité et la pertinence de l'autre message que nous prêchons. *Rien* de ce que nous pourrions faire pour Dieu n'est aussi important que ce qu'il a déjà fait pour nous.

En considérant le christianisme dans son ensemble, je vois des Églises mettre l'accent sur toutes sortes de *bonnes* choses qui empêchent malheureusement les gens de se concentrer sur la chose *essentielle*, la gloire et la grâce de Dieu révélées dans l'Évangile.

Très peu de ces autres choses sont mauvaises en soi, mais elles le deviennent simplement parce qu'elles éclipsent la seule chose qui *est en soi* la puissance de Dieu pour nous : l'Évangile.

Les descriptions qui suivent n'ont pas pour objectif de caricaturer diverses traditions, mais elles peuvent vous aider à voir où diverses traditions ont tendance à substituer autre chose à l'Évangile comme moyen principal de croissance spirituelle.

Dans plusieurs Églises « charismatiques », l'accent est mis sur l'expérience du Saint-Esprit. Nous avons certainement besoin de connaître l'Esprit intimement. Cependant, l'expérience du Saint-Esprit ne devrait pas remplacer la centralité de l'Évangile. En effet, l'Esprit aspire avant tout à rendre l'Évangile tangible à nos cœurs (2 Corinthiens 3.18 – 4.4), et le moyen d'être rempli de l'Esprit, c'est de saisir l'Évangile et d'y croire encore davantage. En d'autres mots, *nous sommes remplis du Saint-Esprit uniquement quand nous renouvelons nos pensées dans la conscience de l'Évangile, et non à travers une cérémonie particulière.* Vous voulez être rempli du Saint-Esprit ? Croyez de nouveau à l'Évangile (Galates 3.1-3, Actes 10.43-45). Lorsque nous enseignons aux gens à se rapprocher de Dieu au moyen d'une expérience spectaculaire au lieu de les diriger à renouveler leur foi en l'Évangile, nous portons ombrage à l'Évangile en prônant une expérience secondaire. L'Esprit lui-même ne ferait *jamais* cela. Son rôle est de nous aiguiller vers les gloires de l'Évangile (Jean 15.26).

Dans plusieurs Églises « axées sur les non-croyants », l'accent est mis sur des plans d'action composés d'étapes claires et pratiques pour la vie chrétienne. « Montre-leur « comment le vivre, dit-on. Montre-leur comment Dieu peut rétablir leur mariage. Montre-leur à quel point leur vie serait meilleure s'ils vivaient selon Dieu. » Étant doté d'une personnalité de type A, et donc orienté sur les tâches, *j'affectionne particulièrement les plans d'action.* Toutefois, les plans d'action ne peuvent transformer le cœur. Qu'on me dise quoi faire ne peut me transformer ; seul le fait de me tenir dans l'émerveillement de ce que Dieu a fait le peut. Apprendre « cinq étapes pour mieux communiquer » sera beaucoup moins bénéfique à ma relation de couple que de réaliser les milliards de pas que Dieu a pris pour s'approcher de moi en Jésus-Christ.

Tim Keller a dit ceci : « La religion vous dit d'aller et d'être transformé ; l'Évangile vous transforme sur place. » Les plans d'action qui ne découlent pas de l'adoration de Jésus et de la gratitude pour ce qu'il a accompli produiront ultimement des pharisiens frustrés et enorgueillis, peu importe à quel point ces plans d'action sont bien présentés.

Dans plusieurs Églises « fondamentalistes », l'accent est mis sur un comportement adéquat. Vous en sortez toujours sachant comment les chrétiens devraient se comporter, s'exprimer, ou s'habiller. Honnêtement, je n'ai pas vraiment de problème concernant les « lignes directrices ». À l'évidence, nous nous attendons tous à ce que les gens suivent un certain code de conduite. Même dans les Églises les plus décontractées nous nous entendons tous normalement sur le fait que les filles ne devraient pas se promener les seins nus, les hommes ne devraient pas porter de string, et les diacres ne devraient pas s'exprimer en jurons. Le problème n'est pas les lignes directrices en tant que telles ; le problème est lorsque l'accent sur les lignes directrices l'emporte sur l'Évangile lui-même. Employer un vocabulaire plus propre ne peut me transformer. *Agir* comme un chrétien ne peut me transformer. Seul le fait d'être émerveillé par le Dieu de l'Évangile peut le faire. Le problème principal ne réside pas dans les lignes directrices (bien que certaines d'entre elles puissent être ridicules parfois) ; le problème, c'est *l'accent* qu'on place sur elles.

Dans plusieurs Églises « plus modernes », l'accent est placé sur le relâchement des normes du fondamentalisme. Dans les Églises de nos grands-parents, notre spiritualité était mesurée par l'assiduité à l'Église, à l'école du dimanche, aux réunions du dimanche et du mercredi soir ; l'assistance aux soirées d'évangélisation ; la régularité dans les visites hebdomadaires ; et par le fait de connaître tous les quarante-sept couplets du cantique « Tel que je suis ». Les Églises contemporaines se contentent souvent de modifier cette liste et de supprimer le port de la cravate. La nouvelle liste inclut le bénévolat à l'une des réunions du weekend, la participation aux groupes maison et le montant de la dîme à donner. Les éléments qui composent la liste ont peut-être changé, mais ils restent tout de même une liste de choses à faire. L'attente demeure toujours que les modifications extérieures du comportement soient la méthode principale par laquelle Dieu transforme nos cœurs. Une bonne part du christianisme nouveau, décontracté, émergent est en fin de compte un « vieux légalisme » en vêtements grunge. Michael Horton dit ceci : « En fin de compte, malgré la sévérité des critiques émises par les mouvements plus récents envers le modèle des méga-Églises, l'accent demeure toujours sur le niveau de participation aux activités plutôt que sur l'immersion des gens dans la plus belle histoire jamais racontée[1]. »

Dans plusieurs Églises « réformées », les détails doctrinaux de la Réforme portent ombrage à la croix. On suppose que si vous pouvez maîtriser les cinq points du calvinisme (T.U.L.I.P.)[2], et êtes dévoués à 1, 2 et 3 « Jean » (ou John : Jean Calvin, John Piper, et John MacArthur), vous êtes alors acceptables sur le plan spirituel et tout va dans votre vie. La doctrine correcte est bien entendu essentielle, mais aucune « fleur doctrinale » (tulipe) ne peut transformer votre cœur. Seule la beauté de Jésus transforme le cœur. Je sais que certains diront : « Mais les cinq points du calvinisme *sont* l'essentiel de l'Évangile ! » Peut-être. Néanmoins, si vous appuyez sur la conformité à votre version des cinq points plus que sur une simple adoration du Christ crucifié, vous avez remplacé l'adoration par l'information. L'information correcte est essentielle, mais j'ai connu beaucoup trop de gens qui étaient plus emballés par les cinq points du calvinisme que par l'œuvre du Christ à la croix. J'ai aussi connu beaucoup de gens qui n'adoptent pas la même position que moi sur les cinq points, et qui sont passionnément amoureux de Jésus et tout à fait émerveillés par sa grâce.

Dans plusieurs Églises de « l'évangile de la prospérité », l'accent est mis sur la vie victorieuse, remplie de bénédictions que Dieu désire que vous viviez. Je n'ai aucun problème avec l'enseignement voulant que Dieu désire bénir ses enfants. C'est vrai. Mais ce qui vous transforme vraiment, ce n'est pas l'espoir que Dieu peut vous bénir en vous accordant plus de richesses matérielles à l'avenir. Ce qui vous transforme est le fait de prendre conscience que Dieu lui-même est meilleur que n'importe quelle bénédiction qu'il pourrait vous donner, et que même si vous deviez perdre toutes vos possessions, mais que vous l'ayez lui, vous auriez tout. Parfois, Dieu vous enseigne cela par la douleur et la privation. Le *réel* dommage accompli par l'enseignement de la prospérité est qu'il oriente nos regards sur les dons de Dieu plutôt que sur Dieu lui-même. Lorsque «la mesure de bénédictions que nous recevrons de Dieu si nous obéissons» supplante «la valeur du Dieu qui s'est donné à nous à la croix», nous encourageons l'idolâtrie et freinons la véritable croissance spirituelle.

> Ce qui vous transforme est de prendre conscience que Dieu lui-même est meilleur que n'importe quelle bénédiction qu'il pourrait vous donner.

Dans plusieurs Églises « axées sur la vie de disciple », l'accent est placé sur un engagement radical, sacrificiel, à la vie de disciple et à la générosité. Encore une fois, amen! Il est vrai que suivre Jésus signifie renoncer à tout ce que nous avons, prendre notre croix pour le suivre, et partager nos ressources pour son royaume. *Mais comment donc produire un cœur rempli de générosité, un cœur qui se donne pour le monde parce qu'il l'aime comme Dieu l'aime?* L'apôtre Jean disait que notre générosité radicale devrait démontrer notre amour[3]. L'amour sans générosité radicale est sans valeur (1 Jean 3.16-18), dit-il, mais il en va de même pour la générosité radicale sans amour (1 Corinthiens 13.1-3). Les commandements qui incitent à une vie et à une générosité radicales devraient être enveloppés de l'annonce de l'amour de Dieu qui nous a été démontré en Christ, car c'est seulement par ce message que nous apprendrons à aimer Dieu (1 Jean 4.19).

Si nous nous contentons de commander la générosité, nous ne produirons que des gens désespérés qui s'empresseront de poser des gestes généreux à outrance afin de prouver qu'ils sont sauvés. C'est un type de justification par les œuvres, puisque les œuvres ont pour seul but de prouver que nous sommes enfants de Dieu.

Un cœur généreux n'est formé en nous qu'au moment où nous saisissons et croyons l'Évangile. Ces personnes qui ont goûté l'Évangile répondront par une générosité extravagante. Ne confondez pas le diagnostic et le pronostic. Le diagnostic identifie le problème ; le pronostic trouve la solution. Si nos cœurs sont insensibles et égoïstes, nous ne pouvons y remédier simplement en donnant de l'argent. Nous devons d'abord prendre conscience de la bonté extravagante de Dieu envers nous en Christ. L'égoïsme est le diagnostic ; l'Évangile est le pronostic principal.

Dans plusieurs Églises « émergentes », l'accent est sur la nature holistique du salut, en particulier la justice sociale et les questions de réconciliation raciale. Amen ! Nous devons prêter attention à ces questions, et les chrétiens centrés sur l'Évangile les auront à cœur. Mais vous ne devez pas confondre les *effets* de l'Évangile et l'Évangile lui-même. En Galates 3, Paul dit que juif et païen seraient réunis lorsqu'ils comprendraient ce que Dieu a accompli pour notre salut commun. L'Évangile nous transforme de sorte que nous avons désormais à cœur les victimes d'injustices et nous nous impliquons. Ce sont les effets de l'Évangile ; ce n'est pas l'Évangile même. Imiter les chrétiens du premier siècle ne transformera pas nos cœurs ; comprendre ce que Jésus a accompli pour nous au premier siècle le fera.

Dans presque tous les exemples précédents, le problème ne réside pas dans le contenu enseigné, mais plutôt dans *l'accent* qui est placé sur celui-ci. L'erreur, dit-on, est souvent simplement «la vérité hors de proportion[4]». En d'autres mots, «l'hérésie» n'est pas simplement une fausse doctrine, mais également l'insistance sur certains aspects de bonnes doctrines. J'apprécie beaucoup ce qu'a dit Michael Horton : «Le fait d'ajouter à l'Évangile, comme celui d'y retrancher quelque chose peut donner lieu à un "christianisme sans Christ"[5].»

Les Églises centrées sur l'Évangile mettent l'accent sur la bonne nouvelle de l'œuvre du Christ pour nous. Les doctrines secondaires *découlent* de celle-là; elles ne l'éclipsent pas.

3. Dans une Église centrée sur l'Évangile, les membres incarnent la beauté de l'Évangile dans leur communauté. Même si l'Évangile est premièrement un message, il est toujours accompagné de la démonstration de ce message. Chaque fois que l'Évangile était prêché par Jésus et par les premiers apôtres, il était accompagné de «signes». C'était plus que des trucs de magie impressionnants; les signes étaient des miracles qui accompagnaient le message. Ils manifestent de manière tangible le message du royaume de Dieu.

Un signe n'est pas toujours miraculeux. Il démontre simplement l'amour et la beauté du royaume de Dieu. L'Église, dit Paul, doit être la communauté dont Dieu se sert pour montrer sa sagesse infinie et sa puissance incroyable au monde qui regarde (Éphésiens 3.10,11,21).

Dans le livre des Actes, alors que l'Église primitive était tout simplement «l'Église», Luc nous dit que «la crainte s'emparait de chacun», qu'ils «obtenaient la faveur de tout le peuple» et que «le Seigneur ajoutait chaque jour à l'Église ceux qui étaient sauvés» (Actes 2.42-47). En d'autres mots, ils évangélisaient la communauté juste en faisant ce qu'une Église locale en bonne santé est censée faire (prier, partager, prêcher la Parole constamment,

> La population locale devrait voir dans une Église en bonne santé une image de la gloire de l'Évangile.

etc.). La présence d'une Église locale en bonne santé au milieu d'une communauté est le plus grand catalyseur pour l'évangélisation de cette communauté. La population locale devrait voir dans une Église en bonne santé une image de la gloire de l'Évangile. Ce faisant, plusieurs dans cette communauté seront submergés par un sentiment de crainte et d'émerveillement et plusieurs seront amenés à croire – tout comme la population l'a été dans Actes 2.42-47.

Nous voyons au moins quatre choses dans le livre des Actes à propos de l'Église qui « émerveillaient » la communauté. Chacune d'elles met l'Évangile au premier plan. Chacune d'elles sera présente dans une congrégation centrée sur l'Évangile.

L'Église et le livre des Actes

L'amour et l'unité dans l'Église

L'amour et l'unité de l'Église locale émerveillaient la communauté. C'était plus qu'une fraternité d'amis; c'était une famille diversifiée faisant preuve d'une unité inattendue. À une époque de ségrégation, l'Église locale était la seule institution du monde romain où régnait l'unité entre groupes ethniques et classes sociales. Les Églises que Paul avait implantées étaient des fraternités diversifiées de Juifs et de païens, jeunes et vieux, pauvres et riches. Rodney Stark affirme que cela a été l'un des plus grands facteurs contribuant à la croissance exponentielle de l'Église au cours des quatre premiers siècles après le Christ[6].

Francis Schaeffer est connu pour avoir appelé l'Église : «l'argument final de Dieu» à un monde sceptique. En effet, le monde voit en l'Église une unité qui dépasse le raisonnement ; qui démontre que tous ont un ancêtre commun (Dieu) ; un problème commun (le péché) ; et un Sauveur commun (Jésus).

La générosité

La générosité radicale de l'Église émerveillait la communauté, et attirait l'attention sur la générosité radicale du Christ. L'empereur Julien, l'un des persécuteurs les plus acharnés du christianisme, se plaignit dans une lettre à un ami qu'il ne pouvait pas empêcher l'Église de grandir, quoi qu'il fasse. Dégoûté, il écrivait : «Ces infâmes Galiléens ! Non seulement prennent-ils soin de leurs pauvres, mais aussi des nôtres.» Ce sont des chrétiens qui se donnaient tout entier à ceux qui n'auraient jamais pu leur rendre quoi que ce soit en retour, qui ont convaincu un monde romain sceptique de la vérité des affirmations de Jésus. J'en suis venu à observer la même chose au sein de ma collectivité également. J'habite dans ce que le magazine *Forbes* décrit comme «le centre éducatif des États-Unis». Or, le scepticisme accompagne souvent l'éducation. Dans notre communauté, la générosité extravagante a souvent été plus convaincante que notre raisonnement philosophique (ce qui ne signifie pas que nous ne présentions pas souvent des réponses raisonnables à la foi chrétienne !). Dans une époque postchrétienne sceptique, la démonstration de l'amour est l'apologie la plus convaincante.

Dans l'Église primitive, personne n'avait faim. Personne n'était sans abri. Les besoins de tous étaient satisfaits. Les gens vendaient des champs, pourvoyaient à la nourriture, et donnaient toutes leurs ressources pour le bien des autres. La population environnante était émerveillée. Et elle a cru.

La joie au milieu de la persécution

La joie avec laquelle l'Église primitive endurait la souffrance émerveillait aussi les gens. Leur volonté de témoigner de Jésus quoiqu'il en coûte était troublante aux yeux de l'observateur moyen (Actes 4.13). Leur capacité d'éprouver de la joie au milieu de grandes souffrances attirait l'attention sur la valeur qu'ils attribuaient à Dieu. N'importe qui peut être heureux lorsque tout va bien. En revanche, lorsque Paul a été injustement retenu captif dans une prison philippienne, la chair de son dos à vif en raison des coups de la nuit précédente, il louait Dieu au lieu de le maudire ou de chercher à se venger: le geôlier philippien sceptique l'a remarqué (Actes 16.25-31).

Je regardais une émission télévisée un matin avec mon enfant de cinq ans lorsqu'un prédicateur affichant un sourire grand comme le Texas est apparu à l'écran pour expliquer aux auditeurs que s'ils acceptaient de lui donner un «don semence» de 1500 $, Dieu allait certainement multiplier ses bénédictions à leur égard. Il pressait les auditeurs criblés de dettes d'utiliser le crédit non utilisé sur leurs cartes bancaires pour lui faire un don. «Dieu va peut-être vous récompenser en vous donnant une BMW, disait-il, et vos voisins seront émerveillés par le sourire que vous afficherez au volant de votre nouvelle voiture, et vous pourrez leur dire la bonne nouvelle de ce que Jésus a fait pour vous.»

Vraiment? Vos voisins seront *émerveillés* par votre sourire lorsque vous serez au volant de votre nouvelle BMW? Je soupçonne que n'importe qui sourirait dans ces circonstances. Ce qui émerveillera les gens, cependant, c'est lorsque le corps ravagé par un cancer et ayant perdu toutes vos économies, vous pouvez encore dire: «J'ai une espérance et une joie en Dieu qui surpasse ces circonstances.» C'est lorsque nos circonstances sont les plus sombres que notre espérance en Dieu brille le plus.

La réponse miraculeuse aux prières

Le dernier point, mais non le moindre : les réponses miraculeuses que Dieu a données aux prières de l'Église primitive émerveillaient la communauté. Les réponses miraculeuses aux prières ne sont pas le propre de la période apostolique. Ne les considérez pas simplement comme vestiges du passé. Dieu a affirmé à maintes reprises dans la Bible que ce qui distingue son peuple, c'est la manière dont il exauce ses prières (Deutéronome 4.7). La seule raison pour laquelle nous ne voyons pas Dieu agir parmi nous comme eux le voyaient est peut-être que nous ne le demandons pas comme eux le demandaient[7].

Dans le livre des Actes, 39 miracles sur 40 sont survenus *à l'extérieur* de l'Église, dans la communauté. Je dis souvent à notre Église que cela signifie que comme pasteur, je n'ai accès qu'à un quarantième de la puissance de Dieu, puisque je passe le plus clair de mon temps dans l'Église ! La plus grande part leur revient. La puissance de Dieu est prête à être manifestée dans la communauté. Il désire démontrer dans notre ville qu'il a la volonté et la puissance de sauver.

Lorsque je vivais parmi les musulmans en Asie du Sud-Est, il y a eu des moments où je ne savais vraiment pas comment m'y prendre pour leur faire connaître Jésus. Alors, j'offrais de prier pour des malades. J'imposais les mains à des dizaines de malades et je priais pour eux au nom de Jésus. Certains guérissaient. Je n'oublierai jamais le jour où un groupe de garçons de douze ans a sonné à ma porte pour me demander de prier pour la mère de l'un d'eux. J'ai entendu un des garçons à l'arrière du groupe dire : « Pourquoi lui demandes-tu de venir ? Il n'est pas musulman. » L'autre garçon lui a répondu : « Peut-être, mais Dieu écoute ses prières. »

Dieu authentifie souvent son message dans une communauté par des réponses miraculeuses aux prières de l'Église locale.

Les signes soulignent le message, ils ne le remplacent pas

L'amour et l'unité. La générosité. La joie malgré la persécution. Les réponses miraculeuses aux prières. Ce sont des choses merveilleuses. Mais nous devons nous rappeler une fois de plus que ces œuvres extraordinaires soulignent, mais ne remplacent en aucun cas l'explication verbale de l'Évangile. Notre générosité, notre joie, notre amour, et toute puissance miraculeuse ne font que démontrer l'Évangile glorieux que nous proclamons par nos paroles. Ces choses ne peuvent remplacer la prédication. Les signes ne sont utiles que lorsque leur message est clair.

Chaque fois qu'une œuvre bonne, quel qu'en soit le bien-fondé, faisait ombrage à la prédication du message, Jésus et les apôtres l'interrompaient sur-le-champ. Car les signes devaient pointer vers le message. S'ils distrayaient du message, ils n'avaient plus leur raison d'être.

Par exemple, après que Jésus ait nourri miraculeusement les cinq mille avec cinq pains et deux poissons, les gens sont devenus obsédés par la puissance qu'avait Jésus de remédier à la faim dans le monde. Ils voulaient le proclamer roi à cet endroit même et à ce moment même. Quelle a été la réponse de Jésus ? A-t-il mis sur pied mouvement visant à enrayer la faim ? Au contraire. Il a même refusé de répéter ce miracle et a plutôt prêché au peuple la nécessité de le voir lui comme étant le Pain de vie (Jean 6.26,27).

Un jour, un homme a demandé à Jésus de l'aider à résoudre une dispute de propriété entre lui et son frère. Cet homme avait raison de se plaindre de l'injustice. Et nous savons que Dieu s'intéresse à la justice (Ésaïe 58 ; Amos 4.6-8). Pourtant, dans cette situation, Jésus a refusé d'intervenir, disant que ce n'était pas sa mission. Il a plutôt prêché aux deux hommes un sermon sur l'avarice. La mission de Jésus était premièrement d'interpeler les cœurs en leur montrant leur besoin de l'Évangile (Luc 12.13,14).

Dans Actes 6, les apôtres ont été informés d'un besoin social légitime de leur communauté : les veuves avaient besoin qu'on les aide à se procurer la nourriture nécessaire. Les apôtres ont répondu que d'autres y pourvoiraient, car ils ne pouvaient se laisser distraire de leur tâche principale, c'est-à-dire la prédication (Actes 6.1-5).

Martyn Lloyd-Jones a commenté ce récit comme suit :

> Pouvez-vous entendre les gens de l'époque s'opposer : « À quoi bon prêcher si des gens souffrent et meurent de faim parmi nous ? Le temps de la prédication est révolu. Voici venu le temps de l'action. » Cependant, sous l'influence du Saint-Esprit, les apôtres ont reconnu le danger d'une telle tentation, et ils ont déclaré : « Il ne convient pas que nous délaissions la Parole de Dieu pour servir aux tables. C'est pourquoi, frères, choisissez parmi vous sept hommes, de qui l'on rende un bon témoignage, remplis de l'Esprit et de sagesse, et nous les chargerons de cet emploi[8]. »

Rien, quelle qu'en soit l'importance ou l'urgence, ne doit nous empêcher de poursuivre notre objectif principal : *prêcher l'Évangile*. Mais alors que nous le prêchons, nos vies doivent être un témoignage visible de l'amour, de la paix et de la joie de l'Évangile. Notre communauté devrait pouvoir goûter en nous l'amour du Christ d'une manière qui suscite en eux l'émerveillement et une soif encore plus grande.

Est-ce à cela que ressemble votre vie ? À quand remonte la dernière fois où une personne a été émerveillée par votre générosité ? Quand vous a-t-on demandé pour la dernière fois d'où venait

> Rien ne doit nous empêcher de poursuivre notre objectif principal : prêcher l'Évangile.

votre joie au milieu de la souffrance? Votre Église agit-elle ainsi dans sa communauté?

Comment une Église de la classe moyenne a-t-elle appris à représenter l'Évangile?

En 2004, Dieu a convaincu notre Église que nous ne démontrions pas la générosité de l'Évangile envers notre communauté. J'enseignais la première moitié du livre des Actes et nous sommes arrivés à Actes 8.6-8 où il est écrit: «Les foules, d'un commun accord, s'attachaient à ce que disait Philippe, en apprenant et voyant les miracles qu'il faisait. [...] Et il y eut une grande joie dans cette ville.»

J'ai demandé aux gens de l'Église s'ils croyaient que notre présence suscitait «une grande joie» dans la ville. Puis, j'ai lu le récit d'Actes 9 concernant Tabitha qui avait fait tant de bonnes œuvres qu'à sa mort, la communauté s'est regroupée à son chevet et a pleuré. J'ai demandé à l'Église: «Croyez-vous que si l'Église Summit "mourait", notre communauté pleurerait notre départ?»

Nous croyons que la réponse à ces deux questions est «non». Au contraire, notre ville se réjouirait sans doute de notre départ parce qu'elle aurait de nouveau accès à notre propriété pour l'instant exempte de taxes, et que ses résidents recevraient moins de prospectus dans leur boîte aux lettres. (Je ne veux toutefois pas sous-estimer l'importance des gens qui ont mis leur foi en Christ à notre Église et la joie présente dans leur vie au cours de cette période.)

Bref, avec l'aide de Dieu, nous avons résolu de devenir une bénédiction dans notre ville, en incarnant l'amour du Christ envers ses résidents, en communiquant son amour et sa guérison là où l'on en avait le plus besoin. Ainsi, nous avons demandé à Dieu de nous montrer comment démontrer à nos concitoyens la paix et l'amour du royaume.

Peu de temps après, Dieu a attiré notre attention sur une école primaire publique affichant de piètres rendements scolaires, située au centre-ville. L'école était au niveau le plus bas du classement dans notre comté et on prévoyait sa fermeture dans moins de deux ans.

Au cours des années suivantes, nous nous sommes vraiment impliqués auprès de cette école et y avons mené plusieurs projets de rénovation. Plusieurs membres de notre Église ont fait du tutorat auprès des élèves. De petits groupes ont parrainé des classes et des professeurs, ils ont hébergé des réfugiés et ont pourvu aux besoins des familles dans l'école. Un couple de l'Église qui allait se marier a demandé que tout cadeau qu'on leur destinait soit envoyé à une famille de l'école qui avait perdu sa maison dans un incendie.

À la fin de la première année, la directrice nous a demandé de prier pour ses élèves pendant les examens de fin d'année parce que leurs résultats scolaires seraient le critère principal selon lequel l'école serait évaluée.

Au cours de la quatrième année de notre participation, cette école (qui était jusqu'alors à la fin du classement dans notre comté) a obtenu le plus haut pourcentage d'élèves qui réussirent leurs examens de fin d'année. Dans un rapport qui relatait notre implication dans cette école, la directrice a attribué la hausse du rendement scolaire de cette école aux efforts consentis par l'Église[9]. Lors d'un banquet des enseignants peu de temps après, l'un d'eux a dit : « On m'a toujours enseigné que vous, chrétiens, croyez qu'il faut aimer votre prochain... Je n'avais jamais compris ce que cela signifiait réellement... jusqu'à maintenant. »

En janvier dernier, on m'a invité à prendre la parole au ralliement annuel Martin Luther King junior de notre ville. C'est un événement très important dans notre ville – télévisé, en présence de tous les représentants de notre ville et de notre comté. Ils me demandèrent simplement d'expliquer pourquoi nous trouvions que cela était important d'aimer la communauté.

Quelques minutes avant le début du programme, je me tenais dans les coulisses, aussi nerveux que Joel Osteen lors d'un événement «Acts 29». L'administrateur régional, ressentant mon anxiété, a mis sa main sur mon épaule en disant : «J. D., sais-tu pourquoi tu as été invité à parler lors de cet événement ?»

J'ai répondu : «Non, je ne le sais pas, et si vous pouviez me le dire, je l'apprécierais vraiment, car je suis super nerveux.»

Il m'a dit : «C'est à cause de tout ce que votre Église a fait pour notre ville.»

Par la suite, on m'a dit : «Partout dans notre ville où se trouve un besoin, on trouve aussi des membres de l'Église Summit s'efforçant de combler ce besoin. Nous ne pouvions penser à quelqu'un de mieux placé que toi pour représenter l'esprit d'amour fraternel dans notre ville, au nom de ton Église.» Je me suis avancé ce jour-là et pendant vingt minutes, j'ai expliqué que la générosité de notre Église était la réponse à la générosité radicale du Christ envers nous. Le Christ avait fait pour nous ce que nous ne pouvions faire pour nous-mêmes; comment pouvions-nous ne pas agir de même envers ceux qui avaient des besoins? À la fin de mon discours, le conseil de l'école, le maire et le conseil municipal m'ont fait une ovation debout.

Les œuvres ajoutent de la chair au message, elles le rendent visible et compréhensible.

J'ai entendu de nombreuses histoires dans notre Église témoignant qu'au cours des dernières années, de petits groupes ont organisé des collectes de fonds pour payer des opérations chirurgicales, héberger des réfugiés, même si cela signifiait déménager dans une maison plus abordable pour pouvoir donner plus. Des invités ont remarqué avec quelle générosité et quel respect ils ont été traités lors de leur visite au campus de notre Église.

C'est avec beaucoup de joie que nous expliquons la raison d'une telle générosité lorsque les gens nous le demandent : « Nous aimons faire preuve de générosité envers les autres, car le Christ a fait preuve de tant de générosité envers nous. » Notre générosité nous donne l'occasion de proclamer l'Évangile. Notre bonté envers les gens de la ville n'est qu'un pâle reflet de la bonté remarquable de Jésus envers nous, mais je crois qu'elle a aidé les gens de notre ville à mieux comprendre qui est Jésus. Elle a contribué à créer une soif pour l'Évangile dans notre communauté.

> **Notre générosité a contribué à créer une soif pour l'Évangile dans notre communauté.**

Prêcher l'Évangile à tous, en tout lieu, en tout temps

Une Église centrée sur l'Évangile met le message de l'Évangile en priorité dans ses ministères ; elle met l'accent sur ce que le Christ a fait plutôt que sur ce que nous devons faire, et elle incarne l'Évangile dans sa communauté.

Une Église centrée sur l'Évangile est toujours centrée sur l'Évangile. Elle prêche l'Évangile à tous, en tout lieu, en tout temps. L'Évangile est l'élément le plus important de chaque volet de son ministère.

Les non-croyants ont besoin d'entendre l'Évangile pour y croire et être sauvés. Les croyants ont besoin de se rappeler l'Évangile afin de grandir en Christ. Il n'y a donc pas de distinction, voyez-vous, entre ce que les croyants ont besoin d'entendre et ce que les non-croyants ont besoin d'entendre. Les croyants comme les non-croyants ont besoin d'avoir un aperçu de la gloire majestueuse de Dieu, un goût de sa sublime beauté et une idée de la grâce infinie que Dieu leur a démontrée en Christ. Les croyants, au même titre que les non-croyants, ont besoin d'être corrigés quant à leur orgueil et leur autosuffisance. Ils ont besoin qu'on leur rappelle la beauté sublime de Dieu. Ils ont également besoin les uns comme les autres d'être exhortés à exercer la foi. L'Évangile est le cœur du message, peu importe à qui le message est adressé. C'est tout. Le Christ est tout.

Par conséquent, faites de l'Évangile le point central de tout ce que vous faites. Prêchez l'Évangile à tous, en tout lieu, en tout temps.

VOUS N'ARRIVEREZ JAMAIS AU BOUT

U ne des choses que je préfère à propos des histoires de Jésus est le fait qu'il emploie souvent des personnages plutôt louches pour démontrer son argument. C'est le cas de la parabole du trésor caché dans un champ, racontée dans Matthieu 13.44.

Dans cette dernière, un homme se promène dans le champ d'un de ses compagnons lorsqu'il se heurte un orteil sur ce qu'il croit être une pierre qui sort de la terre. Or, en creusant un peu avec les mains, il découvre que ce n'est pas une pierre, mais plutôt le coin d'un grand coffre rempli de souvenirs d'Elvis de très grande valeur. Au lieu de dire à son copain ce qu'il a trouvé, cependant, il enterre le trésor de nouveau et lui offre d'acheter son champ. Son copain (qui ignore tout du trésor) lui demande pourquoi il veut l'acheter et l'homme lui répond : «Oh, je ne sais pas... l'herbe et la terre et les arbres ici sont si... jolis... je ne sais pas... je le veux, tout simplement.» Parce que son ami n'a aucune raison particulière de lui vendre son champ, il lui fait un prix astronomique. Or, avant même qu'il ait fini de prononcer le prix, l'homme s'écrie : «VENDU!» et court chez lui chercher l'argent. Le problème est toutefois qu'il n'a pas ce montant à la portée de la main : il doit donc vendre tout ce qu'il possède. Il fait une énorme vente-débarras et emprunte de l'argent à quiconque veut lui en prêter. Il se défait de toutes ses possessions. Mais Jésus décrit l'attitude de cet homme en un seul mot : «joie».

L'homme qui l'a trouvé le cache (de nouveau); et, dans sa joie, il va vendre tout ce qu'il a et achète ce champ (Matthieu 13.44).

Ce qui remplit son cœur n'est pas la tristesse par rapport à ce qu'il perd, mais une joie par rapport à ce qu'il gagne. L'homme sautille jusqu'à la banque pour se débarrasser de tous ses avoirs parce qu'il sait que ce qu'il gagne a infiniment plus de valeur que tout ce qu'il perd.

Jésus affirme que celui qui trouve Dieu éprouve quelque chose de semblable. Ne vous y méprenez pas: suivre Jésus signifie que vous renoncez à votre droit à toute autre chose en ce monde. Vous devez littéralement être prêts à renoncer à tout (Luc 14.33). Cela signifie que rien n'est hors de la portée de Jésus. Vous ne pouvez imposer vos limites à propos du lieu où vous habiterez ou de ce que vous ferez. Votre «contrat» avec lui ne peut contenir de stipulations; c'est un abandon absolu et inconditionnel. Vous devez être prêts à laisser votre famille, vos amis, votre confort, vos richesses, et même votre propre vie. Vous devez ensuite être prêts à prendre sa croix de bois brute, rugueuse, douloureuse, et à le suivre. Vous devez vivre pour les autres comme il a vécu pour vous.

Or, si vous comprenez la valeur de Jésus, rien de tout cela ne semblera être un sacrifice. La croix est douloureuse et la vie de disciple comporte un coût élevé, mais la joie de ce que vous avez obtenu en lui dépasse de loin tout regret de ce que vous avez dû abandonner.

La joie de ce que vous avez obtenu en Jésus dépasse de loin tout regret de ce que vous avez dû abandonner.

Conclusion

Hébreux 12.2 déclare que Jésus est allé à la croix avec joie.

Au lieu de la joie qui lui était proposée, il a supporté la croix, méprisé la honte, et s'est assis à la droite du trône de Dieu.

Jésus n'appréciait certainement pas la croix, l'auteur d'Hébreux l'affirme, il devait la supporter. Sa douleur était insupportable. Mais il a été entraîné au-delà de sa perte, par la joie qui lui était réservée. Et quelle était sa joie? Entre autres, *vous*.
C'est ce Dieu qui vous demande de prendre votre croix et de le suivre.
Jésus est le trésor pour lequel il vaut la peine de tout abandonner. Le connaître rendra doux le sacrifice et transformera le devoir en délice. Même lorsque votre engagement envers lui se solde par une croix, il sera un trésor qui enveloppera cette croix de joie.

Aimer Jésus est ce qui rend cette croix «légère». Autrement, comment Jésus aurait-il pu dire: «Venez à moi, vous tous qui êtes fatigués et chargés, et je vous donnerai du repos... Car mon joug est aisé, et mon fardeau léger» (Matthieu 11.28)? N'est-ce pas ce même Jésus qui nous a demandé de prendre notre croix? Or, comment la croix peut-elle être un fardeau «léger»?

Ce n'est possible que si vous aimez celui pour lequel vous la portez. Il transforme même son amertume en douceur.

Le message central de ce livre est que l'Évangile constitue la seule chose qui puisse susciter en vous ce genre d'amour pour Dieu. L'amour pour Jésus ne peut être produit simplement par le commandement. Et sans amour, dit Paul, même les plus grands actes de foi et d'engagement sont en fin de compte, sans valeur aux yeux de Dieu (1 Corinthiens 13.1-3). L'amour envers Dieu, selon les Écritures, est une réponse à son amour envers nous (1 Jean 4.19). Il existe un seul moyen par lequel peut croître l'amour pour Dieu et pour les autres en nous: la foi en l'Évangile, qui constitue l'histoire de l'immense amour de Dieu pour nous.

Puisque nous sommes un peuple déchu, nous aurons certainement à faire beaucoup de choses dont nous n'aurons pas envie, même après avoir donné à l'Évangile la place qui lui revient. Nous devrions faire ce qui est bien, que nous en ayons envie ou non. Toutefois, nous ne devrions pas nous contenter de servir Dieu en actes seulement, tandis que notre cœur s'éloigne de lui. Alors que nous nous disciplinons à faire ce qui est bien, imprégnons également nos âmes de l'Évangile pour que nous apprenions à aimer ce qui est bien. Nos actes d'obéissance devraient en eux-mêmes être une expression de notre foi en l'Évangile.

Que la loi soit la loi, et que l'Évangile soit l'Évangile[1]

Prenez garde de ne pas utiliser en guise de pronostic ce que la Bible présente comme un diagnostic. Le diagnostic décrit ce qui ne va pas, le pronostic nous dit ce qu'il faut faire pour y remédier[2].

La Bible affirme que plusieurs choses attestent notre foi, si celle-ci est véritable. J'en ai expliqué plusieurs dans ce livre: nous serons généreux envers les pauvres (Jacques 2.14-17); remplis d'amour pour l'Église (1 Jean 3.14); profondément soucieux et actifs pour venir en aide à l'Église persécutée (Matthieu 5.31-46); prompts à pardonner (Matthieu 18.21-35); grandissant dans notre amour pour la justice (1 Jean 3.3); et plusieurs autres choses. Si ces choses ne peuvent être reconnues dans notre vie, alors nous ne sommes peut-être pas sauvés.

«Le manque d'amour», «l'apathie» et «le péché habituel» sont des diagnostics associés à la mort spirituelle. Cependant, nous nous trompons nous-mêmes si nous croyons pouvoir y remédier simplement en corrigeant notre comportement.

La foi en l'Évangile demeure le pronostic de Dieu.

Un jour, on a demandé à Jésus : « Que ferons-nous afin de travailler pour les œuvres de Dieu ? » (Jean 6.28.) En d'autres mots, « quelles sont les œuvres "prioritaires" de Dieu, Jésus, celles que tu considères comme les *plus* importantes ? » Est-ce *avant tout* la justice sociale, la mission globale, l'intervention en faveur des pauvres, la mémorisation des Écritures, l'assiduité à l'Église, les visites porte-à-porte, la participation aux groupes maison – laquelle est la plus importante à tes yeux ?

Tous les leaders de l'Église s'avancent alors sur le bord de leur siège pour entendre la réponse de Jésus, car cette dernière déterminera la prochaine tendance du christianisme.

Jésus n'a reconnu aucune de ces œuvres comme étant la plus importante. Il a dit : « Ce qui est l'œuvre de Dieu, c'est que vous croyiez en celui qu'il a envoyé » (Jean 6.29).

Impressionnant ! En fin de compte, notre « action » la plus importante consiste à « croire ». Après avoir « agi » ainsi, nous nous mettrons naturellement à exécuter toutes les autres tâches. La véritable foi en l'Évangile fait naître en nous une préoccupation pour les pauvres, un amour pour les Écritures, un désir de faire partie d'une communauté authentique, un amour pour la sainteté, et tout ce que comporte la vie chrétienne. Ces comportements sont les fruits de la foi en l'Évangile. La foi précède le bon comportement.

Alors, voulez-vous vraiment accomplir les œuvres de Dieu ? Croyez donc en celui qu'il a envoyé.

La foi en l'Évangile a libéré une telle puissance dans la vie des disciples de Jésus qu'ils ont pu expérimenter une hardiesse radicale et une foi audacieuse. L'Évangile contredisait tout autre enseignement religieux dans le monde, car il présentait l'acceptation de Dieu comme un don et non pas comme une récompense. Ce don a suscité une intensité et une passion pour Dieu dans le cœur des

> Être centré sur l'Évangile signifie avoir le cœur imprégné de la bonne nouvelle de Jésus.

disciples de Jésus qu'aucune religion n'était en mesure de produire.

La foi en l'Évangile, agissante parmi les disciples de Jésus, a été la puissance révolutionnaire du christianisme.

Je terminerai donc en revenant sur l'argument énoncé au début de ce livre : on ne peut réduire la vie centrée sur l'Évangile à une prière de repentance prononcée pour s'assurer d'aller au ciel, suivie de l'apprentissage d'une foule de nouveaux principes qui ont pour but de maîtriser la vie chrétienne. Être centré sur l'Évangile signifie avoir le cœur imprégné de la bonne nouvelle de Jésus – la laissant renouveler votre esprit de sorte que toute votre vie est considérée à travers cette optique.

La croissance en Christ ne consiste pas à aller plus loin que l'Évangile, mais d'y aller encore plus profondément.

Faites de l'Évangile le centre de votre vie. Tournez-vous vers lui lorsque vous souffrez. Faites-en le fondement de votre identité. Fondez votre assurance en lui. Courez vers lui lorsque votre âme se sent fatiguée. Trouvez votre réconfort en lui dans les temps de confusion et votre consolation dans les temps de regret. Méditez-le sans cesse jusqu'à ce qu'une nouvelle passion pour Dieu jaillisse en vous. Laissez-le vous inspirer et osez rêver, pour sa gloire.

Mon âme a trouvé son refuge. Je ne m'inquiète plus de ce que je devrais faire pour que Dieu m'accepte. Le Christ a tout accompli à ma place. Je ne peux rien y ajouter, et je ne peux rien y ôter. J'ai besoin de grandir à plusieurs égards dans ma vie chrétienne, mais ma place en lui est assurée.

Ayant trouvé (mieux encore, ayant été trouvé par) Dieu, et émerveillé par sa grâce, mon cœur grandit dans l'amour envers lui et les autres. La générosité est semblable à un torrent qui jaillit de plus en plus puissamment de mon cœur. Je donne plus maintenant que jamais auparavant, non parce que j'y suis obligé, mais parce que je le veux. Je ne me concentre pas autant sur moi-même qu'auparavant – surtout parce que j'ai trouvé un royaume plus grand et plus fascinant, pour lequel vivre, que le mien. La splendeur de son royaume m'amène à me désintéresser du mien.

Par conséquent, je vous invite à plonger plus profondément dans l'Évangile. Étudiez-le en profondeur comme les étudiants de théologie étudient la doctrine, mais aussi comme vous étudiez un coucher de soleil qui vous laisse bouche bée ; ou comme un homme qui aime passionnément sa femme l'étudie, jusqu'à ce qu'il soit si captivé par elle que son attirance envers elle ne laisse aucune place à l'attirance envers d'autres femmes[3].

L'Évangile, cependant, n'est pas seulement le tremplin duquel on saute dans la piscine du christianisme : l'Évangile *est* la piscine.

J'espère que vous prononcerez cette prière avec moi pour le reste de votre vie !

« En Christ, il n'y a rien que je puisse faire
pour que tu m'aimes davantage,
et rien que j'aie fait qui t'incite à m'aimer moins.

Ta présence et ton approbation
sont tout ce dont j'ai besoin
pour avoir la joie éternelle.

Ce que tu as été envers moi,
je le serai envers les autres.

En priant, je mesurerai ta compassion par la croix
et ta puissance par la résurrection. »

LE PROJET ÉVANGILE

L'Évangile est la puissance de Dieu pour le salut. Rien ne transformera votre vie autant que de la fonder sur les richesses de l'Évangile. Cela m'est arrivé ; cela s'est produit dans notre Église ; cela vous arrivera.

À la lumière de ces réflexions, je vous lance un défi qui est en quelque sorte une suite à ce livre. Chaque jour, pour les quarante prochains jours, voulez-vous (a) prier les quatre parties de la prière axée sur l'Évangile (b) lire trois chapitres des Évangiles : Matthieu, Marc, Luc et Jean ?

Pourquoi ? Je souhaite que vous vous imprégniez de l'Évangile chaque jour. Les livres les plus centrés sur l'Évangile jamais écrits sont Matthieu, Marc, Luc et Jean. Vous y trouverez Jésus. Suivez-le dans les Évangiles pendant quarante jours et laissez la prière centrée sur l'Évangile imprégner votre cœur et votre esprit de sa beauté et de son amour. Je crois que cela vous aidera grandement à apprendre à demeurer en lui. Une fois de plus, voici la prière :

En Christ, il n'y a rien que je puisse faire
pour que tu m'aimes davantage,
et rien que j'aie fait qui t'incite à m'aimer moins.

Ta présence et ton approbation
sont tout ce dont j'ai besoin
pour avoir la joie éternelle.

Ce que tu as été envers moi,
je le serai envers les autres.

En priant, je mesurerai ta compassion par la croix
et ta puissance par la résurrection.

	Jour	Lecture
☐	1	Matthieu 1 – 2
☐	2	Matthieu 3 – 4
☐	3	Matthieu 5 – 7
☐	4	Matthieu 8 – 9
☐	5	Matthieu 10 – 12
☐	6	Matthieu 13 – 14
☐	7	Matthieu 15 – 16
☐	8	Matthieu 17 – 18
☐	9	Matthieu 19 – 20
☐	10	Matthieu 21 – 23
☐	11	Matthieu 24 – 25
☐	12	Matthieu 26 – 28
☐	13	Marc 1 – 3
☐	14	Marc 4 – 5
☐	15	Marc 6 – 7
☐	16	Marc 8 – 10
☐	17	Marc 11 – 13
☐	18	Marc 14 – 16
☐	19	Luc 1 – 2
☐	20	Luc 3 – 4

ÉVANGILE

	Jour	Lecture
☐	21	Luc 5 – 6
☐	22	Luc 7
☐	23	Luc 8 – 9
☐	24	Luc 10 – 11
☐	25	Luc 12 – 13
☐	26	Luc 14 – 16
☐	27	Luc 17 – 19
☐	28	Luc 20 – 21
☐	29	Luc 22 – 24
☐	30	Jean 1 – 2
☐	31	Jean 3 – 4
☐	32	Jean 5 – 6
☐	33	Jean 7 – 8
☐	34	Jean 9 – 10
☐	35	Jean 11 – 12
☐	36	Jean 13 – 14
☐	37	Jean 15 – 16
☐	38	Jean 17
☐	39	Jean 18 – 19
☐	40	Jean 20 – 21

UNE MISE EN GARDE AXÉE SUR L'ÉVANGILE, AUX JEUNES THÉOLOGIENS ZÉLÉS

J'ai remarqué que plusieurs d'entre nous qui saisissons le concept de la «centralité de l'Évangile» peuvent avoir tendance à faire preuve de plus d'enthousiasme pour ce concept qu'envers l'Évangile lui-même. Du moins, c'est mon cas. J'ai acquis une certaine aptitude pour reconnaître les enseignements non centrés sur l'Évangile, et je peux discerner assez aisément les lacunes de certains ministères. Toutefois, être centré sur l'Évangile n'a pas pour objectif de critiquer les autres, mais plutôt d'adorer Dieu et de s'émerveiller de sa grâce.

Plusieurs d'entre nous qui aimons tant discuter à propos de la centralité de l'Évangile semblent posséder très peu de l'humilité qui devrait l'accompagner. Cela se voit à la façon dont nous nous affichons et par notre manque de grâce envers les autres. Cela m'étonne toujours que nous puissions nous enorgueillir de comprendre les choses mêmes qui devraient nous pousser à l'humilité.

Mon esprit a souvent été plus enflammé par la dernière tendance théologique qu'il n'a éprouvé de passion pour le Dieu qui s'est offert lui-même à la croix pour moi. En fin de compte, la connaissance qui ne conduit pas à l'amour et à l'humilité est «vaine», dirait Paul. Ce qui importe vraiment, dit-il, n'est pas la connaissance comme telle, mais l'amour que notre connaissance de l'Évangile devrait produire (1 Corinthiens 13.1-3).

L'une de mes craintes en écrivant ce livre est de contribuer à l'autojustification grandissante parmi les jeunes théologiens. En effet, certains semblent croire que le fait d'avoir compris la centralité de l'Évangile les rend plus extraordinaires aux yeux de Dieu (quelle ironie!) que ceux qui ne peuvent l'expliquer dans leurs mots, et de ce fait, ils jugent tous les autres selon qu'ils utilisent ou non les mêmes expressions qu'eux.

Récemment, je discutais avec une petite dame âgée qui a été ma monitrice d'école du dimanche, à l'Église très traditionnelle dans laquelle j'ai grandi. Elle m'a dit: «Tu sais, à mesure que mes amis partent pour le ciel, je me demande souvent à quoi cela ressemble là-haut et ce à quoi je devrais m'attendre. Je sais qu'on dit que les rues seront pavées d'or, mais cela ne me dit pas grand-chose. Ce que je veux vraiment, c'est voir Jésus.» Cette dame n'a jamais entendu parler de John Piper et n'a aucune idée de ce qu'est la Gospel Coalition, mais elle a été transformée par l'Évangile. Elle aime Jésus: voilà ce que signifie être centré sur l'Évangile.

Il y a beaucoup de petites dames âgées au service dans les pouponnières d'Églises qui ne savent pas nécessairement comment formuler les théories de la «centralité de l'Évangile» ou qui ne nous impressionneront jamais par de nouvelles perspectives psychologiques, observations culturelles, ou interprétations christocentriques de passages obscurs de l'Ancien Testament. Toutefois, leurs cœurs brûlent d'amour pour Jésus et débordent de reconnaissance pour sa grâce.

Leur amour pour Dieu, humble et enrichi par l'Évangile, vaut davantage que tous les livres que vous ou moi pourrions écrire à ce sujet.

Alors, ne les jugez pas trop vite. Laissez-vous humilier devant elles. Maîtriser la théorie de la centralité de l'Évangile n'est pas le but. Le but consiste à aimer le Dieu de l'Évangile.

NOTES

Chapitre 1

1. À ce stade, vous vous posez sans doute la question suivante : « Pourquoi alors la Bible nous commande-t-elle d'aimer Dieu, puisque l'amour véritable grandit naturellement en guise de réponse ? » C'est une très bonne question, et nous y reviendrons plus tard (au chapitre douze). Il est vrai que la Bible donne une grande quantité de commandements, et nous devons les suivre même lorsqu'ils impliquent de renoncer aux passions qui nous incitent à faire le contraire. Comme je l'expliquerai au chapitre douze, obéir aux commandements de Dieu même lorsque nous n'en avons pas envie peut être en soi un acte de foi en l'Évangile.

2. Dieu donne la foi pour croire en l'Évangile par la prédication même de l'Évangile. L'Esprit de Dieu se sert du message lui-même pour donner à ceux qui l'entendent la capacité d'y croire. (Jean 1.13 ; Jean 6.44 ; Romains 10.17.) Les croyants ne s'entendent pas toujours quant au moment et à la manière dont cela se produit, mais la plupart d'entre eux s'accordent sur le fait que la foi ne peut être suscitée dans le cœur que par la puissance du Saint-Esprit.

3. J'ai entendu ce message pour la première fois lors d'une prédication à l'Église Summit, en 2010.

4. J'ai repris cette analogie de Paul Tripp qui l'a utilisée lors d'une prédication à l'Église Summit de Raleigh-Durham, en Caroline du Nord, en mars 2010.

5. J'ai repris cette expression de Tim Keller. Comme je l'ai mentionné dans la section des remerciements, il serait difficile pour moi d'exagérer l'influence que Tim Keller, David Powlison, Ed Welch, et d'autres ont eue sur ma vision. Ils m'ont orienté vers une manière révolutionnaire d'aborder l'Évangile dont je ne me suis jamais remis et dont je ne me remettrai probablement jamais.

6. Martin Luther, *The Sermons of Martin Luther*, volume VI, Grand Rapids, Baker, 1983, p. 146, traduction libre.

Chapitre 2

1. J'ai entendu parler de ce concept pour la première fois lors d'une prédication de Tim Keller sur la parabole du semeur. Voir Marc 4.3-20.

2. Paul affirme (Romains 1.25) que l'essence même du péché de l'homme consiste à adorer et à servir la créature au lieu du Créateur. Adam et Ève ont mangé le fruit défendu parce qu'ils l'ont adoré à la place de Dieu.

3. Les concepts de « dieux fonctionnels » et de « sauveurs fonctionnels » ne viennent pas de moi. Martin Luther, par exemple, mentionne ces concepts dans son ouvrage *Smaller Catechism*, et Jean Calvin fait de même dans l'introduction de son *Institution*. Voir aussi David Powlison « Idols of the Heart and Vanity Fair », *The Journal of Biblical Counseling*, vol 13, n° 2, Hiver 1995, p. 35-50.

4. «La racine de son idole» est la traduction (libre) d'une expression de David Powlison dans l'article «Idols of the Heart and Vanity Fair», *Journal of Biblical Counseling*, vol 13, n° 2, Hiver, 1995, p. 35.

5. Ici encore, je dois ce concept à Tim Keller. Il décrit une situation semblable où il avait suivi des cours de musique classique simplement dans le but d'obtenir un diplôme, décrocher un emploi et gagner de l'argent. Au fil du temps, cependant, il a développé un goût réel pour la musique classique, et il dépense maintenant beaucoup d'argent pour cet art qu'il apprécie.

6. J'ai lu cette histoire pour la première fois dans un sermon de Charles Spurgeon. J'ai aussi entendu Martyn-Lloyd Jones et Tim Keller la raconter. Timothy Keller, *Le Dieu prodigue : revenir au cœur de la foi chrétienne*, Romanel-sur-Lausanne, Maison de la Bible, 2013, p. 59-60.

Chapitre 3

1. Certains érudits précisent que l'expression utilisée ici serait mieux traduite ainsi : «Puisque tu es le Fils de Dieu.» Ce faisant, Satan ne demande pas directement à Jésus : «Es-tu certain d'être le Fils de Dieu?» Il lui demande plutôt : «Puisque tu es le Fils de Dieu... Ne devrais-tu pas être en mesure de changer ces circonstances? Tu ne devrais pas te trouver dans le désert; tu devrais être assis sur un trône. Tu ne devrais pas être affamé; tu devrais te régaler de pain.» De toute manière, il n'en reste pas moins qu'il porte atteinte à l'identité de Jésus. Satan essaie subtilement d'amener Jésus à remettre en question son identité en semant le doute quant à ses circonstances. (Dans cette optique, «si tu es le Fils de Dieu», comme plusieurs traductions le rendent, constitue une interprétation

plutôt théologique que purement grammaticale. Jésus réfute Satan à juste titre, en faisant ses délices de la déclaration de Dieu à son sujet pour valider son identité, plutôt qu'en se concentrant sur ses circonstances présentes.)

2. Ceci vient d'un sermon de Louie Giglio prêché à la Metro Bible Study à Atlanta, en Géorgie. Malheureusement, je n'arrive pas à me souvenir du titre de ce sermon.

3. Voir, par exemple, Martin Luther, *Luther's Works*, Vol. 1 : *Lectures on Genesis*, chap. 1-5, Saint Louis, Concordia Publishing House, 1999, p. 21-22. Carl Trueman, résumant la pensée de Martin Luther quant au pouvoir des mots : « En d'autres termes, certains peuvent me traiter de raté, d'idiot, de clown, de méchant, d'incompétent, de cruel, de dangereux, de pathétique, etc. Or, ces mots ne sont pas simplement descriptifs : ils portent en eux un certain pouvoir de sorte qu'ils peuvent m'amener à devenir ces choses, aux yeux des autres et même aux miens, à mesure que le doute s'installe et que le diable me les murmure à l'oreille. Cependant, Dieu parle plus fort, et sa Parole est plus puissante. Vous pouvez me traiter de menteur, et dans un sens c'est vrai, puisque j'ai déjà menti ; mais si Dieu me déclare juste, ni mes mensonges ni vos insultes n'ont le dernier mot et ils ne sont pas non plus la parole la plus puissante. J'ai la paix en mon âme, car la Parole de Dieu est la vraie réalité. C'est pourquoi je dois lire la Bible chaque jour, entendre la Parole prêchée chaque semaine, venir à Dieu en prière, et entendre des paroles de grâce de la part des frères et sœurs alors que je m'efforce de faire de même envers eux. C'est seulement lorsque Dieu s'adresse à moi par sa Parole, et que je la reçois avec foi, que ma réalité se transforme et n'est plus dorénavant définie par ce qui vient des autres, de ma nature pécheresse, et du malin lui-même. Les paroles de mes ennemis, qu'ils soient à l'intérieur ou à l'extérieur de moi, peuvent

être puissantes pour un moment, comme un feu d'artifice qui explose au milieu de la nuit, mais la Parole de notre Seigneur est plus forte, plus brillante, et dure à jamais. » Voir http://www.reformation21.org/Upcoming_Issues/Buvvered/385. (Traduction libre.)

Chapitre 4

1. J'essaie de donner à la « loi » le même sens que Paul lui a conféré dans sa lettre aux Galates. Dans ce sens, « l'obéissance à la loi » est ce qui cherche à nous transformer par la modification du comportement plutôt que par la foi en l'Évangile. Selon Paul, la loi nous dit : « Faites ceci et vous vivrez ». Paul affirme que c'est là l'essentiel de la justification par les œuvres. Or, Dieu nous transforme d'une autre façon. Au lieu de « faites ceci et vous vivrez », l'Évangile déclare : « Le juste vivra par la foi » (Galates 3.1-6,11-13).

2. Ce point a été souligné par plusieurs auteurs – Gary Thomas, John Eldredge, et Tim Keller, entre autres.

Chapitre 5

1. J'ignore qui l'a énoncée en premier, mais je crois que j'ai entendu cette idée pour la première fois à la conférence *Advance the Church* à Durham, en Caroline du Nord.

2. Pour une étude approfondie de l'idolâtrie, je suggère fortement l'ouvrage de Tim Keller, *Les idoles du cœur*, France, Éditions Clé, 2012.

3. Pour ceux d'entre vous qui sont aux prises avec cette même idole, je suggère le livre *Quand les hommes ont plus d'importance que Dieu*, Trois-Rivières, Éditions Impact, 2011. Ed Welch y

offre une analyse perspicace de la nature humaine, surtout pour les personnalités dynamiques de type A.

4. Voir C. S. Lewis, « The Weight of Glory », dans *The Weight of Glory and Other Addresses*, New York, Simon & Schuster, 1975.

5. J'ai entendu cette métaphore être attribuée à Jonathan Edwards, mais je ne suis pas certain de sa source.

6. L'inspiration pour cette affirmation vient d'une idée semblable énoncée dans un sermon de John Piper : « La puissance actuelle d'une possession future » (traduction libre). Voir http://the-gospelcoalition.org/blogs/justintaylor/2010/09/03/having-god-is-better-than-money-sex-power-or-popularity.

7. NDT : Diego Maradona est un célèbre footballeur argentin.

8. Lewis a affirmé ce qui suit dans une lettre à Dom Bede Griffiths (23 avril 1951) : « Mettez les priorités en premier et nous trouverons une place aux choses secondaires : mettez les choses secondaires en premier et nous perdrons à la fois les choses prioritaires et les choses secondaires. Nous ne tirons jamais pleinement satisfaction de plaisirs sensuels, par exemple la nourriture, lorsque nous sommes cupides. » Il a affirmé une idée semblable dans « First and Second Things », dans *God in the Dock: Essays on Theology and Ethics*, Grand Rapids, Eerdmans, 1994, p. 280, traduction libre.

Chapitre 6

1. Une explication de Charles Misner, un élève d'Einstein, comme raison pour laquelle Einstein ne croyait pas au Dieu du christianisme. Aucune source disponible. Traduction libre.

2. Exode 19.8 ; 24.3. Plus tard, bien entendu, ils reviendraient sur leur engagement, s'éloignant de Dieu aussi loin que possible, parce qu'ils avaient perdu Dieu de vue.

3. Voir www.firstthings.com/article/2007/12/the-feminist-revelation-38.

Chapitre 7

1. J'ai entendu cette interprétation des paroles de Jésus maintes fois au fil des années, plus récemment de Tim Keller, Rob Bell, et Ken Sande. Comme la plupart des interprétations en ces pages, elles ne viennent pas de moi. Les sermons de Tim Keller aident vraiment à comprendre le pardon fondé sur la grâce. Le livre de Ken Sande *Peacemaking for Families* (Wheaton, Tyndale, 2002) aide à appliquer ces enseignements au contexte des relations personnelles.

2. C. S. Lewis, *Les quatre amours*, trad. Denis Ducatel et Jean-Léon Müller, Mont-Pèlerin, Raphaël, 2005, p. 178-179. Jean Calvin, *Institution de la religion chrétienne*, III, xix, 7, mise en français moderne par M. de Védrines et P. Wells, Aix-en-Provence/Charols, Kerygma/Excelsis, 2009, p. 772-773.

Chapitre 8

1. Certains lecteurs se demanderont peut-être si j'écris ce chapitre en réponse à David Platt, dans son livre *Radical*, au chapitre 6, « How Much is Enough », Colorado Springs, Multnomah Books, 2010, p. 111-144. La réponse est « non » et « oui ». « Non », dans le sens où je n'ai pas essayé de reprendre en profondeur les idées de David concernant l'argent et ce chapitre ne leur fait pas vraiment justice. « Oui », dans le sens où certains

lecteurs du livre de Platt ont adopté une vision peu équilibrée de l'argent et du plan de Dieu concernant l'argent dans nos vies. J'ai écrit ce chapitre pour clarifier ce que je crois que la Bible enseigne à ce sujet. J'ai demandé à David Platt de lire ce chapitre, et il m'a confirmé son accord avec les principes fondamentaux qui y sont présentés. David et moi croyons tous deux que les amitiés dans le Seigneur et la critique constructive dans le Seigneur sont tout à fait compatibles, et je suis reconnaissant pour le livre *Radical* et l'impact qu'il a eu dans les missions mondiales. Comme David, je crois que l'âme de l'Église américaine a été séduite par le « rêve américain », et je prie que Dieu donne à notre génération la grâce d'aimer ce que Jésus aime et d'y consacrer nos ressources.

2. Jean Calvin, *Institution de la religion chrétienne*, III, xix, 7, mise en français moderne par M. de Védrines et P. Wells, Aix-en-Provence/Charols, Kerygma/Excelsis, 2009, p. 772-773.

3. À mon avis, vous ne trouverez pas de meilleure étude sur le sujet de l'obligation du chrétien envers les pauvres que le livre de Tim Keller, *Generous Justice: How God's Grace Makes Us Just*, New York, Dutton, 2010. Allez en chercher un exemplaire à la librairie, ne marchez pas, courez.

4. Jean 14.18,28. Je sais que je marche sur des œufs. La façon dont l'Esprit nous guide mérite une discussion et une étude biblique approfondie. Si cette question vous intéresse particulièrement, permettez-moi de vous suggérer le livre de Kevin DeYoung *Et si Dieu voulait autre chose pour moi...*, France, La Maison de la Bible, 2009. Peu de ressources sur ce sujet sont aussi équilibrées et faciles à lire que le livre de Kevin.

5. Pour approfondir ce sujet, lisez le livre de Randy Alcorn, *Money, Possessions and Eternity*, Wheaton, Tyndale, 2002, p. 285. Ce livre est excellent du début à la fin, particulièrement le

chapitre 16, « Making Money, Owning Possessions, and Choosing a Lifestyle », qui est à l'origine de cette observation.

6. Concernant ce principe, voir les chapitres 3, 5, et 11 du livre de Gary Thomas, *Pure Pleasure: Why Do Christians Feel So Bad About Feeling Good?*, Grand Rapids, Zondervan, 2009. Personnellement, je trouve que le point de vue de Thomas manque un peu d'équilibre, et ne donne pas assez d'importance à l'appel du chrétien à supporter la souffrance et le sacrifice. En revanche, Thomas démontre bien l'argument biblique qui consiste à nous réjouir des bonnes choses que Dieu nous donne.

7. Cette idée découle d'une conversation que j'ai tenue personnellement avec Larry Osborne, pasteur principal de l'Église North Coast, à Vista, en Californie, en mai 2010.

8. Je dois la comparaison des fleurs à la beauté et des oiseaux à la sécurité à un message de Tim Keller portant sur ce passage, à l'Église Redeemer Presbyterian à New York.

9. Ceci trouve son origine dans le livre de Randy Alcorn, *Le principe du trésor*, trad. Sabine Bastin, Marpent, BLF Europe, 2010, un autre livre d'Alcorn qui traite du sujet de l'argent, lequel je vous recommande vivement.

Chapitre 9

1. Si vous trouvez troublante l'idée qu'une personne puisse seulement être sauvée en invoquant le nom de Jésus, vous pouvez lire le livre de John Piper, *Jesus: The Only Way to God. Must You Hear the Gospel to Be Saved?* (Grand Rapids, Baker, 2010), ou le chapitre 7 du livre de David Platt, *Radical: Taking Back Your Faith from the American Dream* (Colorado Springs, Multnomah, 2010). J'ai enseigné à ce sujet dans un message intitulé « The Task Is Urgent: Romans 10:14-17 », à l'Église Summit à Durham

en Caroline du Nord, le 3 octobre 2010. Le téléchargement est accessible gratuitement à l'adresse www.summitrdu.com.

2. À ce sujet, voir le chapitre 10. Voir aussi Actes 13.1-3. L'Église primitive désirait ardemment voir l'Évangile se propager parmi les nations, mais les disciples attendaient que le Saint-Esprit les dirige et les rende capables d'accomplir cette œuvre. C'est précisément ce que Jésus leur avait commandé de faire (Actes 1.6-8).

3. Il a utilisé une expression technique islamique pour le « droit chemin » qui fait uniquement référence au chemin du paradis.

Chapitre 10

1. C'est ce que Jésus dit à ses disciples dans Jean 6. La plus grande « œuvre » que nous sommes censés « accomplir » pour Dieu consiste à croire en lui. Croire est ce qui rend toutes les autres œuvres possibles, car croire laisse place à l'accomplissement de la volonté de Dieu (Jean 6.29).

2. La Bible enseigne deux vérités complémentaires, pas contradictoires. D'une part, Dieu est complètement souverain quant au salut de toute âme qui sera sauvée, et pas une seule ne se perd (Jean 6.37-44). Même si nous n'assumons pas notre rôle en prêchant l'Évangile, Dieu suscitera quelqu'un d'autre pour le faire à notre place (Esther 4.14-16). La vérité complémentaire est que si nous ne le faisons pas, ceux qui auraient pu être sauvés ne le seront pas, car ils n'ont pas pu entendre (Romains 10.14-17), et nous serons tenus responsables de leur sang (Ézéchiel 33.1-10 ; Actes 20.26,27). Le fait que nous soyons « responsables de leur sang » implique que si nous avions fait notre devoir, ils auraient pu être sauvés. Nous devons croire et tenir ces deux vérités en équilibre.

3. Voir *Le secret spirituel* de Hudson Taylor, chapitres 11 et 19, http://www.woobiola.net/books/taylor/jhtsecr.htm. Voir aussi : http://www.regard.eu.org/Livres.6/Hudson.Taylor.2/05.html.

4. De William Carey, père du mouvement missionnaire protestant.

Chapitre 11

1. Voici deux très bons livres qui vous permettront de mieux explorer le plan de Dieu au travers de la souffrance et du mal dans le monde : *If God Is Good, Faith in the Midst of Suffering and Evil* de Randy Alcorn, Colorado Springs, Multnomah, 2009, et aussi *Jusques à quand?* de D. A. Carson, France, Exelcis, 2005.

Chapitre 12

1. Cette citation vient de l'excellent livre de Jerry Bridges, *The Discipline of Grace*, Colorado Springs, NavPress, 1994. J'ai une grande dette envers Jerry Bridges pour ce livre, ainsi que pour le livre *Transforming Grace*, Colorado Springs, NavPress, 2008.

2. Chip et Dan Heath abordent cet argument dans un contexte séculier dans leur ouvrage récent sur le leadership *Switch, osez le changement*, Leduc.s Éditions, 2012. Ils y expliquent comment les leaders efficaces appliquent les changements à une organisation. Ils y présentent l'argument qu'il est possible d'apporter plus de changement en modifiant l'expérience des gens qu'en les convainquant du besoin de changer. Ils comparent un tel principe à un homme montant un éléphant en le guidant avec des rênes. Le cavalier peut croire qu'il dirige l'animal, mais si l'animal décidait de changer de direction, le conducteur ne pourrait rien y faire. Dans cette comparaison, l'éléphant

représente nos désirs et le cavalier, notre esprit. Il y a deux façons de conduire le cavalier dans une certaine direction. Vous pouvez lui dire de prendre cette direction et espérer qu'il pourra en convaincre l'animal. Ou bien, vous pouvez en convaincre l'animal et le cavalier devra suivre.

3. Le livre de Paul Miller, A *Praying Life* (Colorado Springs, NavPress, 2009), est une excellente ressource à bien des égards. Il traite brillamment de la prière et des disciplines spirituelles. Traduction libre.

4. Le livre *Hunger for God* (Wheaton, IL, Crossway, 1997) de John Piper, constitue une excellente analyse du jeûne et du concept de la discipline spirituelle.

5. Un de mes amis applique ce principe (que l'on peut enseigner au cœur à aimer une chose en y participant activement) à l'évangélisation de manière fascinante. Le pasteur Bob Roberts déclare que la façon la plus efficace de convaincre un sceptique n'est habituellement pas par l'argumentation, mais plutôt par sa participation. S'il s'agit d'un athée, dit Bob, s'il n'est pas du tout ouvert à Dieu, invitez-le à faire du bien aux pauvres avec vous. À mesure qu'il fera l'expérience de la joie de donner à d'autres, son cœur s'attendrira envers Dieu, puisque Dieu est amour. Tandis qu'il expérimente l'amour sacrificiel, il fait également l'expérience d'une dimension de Dieu lui-même. Son cœur devient alors plus réceptif à Dieu, ce qui rend aussi son esprit plus réceptif aux arguments en faveur de l'existence de Dieu. Les mains, le cœur, la tête. Ce qu'il aime, et même ce qu'il pense, découle de son expérience. Bob Roberts est l'un des évangélistes les plus efficaces que je connaisse.

Chapitre 13

1. Pour bien comprendre comment Dieu nous dirige aujourd'hui, commencez en étudiant comment discerner la volonté de Dieu pour votre vie. Je suggère le livre de Kevin DeYoung, *Et si Dieu voulait autre chose pour moi...* (France, La Maison de la Bible, 2009) jumelé au classique d'Henry Blackaby, *Experiencing God* (Nashville, B & H Publishing Group, 1998). Bien que chacun de ces livres ait ses limites, à mon avis, ils soulèvent conjointement de bonnes questions et vous orienteront dans la bonne direction.

2. Le livre de Tim Keller, *Generous Justice* (New York, Dutton Adult, 2010) peut vous aider à considérer comment appliquer ce principe pour vous et votre Église.

3. Je suggère que vous fassiez une étude sur la manière dont Dieu utilise les champs professionnels séculiers dans son royaume, en particulier dans le livre de Gene Edward Veith, *God at Work*, Wheaton, IL, Crossway, 2002.

4. Voir http://www.modernreformation.org/default.php?page =articledisplay&var1=ArtRead&var2=1201&var3=main. (Traduction libre).

Chapitre 14

1. Michael Horton, *Christless Christianity*, Grand Rapids, Baker, 2008, p. 119, traduction libre.

2. Les « cinq points du calvinisme » sont traditionnellement la dépravation totale, l'élection inconditionnelle, l'expiation limitée, la grâce irrésistible, la persévérance des saints. Ces cinq points sont parfois désignés par l'acronyme anglais « T.U.L.I.P. »

ÉVANGILE

pour *Total depravity, Unconditional election, Limited atonement, Irresistible grace, Perseverance of the saints.*

3. 1 Jean 3.16-18. Le sacrifice du Christ pour le monde découlait de son amour pour le monde. Nos sacrifices pour le monde devraient également démontrer notre amour. Jean déclare que l'amour sans sacrifice est sans valeur (1 Jean 3.16-18), mais Paul ajoute qu'il en est de même pour le sacrifice sans amour (1 Corinthiens 13.1-3).

4. Arthur W. Pink, *An Exposition of Hebrews*, Grand Rapids, Baker, 2003, p. 601, traduction libre.

5. Horton, *Christless Christianity*, p. 143-144, traduction libre.

6. Rodney Stark, « Urban Chaos and Crises: The Case of Antioch », dans *The Rise of Christianity*, San Francisco, HarperCollins, 1997, p. 156-172.

7. Je ne nie pas, bien sûr, qu'il se soit passé des événements vraiment uniques dans les débuts du christianisme. Je crois en effet que Dieu a accompli des choses prodigieuses pour authentifier le message des apôtres, comme semblent l'indiquer certains passages comme Hébreux 2.1-4, par exemple. Mais cela ne signifie pas que nous ne pouvons pas demander à Dieu d'opérer des miracles encore aujourd'hui en nous attendant à ce qu'il le fasse.

8. *Preaching and Preachers*, Grand Rapids, Zondervan, 1971, p. 23, traduction libre.

9. « Church Efforts Earn Family Status at Elementary School », *Biblical Recorder*, vol. 175, n° 19, 12 septembre 2009, p. 7.

Conclusion

1. Je dois cette expression à Michael Horton, *Christless Christianity*, Grand Rapids, Baker, 2008, p. 124, traduction libre.

2. Cette erreur faisait des pharisiens super-zélés des « fils de la géhenne deux fois pire que vous » et des ennemis de Jésus-Christ (Matthieu 23.15).

3. Je dois cette analogie à l'étude passionnée au travail remarquable de Peter Kreeft dans son petit livre fort intelligent, *Between Allah and Jesus*, Downers Grove, IVP, 2010.

PUBLICATIONS
CHRÉTIENNES

Publications Chrétiennes est une maison d'édition évangélique qui publie et diffuse des livres pour aider l'Église dans sa mission parmi les francophones. Ses livres encouragent la croissance spirituelle en Jésus-Christ, en présentant la Parole de Dieu dans toute sa richesse, ainsi qu'en démontrant la pertinence du message de l'Évangile pour notre culture contemporaine.

Nos livres sont publiés sous six différentes marques éditoriales qui nous permettent d'accomplir notre mission :

ÉDITIONS IMPACT   IMPACT HÉRITAGE   IMPACT ACADÉMIA

éditions cruciforme   La Rochelle   EUROPRESSE

Nous tenons également un blogue qui offre des ressources gratuites dans le but d'encourager les chrétiens francophones du monde entier à approfondir leur relation avec Dieu et à rester centrés sur l'Évangile.

REVENIR À L'ÉVANGILE

reveniralevangile.com

Procurez-vous nos livres en ligne ou dans la plupart des librairies chrétiennes.

pubchret.org | xl6.com | maisonbible.net | amazon

www.ingramcontent.com/pod-product-compliance
Lightning Source LLC
Chambersburg PA
CBHW071317090426
42738CB00012B/2719